COLLECTION MICHEL LÉVY

ŒUVRES COMPLÈTES

D'ALPHONSE KARR

ŒUVRES
D'ALPHONSE KARR

PARUES

DANS LA COLLECTION MICHEL LÉVY

AGATHE ET CÉCILE.	1 vol.
LE CHEMIN LE PLUS COURT	1 —
LES FEMMES	1 —
ENCORE LES FEMMES.	1 —
LA FAMILLE ALAIN.	1 —
FEU BRESSIER	1 —
LES FLEURS	1 —
GENEVIÈVE.	1 —
LES GUÊPES	6 —
HORTENSE	1 —
MENUS PROPOS.	1 —
LA PÊCHE EN EAU DOUCE ET EN EAU SALÉE.	1 —
LA PÉNÉLOPE NORMANDE.	1 —
UNE POIGNÉE DE VÉRITÉS	1 —
PROMENADES HORS DE MON JARDIN	1 —
RAOUL.	1 —
ROSES NOIRES ET ROSES BLEUES.	1 —
LES SOIRÉES DE SAINTE-ADRESSE.	1 —
SOUS LES ORANGERS.	1 —
SOUS LES TILLEULS.	1 —
TROIS CENTS PAGES	1 —
VOYAGE AUTOUR DE MON JARDIN.	1 —

Paris. — Imprimerie de A. Wittersheim ru Montmorency 8.

VOYAGE
AUTOUR DE
MON JARDIN

PAR

ALPHONSE KARR

NOUVELLE ÉDITION
AUGMENTÉE DE DEUX CHAPITRES INÉDITS

PARIS
MICHEL LÉVY FRÈRES, LIBRAIRES-ÉDITEURS
RUE VIVIENNE, 2 BIS
—
1861

Tous droits réservés

VOYAGE

AUTOUR DE

MON JARDIN

LETTRE I.

Vous souvient-il, mon ami, du jour où vous partîtes pour ce long et beau voyage dont les préparatifs vous occupaient depuis si longtemps?

J'arrivai le matin pour passer quelques instants avec vous, ainsi que j'en avais l'habitude; — j'ignorais que ce jour fût celui de votre départ, et je restai surpris de l'air inusité qu'avait votre maison; — tout le monde paraissait inquiet et affairé; — vos domestiques montaient et descendaient rapidement. Une élégante calèche de voyage était tout attelée dans votre cour. Au moment où j'entrai, le postillon avait déjà placé une de ses grosses bottes sur l'étrier d'un des deux chevaux : — un de vos gens, monté en courrier pour commander les relais, tourmentait son cheval qui piaffait sous lui.

Arrivé près de vous, je vous trouvai distrait et préoccupé; — vous parûtes faire un effort pour répondre à mes questions et m'adresser quelques paroles; vous sembliez agité comme un oiseau qui va s'envoler.

Vous me dîtes adieu en me serrant la main, puis vous montâtes dans la voiture; Arthur, votre valet de chambre, monta derrière; vous fîtes un signe, et le courrier partit au galop.

En même temps, le postillon sortit de la cour et fit bruyamment claquer son fouet en manière de fanfare.

Les voisins étaient aux fenêtres, les passants s'arrêtaient; vous me fîtes encore adieu d'un signe de main, et vous dîtes au postillon : Partez !

Les chevaux prirent le galop et ne tardèrent pas à disparaître au détour de la rue.

Pour moi, je restai debout, étourdi, stupéfait, triste, mécontent, humilié, sans savoir précisément pourquoi.

Les voisins refermèrent leurs fenêtres, les passants continuèrent leur route; votre portier fit crier sur ses gonds la porte cochère, et j'étais encore là, immobile, dans la rue, ne sachant ni que faire, ni que devenir, ni où aller; il me semblait que la seule route qu'il y eût au monde était celle que vous suiviez, et que vous l'emportiez avec vous.

Cependant, je crus m'apercevoir qu'on me regardait avec étonnement, et je pris au hasard,— pour m'en aller plutôt que pour aller quelque part,—le côté opposé à celui par lequel vous aviez disparu.

Je ne tardai pas à me demander où j'allais, et cette question m'embarrassa à un certain point; les promenades me paraissaient tristes et les gens maussades : je pris le parti de rentrer chez moi.

Chemin faisant, je commençai à penser de vous d'assez mauvaises choses; je vous avais trouvé l'air presque dédaigneux, vous sembliez flatté de l'attention qu'excitaient votre départ et surtout votre train; vous paraissiez laisser là votre rue, votre maison et votre ancien ami, comme on laisse des choses usées et dont on n'a plus que faire.

Graduellement je laissais germer dans mon cœur des sentiments presque haineux à votre égard; mais heureusement je les étouffai bien vite, quand je découvris que ce n'était rien autre chose que de l'envie.

Tout bonheur excite un peu de haine : on ne demande pas

mieux que de se figurer que ceux qui en jouissent ont envers nous quelque tort grave qui nous permette de donner un nom un peu plus noble à ce sentiment bas et honteux dont le véritable nom est l'envie, et de l'appeler juste ressentiment, fierté légitime, dignité blessée.

Une fois que j'eus reconnu le monstre, j'en triomphai bien vite, et je vous eus promptement justifié. Il ne me fut pas aussi facile de me justifier moi-même à mon propre tribunal.

Certes, le diable n'aurait guère de prise sur nous, s'il nous présentait les amorces qu'il nous tend sous leur véritable nom.

Rentré chez moi, j'enviais encore votre bonheur, mais je ne vous l'enviais plus, et vous étiez redevenu pour moi un ami excellent et sûr, aussitôt que je me fus mis raisonnablement à ne plus chercher en vous ces proportions chimériques que l'on impose à un pauvre Pylade, sans s'occuper jamais d'examiner si l'on est soi-même pour un autre ce qu'on exige qu'un autre soit pour vous; en un mot, chacun veut avoir un ami, mais on ne s'occupe guère d'en être un.

Seulement, comme vous échappiez à ma mauvaise humeur, je m'en pris au sort, et je me plaignis amèrement de ma mauvaise fortune, qui ne me permettait pas de partir comme vous pour aller voir d'autres pays, d'autres hommes, d'autres climats, et je m'aperçus de ma pauvreté, à laquelle jusque-là je n'avais guère fait d'attention.

Et quoi! me disais-je, serai-je donc toujours comme cette chèvre que je vois attachée à un piquet, au milieu d'un champ; elle a brouté déjà toute l'herbe qui est dans le cercle que sa corde lui permet de parcourir, et il faut qu'elle recommence à tondre la luzerne déjà raccourcie et semblable à du velours.

En parlant ainsi, j'étais appuyé sur le balcon d'une fenêtre basse qui donne sur mon jardin, et je regardais machinalement devant moi; le soleil se couchait; mes yeux d'abord, et mon âme ensuite, furent bientôt captivés par ce magnifique spectacle.

Au plus haut du ciel, du côté du couchant, étaient trois bandes de nuages.

La plus haute était formée d'une sorte d'écume en flocons, grise et rose.

La seconde était en longues teintes d'un bleu noirâtre, légèrement glacé d'un jaune de safran.

La troisième était faite de nuages gris, sur lesquels se balançait une fumée jaune-clair.

Au-dessous était comme un grand lac d'un bleu vif, pur et limpide.

Au-dessous de ce lac s'étendait un nuage gris avec une frange de feu pâle.

Au-dessous de ce nuage, un autre nuage d'un bleu un peu affaibli.

Au-dessous, un nuage étroit d'un gris pareil à celui de la cendre chaude d'un volcan.

Au-dessous, un nouveau lac d'un bleu verdâtre comme certaines turquoises, profond et limpide comme les autres.

Au-dessous, de gros nuages dont la partie supérieure était blanche, glacée de feu pâle, et l'inférieure d'un gris sombre, avec une frange du feu le plus éclatant.

Là, dans une épaisse vapeur orange se couchait le soleil, dont on ne voyait plus qu'un point rouge de sang.

Puis quand le soleil eut disparu tout à fait, tout ce qui était jaune dans le tableau prit les nuances de rouge correspondantes; le bleu pâle ou verdâtre devint d'un azur plus plein et plus sombre.

Et tout semblait, comme moi, admirer ces éternelles magnificences.

Le vent avait cessé d'agiter les feuilles des arbres; les oiseaux ne se disputaient plus les places sous l'épaisse feuillée, on n'entendait pas un insecte bourdonner dans l'air; les fleurs, je le croirais, avaient fermé leurs riches cassolettes : rien ne cherchait à occuper ni à distraire les sens.

Je pensai alors que, à quelque vingt lieues de là, dans votre calèche, avec votre courrier et votre postillon devant, et votre valet derrière, vous ne voyiez pas un plus splendide spectacle que celui qui s'étalait à mes yeux, et que sans doute vous en jouissiez avec moins de recueillement et de transport.

Et je songeai à toutes les richesses que Dieu a données aux pauvres; à la terre, avec ses tapis de mousse et de verdure, avec ses arbres, ses fleurs, ses parfums; au ciel, avec ses aspects si variés et si magnifiques; à toutes ces éternelles splendeurs que le riche ne peut faire augmenter pour lui, et qui sont tellement au-dessus de ce qui s'achète.

Je songeai à la délicatesse exquise de mes organes, qui me permet de goûter ces nobles et pures jouissances dans toute leur plénitude.

Je rappelai encore combien j'ai peu de besoins et de désirs : la plus grande, la plus sûre et la plus indépendante des fortunes.

Et, les mains jointes et serrées, les yeux au ciel, qui s'assombrissait par degrés, le cœur plein de joie, de sérénité et de reconnaissance, je demandai à Dieu pardon de mes plaintes et de mon ingratitude, et je le remerciai de toutes les richesses qu'il m'a prodiguées.

Quand je m'endormis le soir, j'avais fort grande pitié de ces *pauvres riches.*

Vale.

Stephen.

LETTRE II.

Comme le matin j'étais à ma fenêtre, j'aperçus, dans un angle, une toile d'araignée. Le chasseur, qui avait tendu là ses filets, était occupé à réparer des avaries causées, la veille au matin, par quelque proie d'une grosseur imprévue ou d'une résistance désespérée. Quand tout fut en état, l'araignée, qui était deux fois grosse et lourde comme la plus grosse mouche, marcha sur sa toile sans briser une maille, et alla se cacher dans un coin obscur et se mettre à l'affût. Je la regardai longtemps; deux ou trois mouches, volant à l'étourdie, se prirent dans les rêts perfides, se débattirent en vain; l'implacable Nemrod arriva sur les captives et les suça sans miséricorde; après quoi elle refit une ou deux mailles rompues et retourna à son embuscade.

Mais voici une autre araignée plus petite, pourquoi a-t-elle quitté sa toile et ses embûches? Hélas! c'est un mâle, et un mâle amoureux, il ne songe plus à la chasse; il est semblable au fils de Thésée.

Mon arc, mes javelots, mon char, tout m'importune.

Il s'approche et il s'éloigne, il désire et il craint. Le voici sur le premier fil de la toile de celle qu'il aime; effrayé de tant d'audace, il recule et s'enfuit, mais c'est pour revenir bientôt. Il fait un pas, puis deux, et s'arrête.

Vous avez vu des amants timides, vous l'avez été vous-même, si vous avez aimé réellement. Vous avez frémi de terreur sous le regard pur et innocent d'une jeune fille; vous avez senti votre voix trembler auprès d'elle, et certains mots que vous vouliez et que vous n'osiez dire, vous serrer la gorge au point de vous étrangler. Mais jamais vous n'avez vu un amant aussi timide que celui-ci, et il a pour cela de bonnes raisons.

L'araignée femelle est beaucoup plus grosse que le mâle, ainsi que cela est à peu près général dans les insectes. Si, au moment où le mâle se présente, *son cœur* à elle a parlé, elle cède, comme tous les êtres, à la douce influence de l'amour, elle s'adoucit comme la panthère, elle se livre à la douceur d'aimer et d'être aimée, et de se le *laisser dire;* elle encourage son timide amant, et sa toile ne devient plus pour cet amant aimé, que l'échelle de soie des romanciers.

Mais, si elle est insensible, si *son heure* n'est pas encore venue, elle s'avance lentement néanmoins au devant du tremblant Hippolyte qui cherche en vain dans ses traits s'il doit craindre ou espérer. Puis, quand elle est à quelques pas de l'amoureux, elle s'élance sur lui, le saisit — et le mange.

Certes, c'est alors que les plus anciennes et les plus ridicules métaphores inventées par les amoureux cessent d'être des métaphores, et prennent un sens réel et effrayant.

Voilà un amoureux qui a le droit de se plaindre des *rigueurs* de sa *belle ennemie*.

Voilà un amant qu'on n'accusera pas d'exagération s'il glisse dans l'aveu de ses sentiments cette question dont on a un peu abusé : « *Faut-il vivre ou mourir !* » ou cette phrase : « Si vous repoussez mon amour, ce sera *l'arrêt de ma mort!*

Celui-ci cependant fut moins malheureux ; la belle s'avança de son côté, il l'attendit quelques instants dans une visible anxiété ; mais, soit qu'il eût aperçu dans sa démarche quelque signe inquiétant, soit que la coquette ne sût pas bien composer sa physionomie, ce que je ne pus distinguer à cause de ses proportions, soit qu'elle laissât voir dans son air plus d'appétit que d'amour, ou encore que l'amoureux ne fût pas atteint d'une de ces flammes intenses qui font braver tous les dangers, il prit la fuite avec une telle rapidité que je le perdis de vue, ainsi que fit sans doute son *inhumaine*, car elle retourna tranquillement se cacher dans son embuscade attendre d'autres proies.

J'avais déjà assisté à de semblables scènes, car j'ai passé une grande partie de ma vie seul et à la campagne, et j'ai de tout temps étudié les mœurs des insectes ; mais, cette fois, le petit drame dont je venais d'être spectateur me laissa une impression particulière et me fit penser à vous.

Certes, me dis-je, c'est une singulière inquiétude de l'esprit que l'amour des voyages, et les voyageurs sont d'étranges gens qui s'en vont à de grandes distances, et à grands frais, pour voir des *choses nouvelles*, sans avoir pris la peine de regarder à leurs pieds ni sur leurs têtes, où il se passe tant de choses extraordinaires et aussi inconnues qu'on le puisse désirer.

Le voilà parti, continuai-je en pensant à vous ; il peut bien faire le tour du monde sans rencontrer un genre d'amour aussi étrange que celui dont je viens d'être témoin à ma fenêtre.

Sous quelque partie du ciel qu'ils demeurent, de quelque façon qu'ils s'habillent ou ne s'habillent pas, les hommes vivent sur quatre ou cinq passions toujours les mêmes, qui ne varient pas dans le fond et très-peu dans la forme.

Nulle part l'amour ne lui présentera un drame aussi singulier que celui qui vient de se passer sous mes yeux.

Dans cette touffe de mousse verte comme l'émeraude, chatoyante comme le velours, et grande comme la paume de la main, il y a des amours, des haines, des combats, des transformations et des miracles qui nous sont inconnus et que nous n'avons jamais regardés.

Bien plus, dans les grandes choses, et surtout dans ce qui regarde l'homme, la nature semble s'être astreinte à des règles presque invariables, tandis que dans les fleurs et dans les insectes, elle paraît s'être livrée aux plus étranges et aux plus ravissantes fantaisies.

Bizarre manie que celle qui fait que la plupart des hommes ferment les yeux sur tout ce qui les entoure, et ne les daignent ouvrir qu'à cinq cents lieues de leur pays.

Eh bien! m'écriai-je, et moi aussi je vais faire un voyage, et moi aussi je vais voir des choses nouvelles et extraordinaires, et moi aussi j'aurai des récits à imposer!

Faites le tour du monde, moi je vais faire le tour de mon jardin.

Je vous attendrai ici, mon ami, vous me retrouverez sous mon figuier ou sous un de mes chèvrefeuilles, et je vous ferai avouer qu'il y a une grande et terrible punition pour les voyageurs comme pour les amants inconstants ; — pour les voyageurs l'arrivée, pour les inconstants le triomphe ; — car ils voient alors combien se ressemblent tous les pays et toutes les femmes.

Qu'allez-vous voir là-bas, et comme vous serez fier, dans votre première lettre, si toutefois vous pensez à m'écrire, de me raconter que vous avez vu des femmes tatouées et peintes de diverses couleurs, avec des anneaux dans le nez.

Comme je vous dirai : Eh quoi! mon bon ami, pourquoi couriez-vous si loin? que n'alliez-vous à deux rues de votre maison? Rien ne vous eût empêché de regarder votre belle-sœur, qui, à l'exemple de cent autres femmes que vous connaissez, et dont chacune est à la fois peintre, original et portrait, se met du blanc et du rouge sur le front et sur les joues, du noir au coin des yeux, du bleu pour faire ressortir certaines veines, et se passe des anneaux dans les oreilles, comme vos femmes sauvages s'en mettent dans le nez. En quoi est-il beaucoup plus drôle de percer un cartilage qu'un autre, et cela vaut-il d'aller si loin?

Je sais bien que vous verrez là-bas des escrocs et des courtisanes, des imbéciles, des hypocrites, des orgueilleux, des égoïstes, des envieux, des mendiants; mais n'avez-vous donc pas remarqué qu'il y en a également quelques-uns ici?

Ou bien est-il si difficile d'avoir en ce pays-ci ou faim ou soif, ou trop chaud, ou trop froid, que vous pensez à aller ainsi au loin?

Est-il quelque peste, ou quelque fièvre, ou quelque lèpre inconnue à notre pays, que vous sentiez le besoin d'avoir?

Ou êtes-vous si ennuyé des mouches qui nous impatientent ici l'été, que vous fassiez deux mille lieues pour être piqué par des moustiques?

Tout à vous,

STEPHEN.

LETTRE III.

J'ai encore songé, presque toute cette nuit, à vous et à vos voyages, et j'en suis arrivé à ne plus vous comprendre. Connaissez-vous donc bien ces mouches qui brillent et bourdonnent autour de vous, ces fleurs qui s'épanouissent et parfument l'air, ces oiseaux qui chantent, ces feuilles qui frémissent, cette eau qui murmure? les avez-vous tous regardés chacun une fois seulement, et chacune des parties qui les composent? les avez-vous suivies de leur naissance à leur mort? avez-vous vu leurs amours et leurs hyménées, avant d'aller au loin voir des choses que vous n'avez pas vues? Pour moi, j'ai eu ce matin une grande joie dont je vais vous faire part.

J'ai acheté, il y a trois ans, un tapis ruineux pour le mettre dans mon cabinet de travail; c'est ainsi que j'appelle une chambre assez bien arrangée, où je m'enferme parfois pour ne rien faire et ne pas être interrompu. Ce tapis représente des feuillages d'un vert sombre parsemés de grandes fleurs rouges. Hier, mes yeux sont tombés sur mon tapis, et je me suis aperçu que les couleurs en étaient fort passées, que le vert en est devenu d'un verdâtre assez laid, que le rouge est fané d'une manière déplorable, et que la laine est râpée et montre la corde, sur tout l'espace qui conduit de la porte à la fenêtre, et de la fenêtre à mon fauteuil au coin de ma cheminée. Ce n'est pas tout; en dérangeant une énorme et pesante table de bois sculpté, j'ai fait un accroc au tapis. Tout cela m'a effrayé à un certain point; j'ai fait recoudre la déchirure, mais je n'ai pu rendre la fraîcheur au feuillage ni l'éclat aux fleurs rouges. Mais ce matin, en me promenant au jardin, je me suis arrêté devant la pelouse qui en est à peu près le milieu.

A la bonne heure! me suis-je dit, voilà un tapis comme je les aime; toujours frais, toujours beau, toujours riche. En effet il m'a coûté soixante livres de graines de gazon, à cinq sous la livre, c'est-à-dire quinze francs, et il est à peu près du même âge que celui de mon cabinet, qui m'a coûté cent écus. Celui de cent écus n'a subi que de tristes changements; il est aujourd'hui pauvre, et plus pauvre qu'un autre de toute sa splendeur ternie, râpé, honteux, rapiécé. Celui-ci devient chaque année plus beau, plus vert, plus touffu. Et avec quel luxe il change et se renouvelle! Au printemps, il est d'un vert pâle et semé de petites marguerites blanches et de quelques violettes. Un peu après, le vert devient plus foncé, et les marguerites sont remplacées par des boutons d'or vernissés. Aux boutons d'or succèdent les trèfles rose et blanc. A l'automne, mon tapis prend une teinte un peu jaune, et au lieu du trèfle rose et du trèfle blanc, il est semé de colchiques qui sortent de terre comme de petits lis violets. L'hiver, il est blanc de neige à éblouir les yeux. Puis, au printemps, comme dans l'automne, on a quelquefois marché et dansé dessus, comme il est un peu écrasé, déchiré, il se raccommode de lui-même, de telle façon qu'on ne peut plus retrouver ses blessures ni même leurs cicatrices ; pendant que mon autre tapis reste là avec ses éternelles fleurs rouges, qui ne font qu'enlaidir chaque jour, et avec ses déchirures mal recousues.

Mon Dieu ! que je suis donc riche !

M'écrirez-vous comme vous me l'avez promis ? Moi, je vous écrirai mon voyage ; je ne sais trop où vous l'envoyer, vos lettres me diront où et quand je puis le faire. Mais qu'allez-vous donc voir là-bas que vous ne puissiez voir ici ? Je vais essayer de me décrire, comme de votre part, quelque pays lointain. Voyons :

« Le ciel est gris comme une lourde coupole de plomb, la terre est couverte d'un linceul de neige ; les arbres livrent aux vents aigres leurs noirs squelettes ; à leurs pieds naissent et végètent les champignons vénéneux ; les fleurs sont mortes ; l'eau glacée est immobile entre ses rivages sans herbe. Ceux qui tiennent absolument à appeler les fontaines des *miroirs* où les *bergères* contemplent leurs *naïfs attraits* et arrangent leur *simple parure,* ceux qui ne voient dans la nature que ce qu'ils ont lu préalablement dans les livres, sont obligés de dire que leurs poétiques miroirs sont tournés du côté du vif argent. Quelques sapins, dans leur feuillage triste et sombre, donnent asile seulement à quelques oiseaux muets et hérissés par le froid, qui se disputent affamés les fruits laissés sur les arbres sans feuillage, les baies pourpres de l'aubépine, les baies écarlates des sorbiers, les baies oranges du buisson ardent, ou celles noires du troène, ou bleuâtres du laurier-thym.

» Il n'y a dans l'air ni chant d'oiseaux, ni bourdonnement d'insectes, ni parfum de fleurs. Le soleil ne reste chaque jour que quelques heures à l'horizon ; il se lève et se couche dans de pâles et tristes lueurs. »

Quel est ce pays? Si c'était vous, mon bon ami, qui m'écrivissiez ces lignes, vous appelleriez ces tristes climats la Norwège avec ses neiges et ses glaces. Pour moi, ce pays c'est mon jardin l'hiver, c'est mon jardin dans six mois ; je n'ai qu'à attendre.

Je n'ai pas besoin non plus d'aller chercher à travers mille dangers, et, qui pis est, mille ennuis, les riches pays où l'on adore le soleil ; j'attendrai quelques jours, et le soleil me fera chercher l'ombre et la fraîcheur. Il y aura des instants où les fleurs se pencheront languissamment, où on n'entendra dans les herbes séchées que les cris monotones de la sauterelle, où l'on ne verra dehors que les lézards.

Alors les nuits seront fraîches, douces et embaumées ; les arbres en fleurs et pleins de rossignols, exhaleront des parfums et des mélodies célestes. Dans les gazons brilleront les lucioles, les vers luisants comme des violettes de feu.

Vous m'écrirez tout cela de quelque contrée de l'Amérique ; moi, je vous l'écrirai après-demain de mon jardin. Les saisons qui se renouvellent sont les climats qui voyagent et qui me viennent trouver. Vos longs voyages ne sont que des visites fatigantes que vous allez rendre aux saisons, qui d'elles-mêmes seraient venues à vous.

Mais il est un autre pays, une ravissante contrée qu'on chercherait en vain sur les flots de la mer ou à travers les montagnes. En cette contrée, les fleurs n'exhalent pas seulement de suaves parfums, mais aussi d'enivrantes pensées d'amour. Chaque arbre, chaque plante y conte, dans un langage plus noble que la poésie et plus doux que la musique, des choses dont aucune langue humaine ne saurait même donner une idée. Le sable des chemins est d'or et de pierreries ; l'air et rempli de chants auprès desquels ceux des rossignols et des fauvettes que j'entends aujourd'hui, me semblent des coassements de grenouilles dans leurs marais fangeux. L'homme y est bon, grand, noble et généreux.

Toutes les choses y sont au rebours de celles que nous voyons chaque jour ; tous les trésors de la terre, toutes les dignités réunies seraient un objet de risée si on venait les offrir en échange d'une fleur fanée ou d'un vieux gant oublié sous une tonnelle de chèvrefeuille.

Mais qu'est-ce que je vous parle de chèvrefeuille ! Pourquoi suis-je forcé de donner les noms de fleurs que vous connaissez aux fleurs de ces charmantes régions? Dans ce pays, on ne croit ni à la perfidie, ni à l'inconstance, ni à la vieillesse, ni à la mort, ni à l'oubli qui est la mort du cœur. L'homme n'y a besoin ni de sommeil, ni de nourriture ; d'ailleurs un vieux banc de bois est là mille fois plus doux que l'édredon ailleurs ; le sommeil y est plus calme et plus rempli de rêves charmants.

L'âpre prunelle des haies, le fruit fade des ronces y ont une saveur si délicieuse, qu'il serait ridicule de les comparer aux ananas des autres régions. La vie y est plus douce que les rêves n'osent l'être dans les autres pays. Allez donc chercher ces poétiques contrées !

Hélas ! en réalité, c'était un mauvais petit jardin dans un affreux quartier, quand j'avais dix-huit ans, quand j'étais amoureux, et quand celle que j'aimais y venait, un instant, au coucher du soleil.

...... J'ai si longtemps aimé
Un tout petit jardin sentant le renfermé.

Et d'ailleurs, ne faisons-nous pas dans la vie un voyage terrible et sans relâche? N'est-ce donc rien que d'arriver successivement à tous les âges, d'y prendre et d'y laisser quelque chose? Tout ce qui nous entoure ne change-t-il pas chaque année? Chaque âge n'est-il pas un pays ? Vous avez été enfant, vous êtes jeune homme, vous deviendrez vieillard. Croyez-vous trouver entre deux peuples, quelque éloignés qu'ils soient l'un de l'autre, autant de différences qu'entre vous enfant et vous vieillard ?

Vous êtes dans l'enfance; l'homme y a les cheveux blonds, le regard assuré et limpide, le cœur allègre et joyeux ; il aime tout, et tout semble l'aimer; tout lui donne quelque chose, et tout lui promet bien plus encore.

Il n'y a rien qui ne lui paye un tribut de joie, rien qui, pour lui, ne soit un jouet. Les papillons dans l'air, les bluets dans les blés, le sable des rivages, la luzerne des champs, les allées vertes des bois, tout lui donne des plaisirs, tout lui promet tout bas des bonheurs mystérieux.

Vous arrivez à la jeunesse ; le corps est souple et fort, le cœur noble et désintéressé. Là, vous brisez violemment vos jouets de l'enfance ; vous souriez avec amertume de l'importance que vous y avez attachée, parce que vous trouvez alors de nouveaux jouets que vous traitez avec le même sérieux ; c'est le tour de l'amitié, de l'amour, de l'héroïsme, du dévouement, vous avez tout cela en vous, vous le cherchez chez les autres. Mais ce sont des fleurs qui se fanent, et elles ne fleurissent pas en même temps dans tous les cœurs. Chez celui-ci, elles ne sont qu'en bouton ; chez celui-là, elles sont depuis longtemps passées. Vous réclamez hautement l'accomplissement de vos désirs, comme vous réclameriez de saintes promesses. Il n'y a pas une fleur, pas un arbre qui ne vous semble vous avoir trahis.

Mais vous voici arrivé à la vieillesse. On y a les cheveux gris ou blancs, ou une perruque ; les belles fleurs dont nous parlions y portent leurs fruits inattendus : l'incrédulité, l'égoïsme, la défiance, l'avarice, l'ironie, la gourmandise. Vous riez des jouets de la jeunesse, parce que vous en trouvez là encore d'autres que vous prenez encore au sérieux : les places, les croix, les cordons de diverses couleurs, les honneurs, les dignités.

> Car il ne sert de rien à l'homme qu'il vieillisse,
> A chaque âge, il arrive ignorant et novice,
> Sur nos derniers hivers et sur notre âge éteint,
> La sagesse versant une lumière pâle,
> Brille comme la lune aux doux rayons d'opale,
> Aux heures de la nuit où l'on ne fait plus rien.

Les jours et les années sont des traits que la mort nous lance. Elle vous a réservé ses plus pénétrants pour la vieillesse ; les premiers ont tué successivement vos croyances, vos passions, vos vertus, vos bonheurs. Maintenant, elle tire à mitraille ; elle a abattu vos cheveux et vos dents, elle a blessé et affaibli vos muscles, elle a touché votre mémoire, elle vise au cœur, elle vise à la vie.

Alors tout vous est ennemi—dans la jeunesse, les belles nuits d'été vous apportaient des parfums, des souvenirs, de ravissantes rêveries ; elles n'ont plus pour vous que des rhumes et des pleurésies.

Vous haïssez les gens qui sont plus jeunes que vous, parce qu'ils doivent hériter de votre argent ; ils héritent déjà de votre jeunesse, de vos croyances, de vos rêves, de tout ce qui est déjà mort en vous.

> Les hommes, presque tous, ne savent pas vieillir
> Et, comme certains fruits, pourrissent sans mûrir.

Dites-le moi, sommes-nous aujourd'hui ce que nous étions hier, ce que nous serons demain ? N'avons-nous pas à faire sur nous-mêmes, chaque jour, de singulières observations ? Ne nous offrons-nous pas à nous-mêmes un spectacle curieux ?

Allons, je commencerai mon voyage demain, et je me mettrai en route ; car je finirais par trouver que c'est encore trop se donner de mouvement que de faire le tour du jardin.

Vale.

LETTRE IV.

Je suis en route, mon bon ami, et deux choses déjà m'embarrassent. D'abord, je ne sais pas bien à quelle distance précise du point de départ il faut être, pour avoir le droit de se servir dans le récit de ce prétérit emphatique qui donne tant d'importance aux voyageurs : *Nous partîmes, nous cinglâmes, nous vîmes nous aperçûmes, nous bûmes, etc.*

Ai-je bien le droit d'employer ce langage qui est la vraie langue des voyages ?

Et si je ne l'emploie pas, mon voyage sera-t-il un vrai voyage ?

Seconde difficulté : dans les récits que, sans doute, vous me faites en même temps que j'écris pour vous mes voyages, vous avez sur moi un avantage inappréciable. Si à quelque narration un peu extraordinaire, à quelque description surnaturelle, je m'avise d'un *oh! oh!* ou d'un geste d'incrédulité ou même d'admiration mêlée de défiance, vous me répondrez : *Allez y voir!* C'est à trois mille lieues d'ici. Vous savez bien que je ne le ferai pas. Si, au contraire, je vous étonne par quelque chose d'inusité ou de prodigieux, je n'ai pas la même ressource ; je ne puis que vous dire : Regardez vous-même, c'est à droite ou à gauche, c'est sur ce rosier qui est au bout de l'allée, ou c'est sur cette pervenche qui est à vos pieds ; ou, dérangez-vous un peu, ce que je vous raconte est dans la mousse sur laquelle vous marchez : vous écrasez ma preuve. Je n'ai donc à vous dire que la vérité, tandis que vous, persuadé qu'on croit toujours que les voyageurs mentent, vous ne vous renfermerez pas dans une vertu qui ne vous rapporterait aucun honneur, et qui vous ferait simplement accuser de sécheresse et de pauvreté d'imagination.

J'ai vu votre costume de voyage, mon cher ami ; je vous dois la description du mien : c'est une vieille robe de chambre de velours noir que vous me connaissez, avec un bonnet pareil et des pantoufles de maroquin jaune ; je ne suis point armé.

Je sors de mon cabinet de travail à six heures moins un quart ; le soleil monte à l'horizon ; ses rayons scintillent comme une poussière de feu à travers les feuilles de grands sorbiers, et viennent colorer ma maison d'une teinte douce mêlée de rose et de safran ; je descends trois marches.

Nous voici en Chine.

Vous m'arrêtez à mon premier pas avec un sourire de dédain. Ma maison est entièrement tapissée par une glycine. La glycine est un arbrisseau grimpant et sarmenteux qui a un feuillage à peu près semblable à celui des accacias, et duquel pendent de nombreuses et grandes grappes de fleurs d'un bleu pâle, qui exhalent la plus suave odeur. Cette magnifique plante vient de la Chine : peut-être l'admirez-vous là-bas quand je la contemple ici.

Je ne crois pas exagérer, même pour vous, quand je vous dirai que je trouve cela mille fois plus beau que les plus riches palais, cette maison de bois toute verte, toute fleurie, toute parfumée, qui, tous les ans a plus de verdure, plus de fleurs et plus de parfums.

Sous le toit qui avance est un nid de roitelet, un tout petit oiseau ou plutôt une pincée de plumes brunes et grises comme celles d'une perdrix, qui court sur les vieux murs et fait de mousse et d'herbe un nid qui a la forme d'une bouteille. Je te salue, petit oiseau, qui seras mon hôte pour cette année ! sois le bien-venu dans ma maison et dans mon jardin ! soigne et élève ta nombreuse famille, je te promets paix et tranquillité ; on respectera ton repos, et surtout ta confiance. Il y a de la mousse là-bas, auprès de la fontaine, et dans les allées des brins d'herbe de la pelouse récemment fauchée. Le voilà sur le bord de son nid, il me regarde avec ses beaux yeux noirs ; il a peur, mais il ne se sauve pas.

Le petit roitelet n'est pas le seul hôte de ma vieille maison

Entre les solives, l'intervalle est rempli par des moëllons et du plâtre. Sur la façade, qui est exposée au midi, il y a un trou dans lequel vous ne feriez pas entrer le tuyau d'une plume : c'est encore là une demeure, c'est encore là un nid ; il appartient à une sorte d'abeille qui vit solitaire. Voyez-la revenir de la provision ; ses pattes postérieures sont chargées d'une poussière jaune qu'elle a prise sur les *étamines* des fleurs ; elle entre dans ce trou : quand elle en sortira, elle n'aura plus de *pollen* aux pattes ; avec du miel qu'elle sait dégorger, elle en aura au fond de son nid fait une pâtée savoureuse.

Voici peut-être son dixième voyage d'aujourd'hui, et elle n'est pas près de se reposer.

Tous ces soins sont pour un œuf qu'elle a pondu, pour un œuf qu'elle ne verra jamais éclore ; d'ailleurs, ce qui sortira de cet œuf, ce n'est pas une mouche comme elle, c'est un ver qui ne se métamorphosera en mouche que quelque temps après.

Cependant elle l'a caché dans un trou, et elle sait précisément de combien de nourriture il aura besoin pour arriver à l'état d'accroissement qui précède la transformation en mouche. Cette nourriture, elle va la chercher, et elle l'assaisonne et la prépare. La voici partie.

Mon Dieu! quelle est donc cette autre petite mouche si brillante qui marche sur la maison? Son *corselet* est vert et son *abdomen* est d'un rouge de pourpre; mais ces deux couleurs sont si éclatantes, que je suis fâché de n'avoir pas de mots plus splendides pour les exprimer que les noms d'une émeraude et d'un rubis joints ensemble.

Cette jolie mouche, cette pierrerie vivante, s'appelle *chrysis*. J'ose à peine respirer dans la crainte de la faire envoler; je voudrais la tenir dans les mains pour être sûr de la voir plus longtemps.

C'est aussi une mère de famille; elle aussi doit pondre un œuf, d'où sortira un ver qui deviendra une mouche semblable à elle, mais qu'elle ne verra jamais.

Elle aussi, elle sait la nourriture qu'il faudra à son enfant; mais, plus richement vêtue que l'abeille, elle ne sait pas comme elle ramasser le *pollen* des fleurs ni en faire une pâte avec du miel.

Elle n'a qu'une ressource, et cette ressource, elle est déterminée à l'employer; elle ne reculera ni devant la fourberie ni devant le vol pour assurer la subsistance de son enfant; elle a reconnu l'abeille solitaire; elle va pondre dans son nid; son œuf à elle doit éclore plus tôt que celui de la véritable propriétaire : alors l'intrus mangera les provisions si péniblement amassées pour l'enfant légitime qui, lorsqu'il naîtra à son tour, n'aura plus qu'à mourir de faim.

La voici au bord du trou...; elle hésite...; elle se décide...; elle entre.

Elle m'intéresse; elle est si belle! L'autre aussi m'intéresse; elle est si laborieuse! Mais la voici qui revient à travers les airs : on dirait un guerrier couvert d'armes ciselées et d'une cuirasse dorée; elle bourdonne. La chrysis a entendu ce bourdonnement, qui est pour elle le son terrible de la trompette guerrière. Elle veut s'enfuir, elle sort; mais l'autre, justement irritée, se précipite sur elle et la frappe de sa tête. Elle froisse et déchire la gaze miroitante de ses ailes, et la jette sur le sable, où elle tombe étourdie et inanimée.

L'abeille entre alors dans son nid, dépose et prépare ses provisions; puis, encore émue de son combat et de sa victoire, elle repart à travers les airs. Longtemps je la suis des yeux, mais enfin elle disparaît.

La pauvre chrysis n'est cependant pas morte; elle se relève, se secoue, se trémousse, essaie de s'envoler; mais ses ailes lacérées ne le lui permettent plus. Comment fera-t-elle alors pour échapper à la fureur de son ennemie?

Il ne s'agit pas pour elle de s'enfuir; il s'agit de déposer son œuf dans le nid de l'abeille et d'assurer l'avenir de son petit, car l'abeille est revenue trop vite... Elle monte en gravissant péniblement : par moments les forces lui manquent; elle est forcée de s'arrêter; mais enfin elle arrive... elle entre... elle est entrée! Cette fois, l'intérêt est pour elle. Tout à l'heure elle n'était que belle, maintenant elle est bien malheureuse! Je sais qu'on pourrait faire une longue plaidoirie pour l'autre; je ne voudrais pas avoir à les juger. Ah! elle ressort... elle s'enfuit!... Mais elle est heureuse, elle a réussi!... Maintenant je me sens fort touché pour l'abeille.

La pauvre abeille continue à apporter des provisions pour son enfant, qui cependant mourra de faim; elle fait de nouveaux voyages aux fleurs qu'elle aime; elle va se poser sur les chatons du saule, sur les fleurs blanches de l'arbousier, ce bel arbre toujours vert dont les fleurs ressemblent à celles du muguet, et dont les fruits sont des fraises; elle s'arrête aussi sur les fruits de l'if, ce pauvre arbre si tourmenté dans les jardins, dont on se fait des boules, des carrés, des vases, des cigognes; arbre bon enfant, qui se prête à tout, et dont naturellement on a tant abusé.

Si je voulais regarder l'une après l'autre et suivre toutes les mouches qui brillent au soleil sur ma maison, les insectes qui se cachent dans les fleurs de la glycine pour en sucer le miel, et les insectes qui s'y insinuent pour manger ceux-ci ; les chenilles qui rampent sur les feuilles, et les ennemis de ces chenilles et de ces papillons; vous dire leur naissance, leurs amours, leurs combats, leurs métamorphoses ; peut-être seriez-vous revenu avant que j'eusse fait un pas ; mais je ne veux dans ce voyage m'arrêter qu'aux choses qui frapperont ma vue sans recherches, sans travail, sans étude. Quittons donc la vieille maison de bois, et suivons au hasard cette allée tortueuse.

Voici la julienne blanche avec ses longs rameaux de fleurs ; pour jouir de son parfum, il faut se pencher sur elle : ce n'est que le soir qu'elle l'exhale au loin. Cette fleur était une des fleurs préférées de la malheureuse reine Marie-Antoinette. Elle fut renfermée dans la plus mauvaise chambre de la Conciergerie : c'était une chambre humide et infecte. Là, dans la même pièce, un gendarme, dont elle n'était séparée que par un paravent, ne la quittait ni jour ni nuit. La reine n'avait pour vêtement qu'une vieille robe noire et des bas qu'elle ôtait, restant les jambes nues, pour les raccommoder elle-même. Je ne sais si j'aurais aimé Marie-Antoinette, mais comment ne pas adorer tant de misère et de malheur ! Une femme, son nom n'est pas assez connu, une bonne, une excellente femme, trouva un bonheur et un luxe à donner à celle qu'il était défendu de nommer autrement que veuve Capet. Madame Richard, concierge de la prison, lui apportait chaque jour des bouquets des fleurs qu'elle aimait : des œillets, des juliennes, des tubéreuses. Elle changeait ainsi en parfums les miasmes putrides de la prison. La pauvre reine avait autre chose à regarder que les murs humides de son cachot. Madame Richard fut dénoncée, arrêtée et mise en prison ! mais on n'osa pas cependant la poursuivre davantage pour sa sainte idée, et on la relâcha.

Plus tard, Danton dans son cachot, s'écriait : « Ah ! si seulement je pouvais voir un arbre ! »

La julienne reste la fleur de Marie-Antoinette ; aux deux autres se rattachaient déjà des souvenirs plus anciens.

Le grand Condé, détenu à Vincennes, cultivait les œillets.

L'odeur des tubéreuses passait autrefois pour être mortelle aux femmes en couches. Mademoiselle de La Vallière, étant encore fille d'honneur, se trouvait dans ce cas; la reine qui avait quelques soupçons, devait le lendemain passer par son appartement, où elle avait prétexté une indisposition pour rester couchée. Mademoiselle de La Vallière fit remplir sa chambre de tubéreuses.

Vale.

LETTRE V.

SUR UN ROSIER.

J'ai failli ne pas m'arrêter devant ce rosier; j'aime beaucoup voir les roses, mais je n'aime pas en parler. On a tant abusé des roses! Les Grecs ont dit cinq ou six jolies choses sur les roses; les Latins ont traduit ces six jolies choses et y en ont ajouté trois ou quatre. Depuis ce temps, les poëtes de tous les pays et de toutes les époques ont traduit, copié et imité ce qu'avaient dit les Grecs et les Latins, sans rien ajouter de leur crû. Ils ont même continué à appeler le mois de mai le mois des roses, sans songer que les roses fleurissent plus tôt en Grèce et en Italie que dans nos pays, où presque toutes les roses attendent le mois de juin pour s'épanouir.

N'êtes-vous pas ennuyé comme moi des amours éternelles du papillon et de la rose, amours qui du reste ne sont pas vraies? Les papillons se posent sur les roses comme sur toutes les fleurs, mais la rose est loin d'être une des fleurs qu'ils préfèrent. N'êtes-vous pas ennuyé, comme moi, des *teints de lys et de rose* dont on affuble les femmes, ce qui serait hideux? N'êtes-vous pas ennuyé comme moi des *belles* qui sont des *roses;* en un mot de toutes les fadeurs, de toutes les sottises dont ces pauvres roses ont été le prétexte? Je trouve honteux que nos poëtes ne connaissent pas mieux la nature et toutes les splendeurs éternelles dont Dieu a doté notre séjour. Je n'en sais presque pas un qui n'ait montré, par la manière dont il parle et des fleurs, et des arbres, et de l'herbe, qu'il n'a jamais pris la peine de les regarder. Écoutez-les : ils se renferment dans trois ou quatre généralités banales qu'ils ont lues et qu'ils répètent en synonymes.

Ce sont des *prairies émaillées de fleurs.*

De quelles fleurs? de quelles couleurs sont-elles? Et au printemps et à l'automne, tout cela ne change jamais. Quelques-uns plus audacieux disent qu'elles sont de *mille couleurs.*

Les *bords fleuris des ruisseaux !*

Sont-ce les mêmes fleurs que celles qui émaillent les prairies? On n'en sait pas davantage. *Le zéphyr qui se joue dans des bosquets; le* même *zéphyr caresse la rose à demi éclose.*

Ceux qui écrivent en vers ne connaissent que la rose *à demi éclose,* à cause de la rime. Un novateur, il y a quatre cents ans, a risqué *fraîche éclose;* et on s'en est tenu là.

Tenez, voyez là-bas, d'un beau feuillage aigu comme des épées, voyez s'élever une longue tige portant d'un seul côté un bel épi de fleurs roses ou blanches, c'est un *glaïeul.* Les poëtes en parlent quelquefois, mais ils n'en savent qu'une chose, c'est que cela rime à *tilleul;* ils ne manquent jamais de les réunir, de mettre des *glaïeuls* sous les *tilleuls,* ce que je ne ferais pour rien au monde dans mon jardin ; mes pauvres glaïeuls s'en trouveraient fort mal. C'est un grand bonheur qu'ils ne mettent pas les *tilleuls* sous les *glaïeuls;* cela rimerait aussi bien.

Revenons à la rose. Nous ne l'appellerons pas *Reine des fleurs;* nous éviterons tous les lieux communs dont elle a été l'objet et dont elle a triomphé ; regardons-la seulement, et disons ce que nous voyons. Il n'est pas de pays qui ne possède des roses, depuis la Suède jusque sur les côtes d'Afrique; depuis le Kamtschatka jusqu'au Bengale, jusque sur les montagnes du Mexique, la rose fleurit dans tous les climats, dans tous les terrains ; c'est une des grandes prodigalités de la nature.

Le rosier devant lequel nous nous arrêtons est couvert de fleurs blanches.

D'autres ont des fleurs depuis le rose le plus pâle jusqu'au cramoisi et au violet foncé; depuis le blanc jaunâtre jusqu'au jaune le plus éclatant et à la couleur capucine. Le bleu est la seule couleur que la nature lui ait refusée. Il y a très-peu de fleurs bleues.

Le bleu pur est un privilége qu'à quelques exceptions près, elle n'a accordé qu'aux fleurs des champs et des prairies. La nature est avare de bleu : le bleu est la couleur du ciel, elle ne la donne qu'aux pauvres, qu'elle aime avant tous les autres.

Les botanistes, qui ne font aucun cas, ni de la couleur, ni des parfums, prétendent que les roses doubles sont des monstres. Comment appellerons-nous les botanistes? Nous ne finirons pas ce voyage sans nous arrêter un peu aux botanistes.

Ce rosier a été un rosier sauvage, un églantier qui se couvrait, dans quelque coin d'un bois, de petites roses simples, composées chacune de cinq pétales. Un jour, on lui a coupé la tête et les bras, puis on a fendu la peau d'un des moignons qu'on lui avait laissés. Entre l'écorce et le bois on a glissé un petit morceau d'écorce d'un autre rosier, sur lequel était un bourgeon à peine indiqué.

Depuis ce jour, toute sa force, toute sa sève, toute sa vie, sont consacrés à nourrir ce bourgeon. La blessure s'est fermée, mais on voit encore la cicatrice. L'églantier n'a plus de fleurs à lui, c'est un esclave qui travaille pour un maître superbe. Cette belle touffe de feuilles, de fleurs, ce ne sont ni ses feuilles ni ses fleurs.

Prenez garde cependant; voici, sur sa tige verte, au-dessous de la greffe, un bourgeon rose qui commence à poindre. Ce bourgeon deviendra une branche; cette branche lui appartient. Oh! alors la nature a repris tous ses droits, le tyran qui est en haut, le beau rosier, le rosier cultivé, attend en vain le tribut qu'on lui a payé jusqu'ici; la sève ne monte plus jusqu'à lui, elle est pour ce cher rejeton; il n'y en a pas trop pour lui.

Mais le jardinier s'est aperçu de cette tentative de rébellion;

il a coupé le prétendant, et tout est rentré dans l'ordre. Cependant, quelques jours après, de nouveau la tête du rosier s'allanguit, la pourpre du roi se décolore, le feuillage jaunit et se fane, et pourtant la tige de l'églantier est lisse et unie. Cherchez bien, le pauvre esclave est ingénieux et obstiné; il a glissé sous la terre un drageon, et c'est loin de là qu'il lui a permis de voir le jour. Allez à deux pas, à trois pas; derrière cette giroflée, dans le silence et à l'ombre, s'élève un petit rosier. Il ressemble à ce qu'était son père; comme lui, il a des tiges flexibles et des feuilles étroites. Attendez un an, et il deviendra un églantier. Froissez son feuillage, il exhale une odeur d'ananas particulière à une espèce d'églantier; c'est ainsi qu'était son père quand il avait des branches et des feuilles à lui. Le voici en boutons, le voici en fleurs.

Mais le despote que nous avons laissé là-bas est mort, et d'une mort horrible : il est mort de faim. L'esclave révolté qui le portait a conduit depuis longtemps par dessous terre toute sa séve à son fils bien-aimé. Cette belle couronne de roses doubles s'est desséchée; lui-même, son esclave, est malade et mourra bientôt, car il n'a rien gardé pour lui ; mais il meurt libre, il meurt vengé. Il laisse un rejeton jeune, fort et vigoureux, sur lequel s'épanouissent les petites églantines des bois.

Notre rosier blanc n'est pas dans cette situation : l'églantier qui le porte et le nourrit paraît s'être résigné à son sort, bien plus, on le dirait fier de son esclavage. Il y a bien d'autres esclaves que lui qui ne pensent plus à rompre leurs chaînes quand elles sont dorées. Notre églantier semble s'enorgueillir de sa belle couronne.

Mais quelle émeraude se cache dans le cœur de la rose? L'émeraude est vivante, c'est une *cétoine;* c'est un insecte plat et carré, avec des ailes dures commes celles d'un hanneton, et éclatantes comme une pierre précieuse; retournez-le, son ventre est d'une couleur encore plus belle ; c'est une autre pierrerie, plus violette que le rubis, plus rouge que l'améthyste. La cétoine ne vit guère que dans les roses. Une rose est sa maison et son lit. Elle se nourrit de feuilles de roses ; quand elle a mangé sa maison, elle s'envole et en cherche une autre ; mais elle préfère les roses blanches à toutes les autres. Si, par hasard, vous la trouvez sur une autre rose, c'est un grand hasard ; elle y est mal logée, mal couchée. Elle doit vous inspirer la pitié que vous ferait ressentir un banquier ruiné, obligé de demeurer au quatrième étage, et de manger, pour tout festin, la soupe et le bouilli ; elle en est triste et humiliée, mais il faut bien vivre. Il y a des gens qui se résignent à pis que cela.

Une vingtaine de mouches, d'espèce et de couleur différentes, sont posées sur différentes parties du rosier, mais je n'y fais aucune attention ; elles sont là par hasard, elles voyagent comme vous, elles flânent comme moi. Je ne m'occupe que des naturels du pays, je retrouverai les autres ailleurs ; nous ne sommes pas encore près de quitter notre rosier, car voici qu'il s'y passe d'étranges choses.

Où êtes-vous, mon bon ami? Je n'en sais rien, mais je doute fort que le pays où vous êtes arrêté soit aussi riant que mon rosier ; que ses habitants soient aussi jolis, aussi brillants, aussi heureux surtout que les habitants de mon rosier ; et n'est-ce rien que de voir des êtres heureux? Mais, à coup sûr, vous n'y voyez rien d'aussi extraordinaire que ce que je vois en ce moment.

A l'extrémité des jeunes pousses du rosier sont des myriades de très-petits insectes, d'un vert un peu rougeâtre. qui couvrent entièrement la tige et semblent immobiles ; ce sont des pucerons qui sont nés à une ligne ou deux de l'endroit où ils sont aujourd'hui, et qui ne s'aventurent pas à faire un pouce de chemin dans toute leur vie. Ils ont une petite trompe qu'ils enfoncent dans l'épiderme de la branche, et au moyen de laquelle ils sucent certains sucs dont ils se nourrissent. Ils ne mangeront pas le rosier, ils sont plus de cinq cents rassemblés sur un pouce de tige ; et ni les feuilles ni la branche ne paraissent en souffrir beaucoup. Presque chaque plante est habitée par une espèce de pucerons différente des autres.

Ceux du sureau sont d'un noir velouté, ceux des abricotiers sont d'un noir vernissé, ceux du chêne sont couleur de bronze,

2

ceux des groseilliers sont nacrés ; il y en a sur l'absinthe qui sont tachés de blanc et de brun, sur l'oseille des champs, de noir et de vert, sur le bouleau, de noir et d'une autre nuance de vert, sur le troêne, d'un vert presque jaune, sur le poirier, couleur de café.

Tous ont une vie aussi calme. On a peine à rencontrer un puceron assez inquiet, assez vagabond pour passer d'une branche sur l'autre. On en voit quelquefois s'emporter au point de faire le tour de la branche qu'ils habitent, mais tout porte à croire que c'est dans l'effervescence d'une jeunesse orageuse, ou sous l'empire de quelque passion ; ces débordements sont extrêmement rares. Quelques-uns, cependant, ont des ailes, mais ces ailes ne leur viennent que dans un âge mûr, et ils n'en abusent pas. Le seul soin sérieux qui paraisse occuper la vie des pucerons, est de changer de vêtement. Ils changent, en effet, de peau quatre fois avant d'être des pucerons parfaits ; à peu près comme nous autres hommes nous essayons d'habitude deux ou trois caractères avant de nous fixer à un, quoique d'ordinaire on en garde trois toute sa vie : un que l'on montre, un que l'on croit avoir, un que l'on a réellement.

Quand les pucerons ont suffisamment changé de peau, il leur reste un soin à remplir, c'est celui de multiplier leur espèce, mais ils s'en donnent peu de souci ; ils n'ont pas, comme les quadrupèdes, à allaiter leurs enfants ; comme les oiseaux, à couver leurs œufs ; comme d'autres insectes, à les enfermer dans une caverne avec des aliments ; le puceron fait des petits tout en suçant sa branche, et il ne se retourne pas pour voir l'enfant qu'il vient de mettre au jour ; l'accouchement est pour lui une sorte de digestion. Si la mère ne se tourmente guère du petit, le petit ne paye d'amour filial que ce qu'il a reçu en amour maternel. Il se met en route, descend derrière les autres, prend son rang, enfonce sa petite trompe dans la peau verte du rosier. Il en sort ainsi une centaine du corps d'une seule mère, qui tous vont se mettre en rang derrière les autres, et commencent à manger. En dix ou onze jours, ils changent de peau quatre fois ; le douzième jour, ils font à leur tour leurs petits, qui vont prendre leur rang et deviennent féconds vers le douzième jour de leur naissance. Les pucerons du pavot sont plus précoces : en sept ou huit jours, ils ont changé quatre fois de vêtements, et jouissent de ce que j'appellerais le bonheur d'être père, si cela ne leur était parfaitement égal.

Mais, mon bon ami, me direz-vous en lisant ce passage de mon voyage, il y a ici une lacune importante ; vous me racontez toute la vie des pucerons, et vous ne parlez ni de leurs amours, ni de leurs hyménées. J'ai ici, ajouterez-vous, un immense avantage sur vous ; je vous compte sur chaque peuple, et à propos du mariage, une foule de bizarres cérémonies. Oui-dà, vous répondrai-je, mon excellent ami, je pourrais vous rappeler les amours de ces deux araignées que, au début de mon voyage, j'ai rencontrées dans un coin de ma fenêtre ; mais je ne veux ici vous parler que des pucerons. Les pucerons ne connaissent ni l'amour, ni l'hyménée : les pucerons mangent et font des petits, absolument à la manière de la mère Gigogne, qui a tant amusé notre enfance. Il a pris fantaisie à nature de s'affranchir, à l'égard des pucerons, de la loi générale de la reproduction. Ne croyez pas qu'elle ait reculé devant la difficulté, à cause de la petitesse de ces animaux. Il y a d'autres animaux qu'on ne peut distinguer sans le secours d'une forte loupe, et qui rentrent, sous ce rapport, dans la règle générale. Malgré l'admiration que doit vous causer l'observation des insectes, il ne faut pas que cette admiration s'exerce sur leur plus ou moins de ténuité et de petitesse. Le grand et le petit ne le sont que par rapport à nous, et quand nous nous étonnons de voir autant de perfection dans les organes de la mite invisible du fromage que dans ceux du bœuf ou de l'éléphant, c'est un sentiment faux qui vient d'une idée fausse.

On nous représente Dieu comme un homme exagéré ; on lui prête nos passions, nos préférences, nos colères, notre visage, notre forme, des mains comme les nôtres ; puis, par un perfectionnement bizarre, on a fait de lui une sorte de commissaire de police chargé spécialement de réprimer et de punir les infractions des hommes aux lois qu'il leur a plu à eux-mêmes d'établir.

Ces pensées, qui nous sont présentées sans cesse depuis notre enfance, nous donnent une pauvre idée de la grandeur et de la puissance du Créateur de toutes choses, à tel point que nous regardons comme plus difficile pour lui ce qui nous semble le devoir être pour nous, eu égard à la grosseur et à la maladresse de nos doigts.

Un gros puceron met quelquefois une vingtaine de petits au monde dans une seule journée, c'est-à-dire un volume dix ou douze fois égal à celui de son corps.

Un seul puceron qui, au commencement de la belle saison, mettrait au monde quatre-vingt-dix pucerons qui, douze jours après, en auraient produit chacun quatre-vingt-dix, se trouverait, à la cinquième génération, auteur de cinq milliards neuf cent quatre millions neuf cent mille pucerons, ce qui fait déjà beaucoup de pucerons. Or, un puceron est, dans une année, la souche d'une vingtaine de générations. Je doute fort qu'il y eût pour eux assez de place sur tous les arbres et sur toutes les plantes. La terre entière serait consacrée aux pucerons ; mais cette fécondité, dont il y a tant d'exemples dans la nature, n'a rien qui doive inquiéter. Un pied de pavot produit trente-deux mille graines, un pied de tabac, trois cent soixante mille ; chacune de ces graines en produisant à son tour trente-deux mille ou trois cent soixante mille, pensez-vous qu'au bout de cinq ans la terre fût bien loin d'être entièrement couverte de tabacs et de pavots ? Une carpe pond à la fois près de trois cent cinquante mille œufs.

Mais la vie et la mort ne sont que des transformations. La mort est l'aliment de la vie.

Les pucerons sont un gibier qui nourrit plusieurs autres insectes, dont se nourrissent les oiseaux que nous mangeons. Puis, nous sommes rendus aux éléments, et nous servons d'engrais à l'herbe et aux fleurs, où viennent revivre d'autres pucerons.

Nous n'irons pas bien loin pour chercher les ennemis des pucerons. Tenez : voici, paisible sur un bouton de rose, un petit insecte bien connu des enfants : il a la forme d'une tortue et la grosseur d'une lentille ; les naturalistes l'appellent coccinelle, et les enfants bête-à-Dieu. Elle est maintenant bien innocente, mais elle n'a pas été toujours ainsi. Avant d'avoir sa jolie forme et son écaille polie, orange, jaune, noire ou rouge, semée de points noirs ou bruns, c'était un ver plat et large, à six pattes, d'un gris sale, piqueté de quelques points jaunes ; ces vers, qui proviennent d'œufs couleur d'ambre, que les femelles déposent sur les feuilles, ne sont pas plutôt nés qu'ils se mettent en route pour aller à la chasse aux pucerons. Quand ils ont trouvé une branche chargée de gibier, ils s'établissent au milieu et ne se laissent manquer de rien, jusqu'au moment où ils sentent qu'ils vont se transformer ; alors ils vont s'établir sur quelque feuille solitaire, où ils attendent, dans l'abstinence, qu'ils soient devenus de véritables coccinelles.

Il resterait encore bien des pucerons, si les coccinelles étaient leurs seuls ennemis. Mais voyez-vous planer au-dessus d'une des roses une mouche qui paraît immobile, tant est rapide le mouvement de ses deux ailes. Vous n'oseriez la prendre, tant elle ressemble aux abeilles, et surtout aux guêpes. Son corps est rayé de jaune et de noir, mais au lieu d'être arrondi comme celui des deux mouches que vous craignez, il est remarquablement aplati ; de plus, celle-ci n'a que deux ailes, et je ne crois pas qu'aucune mouche à deux ailes ait un aiguillon dangereux. Elle ne paraît pas s'occuper des pucerons qui couvrent la branche voisine. C'est une parvenue. Elle a oublié l'humilité de sa jeunesse, alors qu'elle n'avait pas son riche vêtement jaune et noir, et surtout qu'elle n'avait pas ses ailes. Elle a été autrefois une sorte de ver informe, d'une couleur peu apparente, d'un vert sale, avec une raie jaunâtre sur la longueur du corps. Placé sur un lit de gibier, ce ver saisit les pucerons l'un après l'autre, avec une sorte de trident creux, au travers duquel il les suce, en ayant soin de rejeter chaque fois la peau tout à fait vide et sèche. Un de ces vers mange à peu près un puceron par minute; pour ce qui est des pucerons, cela paraît leur être parfaitement indifférent, on n'en voit jamais un faire le moindre effort pour éviter d'être mangé.

Un empereur romain qui voyait sa fin approcher s'écria, faisant allusion à l'habitude de décerner l'apothéose aux empereurs morts : « Je sens que je deviens dieu. » Il y a un moment où ce ver sent qu'il va devenir mouche ; comme celui de la coccinelle, il cherche un endroit écarté pour se préparer à cette métamorphose.

Voici une tige où il n'y a plus de pucerons que d'un côté, demain il n'y en aura plus du tout ; c'est que là aussi est leur plus redoutable ennemi, celui que le savant et spirituel *Réaumur* appelait le *Lion des pucerons*. Celui-ci a, comme les autres, une forme aplatie, il est de couleur cannelle, avec des raies jaune-citron ; il est bien plus vorace que les deux autres espèces dont nous avons parlé. Si l'un de ces vers saisit par erreur un de ses frères au lieu d'un puceron, tant pis pour lui, il le mange. Ce serait perdre un temps précieux que de le replacer sur une branche et de prendre un puceron à sa place : on a bien le loisir de cela quand on n'a que quinze jours pour manger ces pucerons si dodus ! En effet, au bout de quinze jours, il oublie ses appétits, il se retire dans un coin, et s'enferme dans une coque de soie blanche, grosse comme un pois, qu'il file en très-peu de temps. Trois semaines après, la coque s'ouvre, et il en sort la plus ravissante petite créature que vous ayez jamais vue. C'est une sorte de grande mouche d'un vert gai dont le corps est recouvert, quand elle est posée, par de grandes et larges ailes, si fines, qu'on le distingue parfaitement au travers. Ces ailes, qui sont d'un vert très-pâle, offrent à l'œil des nervures d'un vert plus foncé, qui forment un réseau plus charmant que celui des plus riches dentelles ; de chaque côté de la tête est un œil couleur de feu rouge, dont l'éclat surpasse de beaucoup celui des pierreries.

Des savants ont autrefois trouvé sur des feuilles de petits bouquets qui ont excité leur attention ; c'étaient des tiges fines comme des cheveux, supportant un petit bouton blanc comme elles ; d'autres fois on trouva les petits boutons ouverts comme des calices de fleurs : la chose fut déclarée plante par les savants. Les savants avaient tort ; Réaumur leur a fait voir que c'était les œufs de la jolie mouche dont nous venons de parler avant et après la naissance du ver qui doit plus tard se transformer en mouche.

J'avais peur, tout à l'heure, de voir les pucerons envahir toute la terre, je crains maintenant qu'il n'y ait pas assez de pucerons pour nourrir tous les insectes auxquels ils ont été assignés pour gibier. La nature paraît avoir partagé cette seconde crainte; aussi, pour reproduire les pucerons a-t-elle supprimé les lenteurs et les formalités ordinairement réputées nécessaires d'un amour partagé et d'un hymen accompli; il faut qu'en très-peu de jours les pucerons naissent, procréent, mangent et soient mangés. Amusez-vous donc à faire l'amour !

Mais quel est cet animal noir qui monte après la tige du rosier ? C'est une fourmi ; elle grimpe en spirale pour éviter les aiguillons, la voici en haut, la voici sur la branche où paissent les pucerons. Est-ce encore une ennemie ? En effet, La Fontaine a dit qu'elle se nourrit de vermisseaux, d'insectes ; la voici sur eux, mais elle ne les dévore pas. Les pucerons, à mesure qu'ils mangent, sécrètent une liqueur sucrée dont les fourmis sont fort avides ; celle-ci vient se régaler : c'est une petite bergère noire qui vient traire de petites vaches vertes qui pâturent dans une prairie de la largeur d'une feuille de rosier.

Voici une abeille qui s'est glissée dans une rose, elle ne tarde pas à ressortir et à s'envoler au loin ; ses dernières pattes sont toutes chargées d'une poussière jaune qu'elle a prise dans le cœur de la fleur. Cette poussière jaune, mêlée au miel qu'elle dégorge, sera la pâtée destinée aux vers qui doivent devenir de jeunes abeilles. Ne croyez pas cependant que cette poussière n'ait pas d'autre destination. Il faut que nous parlions ici des amours de la rose.

Nous nous abstiendrons de rappeler, comme nous l'avons dit, les amours apocryphes de la rose et du papillon. Le papillon qui se pose sur une rose n'y vient le plus souvent que pour y déposer des œufs qui deviendront des chenilles, lesquelles mangeront un peu le rosier. Les amours dont je veux parler sont **réelles et ce sont les plus charmantes amours du monde.** Figurez-vous que toutes ces roses qui s'épanouissent dans le jardin, couleur de pourpre pâle ou de pourpre violette, jaune ou capucine, blanche ou mélangée de pourpre et de blanc, cachent à vos yeux d'innocentes amours.

Les anciens avaient mis des dryades et des hamadryades dans les arbres, il y a dans les roses des nymphes aussi charmantes. Revenons près de ce rosier des bois.

Sa fleur se compose de cinq feuilles roses, de cinq pétales; au milieu sont des fils déliés supportant de petites masses jaunes, ce sont les étamines ou l'organe mâle; ces fils entourent une sorte de petit œuf vert qu'on appelle ovaire, c'est l'organe femelle qui contient les graines; les graines sont des œufs que les plantes laissent couver à la terre et au soleil, comme font les tortues qui enterrent leurs œufs dans le sable. La masse qui surmonte les étamines est chargée de cette poussière jaune dont l'abeille, qui vient de disparaître par-dessus le mur, avait chargé ses pattes. Chaque grain de cette poussière est une outre qui contient une autre poussière bien plus fine encore qui féconde le pistil. Une fois le pistil fécondé, le lit nuptial va être détendu, les feuilles de la rose se fanent et tombent une à une. Les étamines se dessèchent et disparaissent. L'ovaire grossit et devient un fruit oblong de la forme d'une olive, vert d'abord, puis jaune, puis orange, puis écarlate; puis un jour, le fruit se déchire, et des graines, couleur d'or, renfermant d'éternelles générations de rosiers, tombent sur la terre où elles doivent germer. La petite nymphe qui habite la rose a quinze ou vingt amants; toutes les habitantes des fleurs n'ont pas un harem semblable: celle de l'œillet n'a que dix époux, l'habitante de la tulipe se contente de six, la nymphe des iris en a trois seulement, celle du lilas deux; la valériane rouge, un seul; celle qui a choisi pour retraite le somptueux pavot n'a pas autour d'elle moins d'une centaine d'amants empressés.

Et ne croyez pas, mon bon ami, que ce soient là des amours inventées par les versificateurs. Coupez les étamines d'une rose et isolez-la, vous verrez les pétales perdre leur splendide couleur, prendre celle de la rouille et tomber; mais loin de grossir et de se colorer, le pistil aussi tombera infécond. Les tentures de son lit nuptial lui serviront de linceul, la rose mourra sans laisser de postérité.

La rose double est une coquette d'une espèce toute particulière ; vous avez lu ces contes de fées où une magicienne change en arbre ou en fleurs ses amants dédaignés ; n'avons-nous pas d'ailleurs dans la mythologie Daphné changée en laurier, Clytie en tournesol, Narcisse et Adonis ne sont-ils par devenus des fleurs auxquelles ils ont laissé leur nom ? Eh bien, chacune des feuilles de rose au-delà de cinq dont s'entoure la nymphe qui habite la rose double est un de ses amants, chacun des pétales est fait d'une des étamines qu'elle avait. Certaines roses sont tellement doubles, qu'il ne leur reste pas une étamine, et alors elles n'ont jamais de graines. Notre rosier blanc, qui n'a que quatre rangées de pétales, a conservé quelques-unes des siennes.

Alors *nous quittâmes* le rosier blanc, et, faisant trois pas, *nous nous trouvâmes* dans une hôtellerie qui a l'avantage d'être notre propre logis. Vous, mon ami, où dînez-vous ? ou plutôt dînez-vous ? Où couchez-vous ? ou plutôt où ne couchez-vous pas ?

Les anciens voleurs de grand chemin ont remarqué qu'on les emprisonnait souvent, qu'on les pendait quelquefois ; ils ont cru devoir alors apporter quelques modifications dans une des plus anciennes professions ; ils ont quitté ces vestes brunes, ces pantalons rouges, ces ceintures de pistolets qu'on ne retrouve plus que dans les mélodrames, ils ont revêtu un bonnet de coton et un tablier blanc, ils ont pris une patente d'aubergiste et continuent d'exercer sur les grandes routes, théâtres des leurs anciens exploits, mais aujourd'hui sous la protection immédiate des autorités et des gendarmes leurs anciens ennemis.

Dans laquelle de ces cavernes êtes-vous ce soir, si toutefois vous êtes assez heureux pour en avoir trouvé une ? Quelle nourriture suspecte est offerte à votre appétit ? Croyez-vous avoir une preuve suffisante que les draps de votre lit n'ont servi qu'à vous ? Et avec quels insectes partagez-vous votre couche ?

Vale.

LETTRE VI.

LES SAVANTS.

> Les savants sont des hommes qui, dans leurs plus grands succès, n'arrivent qu'à s'embourber un peu plus loin que les autres hommes, mais ils s'embourbent davantage.

Je ne sais, mon ami, ce que vous recevez sur le dos en ce moment, pour moi je recevrais de la pluie si je sortais. Je reste dans mon cabinet, et je vais m'occuper d'une espèce aussi curieuse que toutes celles que nous aurons à observer dans le cours de mon voyage et du vôtre : je veux parler des savants.

Vous vous souvenez encore de cette riante partie de votre vie pleine de gaieté, de jeux, d'affections : je veux parler de l'enfance, toujours trop tôt confiée aux pédants qui ennuient les enfants dix ans pour les rendre ennuyeux le reste de leur vie.

Représentez-vous une récréation de collége : toutes ces figures ouvertes, épanouies ; ceux-ci s'exercent à sauter ; ceux-là, à courir ; d'autres, à lancer et à recevoir une balle ; d'autres, à atteindre avec des billes d'autres billes à une grande distance. La récréation est la véritable éducation qui convient à cet âge : on y devient bien portant, vigoureux, adroit et brave. Mais l'heure fatale a sonné.

Un homme, avec des habits noirs et un visage jaune, paraît dans la cour. Tout se tait, tout s'arrête, tout s'attriste. Il faut cesser les jeux de l'enfance. Pourquoi? Sans doute pour apprendre un métier, un état, pour assurer d'avance l'indépendance de toute la vie. Nullement.

Il y a des amusements pour l'âge mûr comme il y en a pour l'enfance. La jeunesse n'a pas d'amusements, elle les méprise ; elle n'en veut pas, elle exige des bonheurs.

L'enfance ne désire nullement que les autres âges partagent

ses jeux. La jeunesse serait furieuse si on venait lui prendre une partie de ses félicités.

Mais l'âge mûr veut absolument qu'on partage ses amusements ; cela vient de ce que ces amusements sont ennuyeux. En effet, lesdits amusements consistent à relire pour la centième fois les mêmes livres latins ou grecs.

Je ne vois pas pourquoi on ne laisserait pas chaque âge à ses plaisirs ; pourquoi on oblige les enfants à s'ennuyer pendant l'âge où ils sont pour apprendre un jeu qui les amusera peut-être à un âge qu'ils ne sont pas sûrs d'atteindre. Je ne vois pas pourquoi on les force d'admirer ce qu'ils ne peuvent comprendre ; pourquoi on donne une éducation entièrement littéraire à des gens qui sont destinés à s'éparpiller dans toutes les conditions humaines ; pourquoi les études littéraires se bornent, pendant dix ans, à apprendre les deux seules langues qui ne se parlent pas.

J.-J. Rousseau savait fort peu le latin, et je n'ai pas besoin de vous dire pourquoi Homère ne le savait pas du tout.

Ce que les savants font à l'égard des enfants, ils le font à l'égard de tout ce qu'ils approchent. Ils rendent tout ennuyeux, sec, roide, prétentieux.

Ils mettent les fleurs à l'empois.

Voyez un savant entrer dans une riante prairie ou dans un jardin parfumé, et écoutez-le ; vous prendrez le jardin ou la prairie en horreur.

Ils ont commencé par former pour ces gracieuses choses qu'on appelle des fleurs, trois langues barbares, qu'ils ont ensuite mélangées pour en faire une plus barbare ; puis, chaque savant y a apporté sa petite part de barbarismes nouveaux, comme on faisait, chez les anciens, à ces tas de pierres placés sur les routes, auxquels chaque voyageur devait ajouter un caillou.

Je vais écrire ici pêle-mêle ceux des mots de cette langue, faite par ces messieurs, que je me rappellerai au hasard. Vous me direz ensuite s'il n'est pas triste de voir ainsi traiter les fleurs, cette *fête de la vue,* comme disaient les Grecs. Écoutez bien, et remarquez que je n'en invente pas un, et que ceux que je me rappelle ne sont qu'une très-petite partie de ceux usités entre ces messieurs :

Jumariees, mésocarpes, hile, péritrope, embriotége, omphalode, vasiducte, mycropyle, exorhise, homotrope, coléoptile, hypoblaste, olygosperme, cariopse, akène, malvacées, trophosperme, cistées, chalaze, rutacées, piléole, cupule, lomentacée, péponide, strobile, soroze, infundibuliforme, monoclynes, ennéandrie, angiospermie, tiliacées, géraniées, quinqueloculaire, monœcie, trijugué, hermanniées, carcerule, gynobasique, pluriloculaire, sycône, aérolaire, apicifixe, globuline, supérovariées, ophylle, squammiflore, hypostaminie, didyme, méliacées, coléorhize, hespéridées, balauste, dispérianthée, hypocorollie, rhizoma, ancipitée, angule, géniculée, dichotome, stolonifère, ovée, guttifères, pentasperme, hypéricées, arille, pomacées, épicarpe, fulcracé, turion, basinerve, ligule, humifuse, aciculé, falqué, monopériginie, tubérifère, monocotylédonée, sanguisorbées, lunulé, panduriforme, pinnatifide, quadripartite, roncinée, érodée, sores, terebinthacées, antitrope, polakène, polyandrie, rhamnydes, rétuse, péricarpoïde, spathe, raptile, glume, lépicène, triquetre, amentacées, subéreux, épiblaste, conifères, atomogynie, paléole, glumelle, lodicule, spadice, calathide, anthodium, phoranthe, capparidées, polakène, symphisandrie, péristaminie, collure, obcorde, acéridées, bipartite, bilobé, sexfide, pertuse, cancellée, scabre, cilicée, ensiforme, sapindées, ribesioides, crassulées, portulacées, apocynées, anomalœcie, monoperianthée, digitinerve, pandurée, lyrée, monosepale, turbiné, triptère, hypocratériforme, urcéolé, scutellé.

En voulez-vous encore ?

Verbenacées, scabieuses, lithrées, quinquefide, onagrées, papaveracées, obovées, conoïdale, incane, peltée, claviforme, canaliculé, basilaire, semiluné, pénicelliforme, penninerve, polémoniacées, éricoïdes, diospirées, endécarpe, spinescente, cirrhe, pétioléen, texaphylle, unipaléacée, dodécandrie, trichotome, plombaginées, polysperme, daphnoïdes, décidue, quinquefoliolé, unijugué, paripenné, épiphille, magnoliées, mélostomées, sarcocarpe, diakène, atriplicées, podosperme, anonées, gaïéiforme, pentandre, didyname, exerte, décombante, basifixe.

En avez-vous assez? Vous auriez tort de vous gêner, il y en a encore. D'ailleurs, les savants en inventent tous les jours, et, dans tout cela, vous n'aurez pas encore un nom de fleur.

Pour ce qui est des noms de fleurs, voyez au pied d'un mur ces touffes de réséda.

Linnée, qui a fait sa part de barbarismes, mais qui a regardé les fleurs en ami, et qui, de tous les savants, est celui qui les a le moins maltraitées, Linnée disait que l'odeur du réséda était l'ambroisie. Hâtez-vous de regarder ses épis verts et fauves, de respirer son odeur suave; voici un savant, voici deux savants. Le réséda va se transformer.

D'abord, il n'y a plus d'odeur. Les botanistes n'admettent pas d'odeur. Pour eux, l'odeur ne signifie rien, pas plus que la couleur.

La couleur et l'odeur sont deux luxes, deux superfluités que les savants ont enlevées aux fleurs. Dieu les avait données aux fleurs, mais on sait la prodigalité de Dieu, si les savants n'y mettaient bon ordre, où en serions-nous?

Les savants veulent que toutes les fleurs ressemblent à celles qu'ils dessèchent dans leurs herbiers, horrible cimetière où les fleurs sont enterrées avec des épitaphes prétentieuses. L'un des savants regarde la plante et vous dit :

« C'est un câprier de la famille des capparidées, sans stipules. Les pétales de la corolle alternent avec les sépales du calice, les filaments sont hypogynes, le pistil est stipité et formé de la réunion de trois carpelles, les ovules attachées à trois trophospermes, ses graines sont souvent réniformes et ont un endosperme. »

— Tout beau, s'écrie l'autre savant, le réséda n'est point un câprier. Le réséda est une éphorbiacée, selon M. Lindley, et une cistée, suivant moi. Le calice est un involucre commun, l'ovaire globuleux, rarement uniloculaire, les graines sont roulées dans un endosperme charnu.

— Je reconnais l'endosperme, réplique le premier savant. et j'avoue qu'il est charnu, mais je maintiens le réséda dans les capparidées. Je dirai plus, il faut n'avoir aucune teinture de botanique pour en faire une éphorbiacée.

— Arrêtons-nous, nous ferions du tort au réséda.

Écoutez un savant sur un autre sujet.

Le savant veut parler de la guimauve, une petite plante traînante à feuilles rondes, à fleurs roses, que vous aurez peine à retrouver dans l'herbe. Écoutez.

« Le calice est monosépale, les anthères sont réniformes et uniloculaires, le pistil se compose de plusieurs carpelles souvent verticillés, les fruits forment une capsule pluriloculaire qui s'ouvre en autant de valves qu'il y a de loges monospermes ou polyspermes, les graines sont généralement sans endosperme, avec les cotylédons foliacés. »

Vous n'y comprenez rien, mais retenez seulement les mots. Priez ensuite le savant de vous parler un peu des Baobab.

Le Baobab est le plus grand arbre du monde, de loin on le prend pour une forêt, son tronc a souvent cent pieds de circonférence, on assure qu'il en existe au Sénégal qui ont six mille ans.

Écoutez le savant faisant une description du Baobab :

Le calice est monosépale, les anthères sont réniformes et uniloculaires, le pistil se compose de plusieurs carpelles souvent verticillés, les fruits forment une capsule pluriloculaire qui s'ouvre en autant de valves qu'il y a de loges monospermes ou polyspermes....

Vous arrêtez le savant : Pardon, savant, lui dites-vous, c'est de la guimauve que vous me parlez-là, ou du moins, c'est ainsi que vous me parliez de la guimauve il n'y a qu'un instant.

« Guimauve ou Baobab, réplique le savant, c'est pour nous absolument la même chose ; nous n'y voyons que de ces différences qui frappent le vulgaire, et dont la dignité de la science ne lui permet pas de s'occuper. »

Les savants ne reconnaissent pas la grandeur, ni l'odeur, ni la couleur, ni le goût ; pour eux le prunier est un cerisier, l'abricotier est un prunier ; eux qui, en d'autres cas, donnent dix noms à la même plante, appellent tous ceux-ci *prunus;* l'amandier et le pêcher n'ont qu'un nom pour eux deux, *amygdalus.*

Et puis vous savez quels noms ravissants ont reçus, on ne sait de qui, tant de jolies fleurs des champs, les pâquerettes, les marguerites, les wergiss-mein-nicht (ne m'oubliez pas), ils ne connaissent rien de cela : les marguerites et les pâquerettes sont des *aster*, les wergiss-mein-nicht (ne m'oubliez pas), ont reçu le nom de myosotis scorpioïdes. Ne vous semble-t-il pas, mon cher ami, que vous seriez furieux si quelque parrain avait appelé votre jolie petite Mathilde, *Pétronille* ou *Rosalba?*

La pluie a cessé de tomber, le soleil a percé les nuages et fait briller les gouttes restées sur les feuilles comme autant de diamants, les tiges appesanties se relèvent, une fauvette chante dans une aubépine. Laissons là les savants.

Vale.

LETTRE VII.

L'ardeur du soleil nous oblige à marcher sous les arbres ; voici, sur la lisière du fourré, un coudrier qui va nous arrêter quelques instants.

Je vous ai parlé, mon ami, des petites nymphes auxquelles les roses et les autres fleurs servent de grotte et de lit nuptial, où leurs amours sont cachées par des courtines de pourpre. Toutes n'ont pas les mêmes facilités ; toutes ne trouvent pas leur amant et leur époux dans le même calice, sous les mêmes feuilles ; il est évident que les roses et les autres fleurs si nombreuses qui réunissent ainsi les deux sexes dans la même corolle sont comme les Guèbres qui se mariaient entre frères et sœurs ; si vous alliez de ce côté, vous seriez bien fier de trouver quelque monument grossier qui rappelât cet usage aujourd'hui oublié. Le noisetier n'est point ainsi fait ; les mariages s'y font à un degré prohibé peut-être encore, mais pour lequel on obtient des dispenses ; les fleurs mâles et les fleurs femelles ne sont pas réunies dans une même corolle, mais elles naissent sur le même arbre. Les fleurs mâles paraissent les premières, d'ordinaire au commencement de février, longtemps avant les feuilles ; ce sont de longs chatons d'un jaune pâle, en forme de petites grappes serrées qui pendent des extrémités supérieures des branches ; elles attendent en grelottant la naissance des fleurs femelles ; quelques-unes se dessèchent, meurent de froid et tombent avant que celles-ci aient daigné se montrer ; mais les fleurs mâles sont beaucoup plus nombreuses ; les fleurs femelles, placées au-dessous des chatons, commencent à paraître ; ce sont des bourgeons verts, écailleux, terminés par un très-petit pinceau du plus beau rouge cramoisi ; c'est cette petite houppe qui reçoit et retient la poussière jaune qui tombe des chatons, et voilà comment se font les noisettes.

Le coudrier rappelle quatre jolis vers de Virgile.

> Populus Alcidæ gratissima, vitis Iaccho,
> Formosæ myrtus Veneri, sua laurea Phœbo,
> Phyllis amat corylos ; illos dùm Phyllis amabit,
> Nec myrtus vincet corylos nec laurea Phœbi.

« Hercule aime le peuplier et Bacchus les pampres de la vi-
» gne, le myrte est consacré à Vénus, et le laurier est chéri
» d'Apollon. Mais Phyllis aime les coudriers, et tant qu'elle les
» aimera, les coudriers l'emporteront et sur les myrtes de
» Vénus et sur les lauriers d'Apollon.

On a attribué longtemps, et on attribue encore dans les campagnes éloignées, de grandes vertus à une branche de coudrier ; on prétend qu'une baguette de noisetier, coupée en certain temps, avec certaines cérémonies et dans la main d'un homme purifié de certaines façons, s'incline d'elle-même sur la partie de la terre qui renferme ou une mine ou une source. Quelque loin de moi que vous soyez, vous ne trouverez pas de plus singulière croyance.

Sur le noisetier, comme sur les arbres qui l'entourent, je vois d'innombrables quantités d'insectes sans compter ceux qui par leur ténuité échappent à ma vue ; il y en a sur les feuilles, il y en a sous les feuilles, il y en a dans les feuilles, c'est-à-dire dans l'épaisseur des feuilles.

Entre les deux membranes des feuilles du noisetier, de petites chenilles vivent, mangent, prennent tout leur accroissement et se filent une petite coque un peu plus grosse qu'un grain de millet. Presque tous les arbres, presque toutes les plantes ont des insectes qui vivent ainsi dans l'intérieur de leurs feuilles. Un ver qui mine les feuilles du bouillon blanc (molène), en sort un jour métamorphosé en un petit scarabée blanchâtre, en forme de charançon ; celui qui s'échappe de l'épaisseur des feuilles de la mauve, après y avoir vécu et s'y être métamorphosé, est de couleur violette ; un autre ver se nourrit du parenchyme entre les deux membranes des feuilles de la jusquiame qui est un violent poison, et en sort transformé en mouche.

Revenons à la chenille qui habite les feuilles du noisetier. Un petit papillon a pondu chacun de ses œufs sur une feuille différente de noisetier : il sort de l'œuf une chenille qui, armée de bonnes dents, fait à l'épiderme de la feuille une blessure par laquelle elle s'introduit dans son épaisseur ; là elle avance en mangeant devant elle, à droite et à gauche ; il reste si peu de la feuille qu'en la regardant devant le soleil on distingue parfaitement la mineuse. Quand elle est arrivée à son point d'accroissement, elle s'enferme dans une coque de soie dont il sort plus tard un papillon ; placé, je crois, par les naturalistes dans la classe des phalènes, ce papillon, plus petit qu'une mouche ordinaire, se montre, vu à la loupe, le plus richement vêtu peut-être de tous les papillons connus ; sa tête est ornée de deux petites houppes blanches, ses deux ailes supérieures sont rayées chacune de sept petites bandes, alternativement, d'or et d'argent.

Toutes les espèces ne voyagent pas dans leur feuille de la même manière ; le ver qui vit dans les feuilles de ronces ne mange que devant lui ; aussi son chemin a-t-il l'air d'une galerie très-étroite au commencement, et s'élargissant à mesure que l'insecte a pris lui-même du développement.

Les vers des feuilles de lilas vivent en société dans la même feuille.

Quelques-uns des fruits du noisetier, malgré leur cuirasse de bois, sont habités aussi bien que les feuilles ; la fleur n'est pas encore flétrie qu'un insecte vient déposer sur elle un de ses œufs; le ver qui sort de l'œuf s'introduit facilement dans le fruit à peine formé et tout à fait mou : là il se nourrit de l'amande qui grossit à mesure qu'il grossit, qui croît à mesure qu'il la mange : mais en même temps, la coque se forme et durcit au point de braver parfois la dent de l'homme. Cet eldorado, où le ver, à l'abri de l'intempérie des saisons, avait à discrétion la nourriture qui lui convient, est devenu une prison, il faut qu'il en sorte, car c'est dans la terre qu'il doit se métamorphoser : la nature lui a donné, à l'âge qu'il a alors, des dents qui lui permettent de faire aux murailles de sa prison un trou exactement rond par lequel il s'en va. Quand vous voyez une noisette avec un trou ainsi fait, c'est que le ver qui l'habitait en est déjà sorti ou est prêt d'en sortir : le trou par lequel il est entré est cicatrisé depuis longtemps.

Quand on examine ainsi la vie de toutes ces petites créatures, partagée en deux âges si distincts, on se laisse aller à de singulières rêveries ; d'abord c'est un ver d'une laide forme, condamné à une vie humble, cachée, laborieuse, entouré d'ennemis. Bientôt il cesse de manger, il se file un linceul de soie et s'y enferme. Le voici aux yeux aussi mort qu'il peut l'être : mais attendez quelques jours, et de ce linceul il sort vêtu des plus riches couleurs, avec des ailes brillantes qui lui permettent de voltiger au-dessus de cette terre où il a rampé : au lieu d'une nourriture grossière, il suce le miel parfumé dans le nectaire des fleurs. Il trouve dans l'air une femelle belle et heureuse comme lui, et leurs amours ne finissent qu'avec leur existence.

Cette vie que nous menons sur la terre est-elle réellement notre *état parfait?* Ce que nous appelons la mort est-il réellement la fin de la vie ? N'avons-nous pas aussi à prendre des ailes célestes, à planer près du soleil, au-dessus des misères, des passions, des besoins d'une première existence ?

Dans le catéchisme secret des francs-maçons, il est fort parlé de l'acacia.

Un compagnon doit passer maître, le *frère terrible* l'introduit : le grand-maître de la loge lui fait des questions entre lesquelles il faut distinguer celles-ci :

— Quand on vous a fait voir la lumière, qu'avez-vous aperçu ?
— Trois grandes lumières.
— Que signifient ces trois grandes lumières ?
— Le soleil, la lune et le grand-maître de la loge.
— Combien avez-vous d'ornements dans votre loge ?
— Trois : le pavé mosaïque, l'étoile flamboyante et la houppe dentelée.
— Comment étiez-vous habillé lorsque vous êtes entré dans la loge ?
— Ni nu, ni vêtu, cependant d'une façon décente, et dépourvu de tous métaux (il avait en effet le genou découvert, un soulier en pantoufle, etc.).
— Quel âge avez-vous ?
— Sept ans et plus.
— Êtes-vous maître ?
— L'acacia *m'est connu.*
— Dites-moi le mot du maître ?
— Dites-moi la première lettre ; je vous dirai la seconde.
— M
— A
— C
— B
— E
— N
— A
— C
Etc.

Voici ce que signifie l'acacia : au commencement de la cérémonie par laquelle le compagnon passe maître, un des maîtres présents raconte au récipiendaire ce qui suit : *Adoniram* était un architecte auquel *Salomon* avait donné à conduire les travaux de son fameux temple ; le nombre des ouvriers qu'il employait et qu'il avait à payer était tel que, pour ne pas commettre d'erreur, et pour ne pas donner à un apprenti la paye de compagnon ou à un compagnon celle de maître, il convint avec chacun d'eux en particulier de mots et de signes différents pour les distinguer entre eux. Le mot de l'apprenti était JAKIN ; le signe qu'il avait à faire pour se faire reconnaître en prononçant ce mot consistait à porter la main droite sur l'épaule gauche, à la retirer sur la même ligne du côté droit, et la laisser retomber sur la cuisse. Le mot des compagnons était BOOZ ; leur signe était de porter la main droite sur le sein droit, les quatre doigts serrés et allongés et le pouce écarté. Les maîtres, pour se faire reconnaître, disaient JEHOVA.

Trois compagnons imaginèrent un moyen d'avoir la paye de *maîtres ;* ils se cachèrent dans le temple à l'heure où *Adoniram* faisait sa ronde de nuit ; un de ces trois compagnons lui demanda le mot de maître en levant un bâton sur sa tête. *Adoniram* répondit qu'il ne pouvait le donner que comme il l'avait reçu, et que c'était loin d'être ainsi ; le compagnon lui donna un coup de bâton ; *Adoniram* voulut s'enfuir par une autre porte, mais il y trouva le second compagnon qui lui fit la même demande, reçut la même réponse, et lui donna un autre coup de bâton ; le troisième acheva *Adoniram*. Ils se hâtèrent de l'enterrer ; mais, pour reconnaître la place, reprendre le corps et le faire disparaître, ils plantèrent sur la terre une branche d'*acacia*. C'est cette branche qui fit retrouver *Adoniram* par les autres maîtres qui, craignant que ses assassins n'eussent tiré de lui le mot de *maître*, crurent opportun de le changer, et substituèrent à *Jehova* le mot *Macbenac*.

Bernardin de Saint-Pierre, qui aimait réellement les fleurs et les arbres, et qui en a souvent parlé avec un grand charme, avait adopté un point de vue qui devait souvent lui montrer les choses tout autrement qu'elles ne sont ; il pensait que l'homme était le centre et le but de la création tout entière, que tout avait été fait pour lui. Il se présentait parfois des choses qu'il était bien difficile de faire entrer dans ce sytème adopté presque généralement, je ne sais pourquoi. Il dit quelque part que la nature n'a placé les fleurs odorantes que dans l'herbe sur des tiges basses, ou sur des arbrisseaux, mais qu'il n'en est aucune qui s'épanouisse sur un arbre élevé. Bernardin de Saint-Pierre oubliait alors l'accacia qui monte souvent à soixante ou quatre-vingts pieds. C'est ce même système qui lui faisait dire : « *A la vue de l'homme, les animaux sont frappés d'amour ou de crainte.* » Il laissait de côté une troisième impression qu'éprouvent beaucoup d'animaux à l'aspect de l'homme; c'est la faim et l'envie de le manger.

Il est vrai qu'il s'appuyait sur ces paroles de la Genèse, chapitre X, verset 5 : « *J'ai mis entre vos mains tous les poissons de la mer.* » Nous autres pêcheurs des côtes de Normandie nous ne sommes pas de cette opinion ; il nous faut acheter des hameçons et des cordes, nous procurer péniblement une sorte de ver qu'on appelle *pelouze*, et ensuite aller passer la nuit au risque des mauvais temps et parfois de la mort, pour prendre ou ne pas prendre quelques-uns de ces poissons que la Genèse assure nous avoir été tous mis dans les mains.

Demandez au premier passant, pourvu qu'il soit du pays, à qui est ce grand acacia ? Il vous répondra sans hésiter : — Cet acacia est à M. Stephen. — En effet, j'ai des contrats en bonne forme, qui attestent que cet acacia m'appartient. N'est-ce pas là un cruel sarcasme ? Cet arbre a plus de cent ans, et il a conservé toute la vigueur de la jeunesse ; moi, j'ai trente-six ans, ou plutôt il y a déjà du nombre mystérieux d'années qui m'a été accordé ou infligé, trente-six ans que j'ai dépensés et que je n'ai plus ; j'ai déjà commencé à mourir, j'ai deux dents de moins, les longues veilles me fatiguent. Cet arbre a vu naître et mourir sous son ombre trois générations ; si je deviens très-vieux, si j'évite les accidents et les maladies, si je meurs à force de vivre, je le verrai fleurir encore trente fois, et alors quelques-uns des enfants qui jouent aux billes aujourd'hui, et auxquels nous apprenons le latin malgré eux, auxquels nous faisons des tartines et qui seront les hommes d'alors, me serreront dans une boîte de sapin et iront me ranger à la file des autres sous la terre afin d'avoir un peu plus de place dessus, jusqu'à ce qu'une autre génération qu'ils auront élevée pour cela, les serre à leur tour dans des boîtes semblables, et les mette à côté de nous.

Et je dis moi-même cet arbre est à moi ! et dix générations encore vivront et mourront à son ombre, et je dis que cet arbre est à moi ;

Et je ne puis ni atteindre ni voir ce nid qu'un oiseau a placé sur une de ses plus hautes branches, et je dis que cet arbre est à moi ; et je ne puis cueillir une seule de ses fleurs ; et je dis que cet arbre est à moi !

A moi !

Il n'est pas une des choses que j'appelle miennes qui ne doive durer plus longtemps que moi ; il n'y a pas un seul des boutons de mes guêtres qui ne soit destiné à me survivre énormément.

Quelle étrange chose que la *propriété* dont les hommes sont si envieux ! Quand je *n'avais rien à moi*, j'avais les forêts et les prairies, et la mer et le ciel avec les étoiles ; depuis que j'ai acheté cette vieille maison et ce jardin, je n'ai plus que cette maison et ce jardin.

La propriété est un contrat par lequel vous renoncez à tout ce qui n'est pas renfermé entre quatre certaines murailles.

Je me rappelle un vieux bois proche de la maison où je suis né ; que de journées j'ai passées sous son ombre épaisse, dans ses allées vertes, que de violettes j'y ai cueillies au mois de mars, et que de muguet au mois de mai ; que de fraises, de mûres et de noisettes j'y ai mangées ; que de papillons et de lézards j'y ai poursuivis et attrapés ; que de nids j'y ai découverts ; comme j'y ai admiré le soir les étoiles qui semblaient fleurir dans les cimes des arbres, et le matin le soleil qui se glissait en poussière lumineuse à travers ce dôme épais de feuillage ! que de suaves parfums et que de douces rêveries j'y ai respirés ! que de vers j'y ai faits ; comme j'y ai relu *ses lettres !*

Comme j'y allais à la fin du jour, sur une petite colline couverte d'arbres, voir se coucher le soleil dont les rayons obliques coloraient de rouge les troncs blancs des bouleaux qui m'entouraient. Ce bois *n'était* pas *à moi, il était à* un vieux marquis impotent et perclus qui n'y était probablement jamais entré ; il lui *appartenait !*

Loin d'être le maître de la nature, ainsi que le prétendent tant de philosophes, de poëtes et de moralistes, l'homme en est l'esclave assidu ; la propriété est une des amorces au moyen desquelles il se charge d'une foule de corvées singulières. Voyez cet homme qui fauche le foin, comme il est fatigué ; la sueur tombe de son front. Il coupe *son* foin pour *son* cheval ; il est fier et heureux.

L'homme est chargé par la nature de récolter les graines et de les semer en terrain convenable, de labourer la terre au pied des arbres pour qu'ils reçoivent les douces et salutaires influences du soleil et de la pluie.

Le pauvre a, dans toute ville un peu habitée, une bibliothèque publique, et conséquemment à lui, de quinze à vingt mille volumes : qu'il devienne riche, il achètera une bibliothèque et des livres à lui seul ; par exemple il n'en aura que quatre ou cinq cents ; mais que de joie et d'orgueil il en ressentira !

Vous êtes pauvre, la mer est à vous avec ses bruits solennels, les grandes voix de ses vents, l'aspect de ses imposantes colères et de ses calmes plus imposants encore ; elle est à vous, mais elle est aussi aux autres ; plus tard, quand à force de travail, d'ennuis, peut-être de bassesse, vous serez devenu plus ou moins riche, vous ferez construire un petit bassin de marbre dans votre jardin, ou du moins vous vous empresserez d'acheter et d'avoir chez vous un bocal avec deux poissons rouges.

Il y a des moments où je me demande si par hasard notre esprit ne serait pas ainsi tourné que nous appelions pauvreté ce qui est splendeur et richesse, et opulence ce qui est misère et dénûment.

Vale.

LETTRE VIII.

On ne sait pa bien quels sont les oignons qui ont été dieux chez les Égyptiens. Les lis, les jacynthes, les tulipes semblent avoir plus de droits à ces honneurs que l'ail et l'oignon de nos cuisines. Les Latins cependant pensaient que c'était à ceux-ci qu'appartenait ce rang élevé.

>O sanctas gentes, quibus hæc nascuntur in hortis
>Numina.

« Peuple saint et assez heureux pour voir pousser ses dieux dans ses jardins. »

Le lis blanc a bien des ennemis ; les poëtes ont abusé de lui comme de la rose. Je ne sais qui l'a forcé d'entrer dans des considérations politiques bien au-dessous de lui. Il serait en effet difficile de dire combien il y a eu de révolutions et de gouvernements en France, depuis que cette touffe de lis a été plantée dans mon jardin, combien de systèmes et d'hommes ont été prônés et traînés aux gémonies.

Les fleurs de lis des armes de France n'ont pas été prises sur le lis de nos jardins auquel elles ne ressemblent en aucune façon. Dans les auteurs qui ont fait des volumes à ce sujet, vous verrez tantôt qu'il s'agit de l'iris jaune des marais, tantôt que les fleurs de lis étaient originairement des abeilles, d'autres fois que c'étaient des fers de lance.

Néanmoins les lis ont été enveloppés dans le sort des fleurs politiques telles que la violette, l'impériale, l'œillet rouge, etc., qui ont été tour à tour proscrites et rappelées, multipliées à l'infini ou arrachées sans pitié dans les carrés de fleurs des Tuileries, et généralement placées sous la surveillance attentive de la police, considérées comme suspectes, hostiles au pouvoir et mêlées dans plusieurs conspirations.

Les partis et les hommes qui les ont arborées et proscrites sont déjà depuis longtemps morts et presque oubliés. Et à chaque printemps ces pauvres fleurs, rentrées dans la vie privée, continuent à fleurir chacune en sa saison.

Un seul insecte semble s'être emparé des lis et y avoir établi son domicile, c'est un petit scarabée dont la forme est celle d'un carré allongé, ayant le ventre et les pattes noires et les élithres ou ailes dures, d'un écarlate éclatant ; il n'y a pas de lis qui ne donne asile à quelques-uns. On les appelle *criocères*. Quand on en tient un, pressé dans la main, il fait entendre un bruit strident qu'on prend d'abord pour un cri, mais qui n'est que le frottement de ses derniers anneaux contre les fourreaux de ses ailes.

Il n'a pas toujours eu ce brillant costume, ce costume sous lequel il mange à peine et comme par friandise, ce costume sous lequel il semble n'avoir qu'à se promener et faire l'amour. Il a été d'abord une sorte de ver plat, à six pattes, d'un verdâtre mêlé de brun qui demeurait alors également sur les feuilles de lis, mais qui y menait une vie toute différente. Autant il est aujourd'hui sobre et dédaigneux, autant il était alors avide et glouton. Mais c'est qu'il avait deux raisons puissantes pour manger. Les feuilles de lis dont il se nourrit ressortent presque sans altération de son corps comme si on les avait écrasées dans un mortier ; par une disposition particulière de son corps, cette pâte de feuilles tombe sur lui et lui forme une maison ou plutôt une cuirasse qui le cache entièrement. Il vient cependant un jour où il songe à prendre d'autres soins. Bientôt reviendra le printemps et la saison des amours. Il n'est ni d'une forme ni surtout d'une parure faite pour plaire. Il cesse de manger, secoue son étrange vêtement, marche, s'agite, descend et s'enfonce dans la terre. Quelques mois après il en sort brillant, lustré, éclatant comme nous le voyons aujourd'hui, richement vêtu des plus beaux vernis de la Chine. Pleins de confiance en eux-mêmes, les mâles et les femelles se cherchent et ne tardent pas à se rencontrer. Puis les mâles meurent. Les femelles ont encore quelque chose à faire, elles pondent des œufs d'abord rougeâtres, puis bruns et les attachent sur le dessous des feuilles de lis, puis elles meurent à leur tour ; leurs enfants trouveront en naissant la nourriture qui leur est nécessaire.

Quoi déjà des feuilles séchées ; je me baisse pour prendre ces trois ou quatre feuilles mortes ; les feuilles s'agitent, s'envolent. Mais il ne fait pas de vent pour les emporter ainsi. Ces feuilles sont un papillon auquel la nature a donné la forme, la couleur, la disposition, la figure entière de trois ou quatre feuilles sèches avec leurs nuances et leurs nervures. Sous sa première forme, c'est une assez grande chenille de couleur sombre, grise et brune, avec des poils bruns et une corne charnue sur l'extrémité du corps.

A propos de chenille, Pline raconte que les Romains mangeaient une sorte de gros ver blanc que l'on trouve dans les troncs des vieux chênes ; c'était un mets fort recherché. On les engraissait pendant quelque temps avec de la farine avant de les servir sur les tables somptueuses des riches Romains. Cela devait faire un horrible ragoût, si toutefois les gens qui comme vous et moi mangent des huîtres ont le droit de rien accuser d'être dégoûtant.

Voici une chenille qui voyage ; en effet, elle n'est pas ici chez elle, je la reconnais, elle est rayée de bleu pâle et de jaune piqueté de noir ; elle vient du potager qui est là-bas derrière un rideau de peupliers, car il n'y a rien ici qui lui convienne ; elle vit des feuilles de chou qu'elle partage avec d'autres chenilles vertes qui se métamorphosent en ces papillons blancs si communs dans les jardins et dans la campagne ; je ne connais pas le papillon que devient celle-ci ; je vais la prendre et l'emprisonner pour assister à métamorphose. Mais que se passe-t-il ? une petite mouche d'un brun rougeâtre, dont le corps ne tient au corselet que par un fil délié, s'est abattue sur la chenille : celle-ci ne paraît pas s'en inquiéter et continue sa route. C'est probablement l'heure de son déjeuner et elle cherche un chou. Que fait cette mouche ? que veut-elle ? est-ce une mouche de proie ? va-t-elle comme un petit aigle enlever la chenille et la porter à manger à ses petits ? la chenille pèse vingt fois autant qu'elle, c'est impossible. Mais la mouche est armée d'un aiguillon deux fois long comme tout son corps et fin comme un cheveu : c'est un ennemi ; elle va tuer la chenille avec cette formidable lame et sans doute la manger. Elle relève son aiguillon, et le cheveu si fin se divise en trois dans sa longueur ; deux sont creux et sont les deux moitiés d'un fourreau pour le troisième qui est une tarière aiguë et dentelée ; elle l'enfonce dans le corps de la chenille qui ne paraît pas s'en apercevoir. Bientôt elle retire son glaive, le renferme dans le fourreau, s'envole et disparaît. La chenille ne s'est pas arrêtée et ne s'arrête pas ; elle va retrouver sa table mise et un excellent déjeuner ; dans quelques jours elle descendra dans la terre pour se métamorphoser ; mais si je l'enfermais pour connaître son papillon, mon attente serait trompée. La mouche qui l'a piquée, et que les naturalistes appellent *ichnémon*, n'a fait que pondre dans son corps ; cette épée, la troisième partie d'un cheveu, est creuse et a déposé l'œuf dans une partie de l'intérieur de la chenille où cette opération ne lui fait aucun mal ; de cet œuf sort un ver qui mange tout doucement la chenille ; celle-ci se sent mal à son aise, perd l'appétit et fait sa coque ; mais dans la coque son hôte incommode ne cesse de la dévorer, puis à son tour il se métamorphose et devient une mouche semblable à celle que nous avons vu le pondre ; elle perce la coque de la chenille et s'envole pour chercher d'abord un mâle qui la féconde, puis une chenille dans laquelle elle puisse déposer ses œufs ; les mâles n'ont pas besoin de tarières et n'en ont pas.

Dans les parasites que vous rencontrerez là-bas comme vous en auriez trouvé ici, mon ami, pensez-vous en rencontrer d'aussi exagérés dans leur façon de manger le monde !

Chaque espèce d'ichneumon, de ceux qui pondent dans les chenilles, a sa chenille de prédilection ; il y en a de si petits qu'ils pondent dans un œuf de papillon dans lequel ils glissent leur tarière ; le ver naît dans l'œuf et y trouve de quoi se nourrir jusqu'à ce que, changé en mouche, il en casse la coquille pour prendre sa volée.

Il y a dans nos jardins, et parmi ceux qui prétendent les aimer, des braves gens qui sont un peu comme vous, mon ami :

ils n'estiment une fleur qu'à proportion qu'elle est rare et qu'elle vient de loin. J'ai vu souvent des collections de curieux et d'amateurs, de ces gens qui n'ont dans la possession d'autre plaisir que celui assez méprisable de savoir que les autres ne possèdent pas, de ces gens qui ont des fleurs non pour les voir, mais pour les montrer ; leurs fleurs les plus chéries, celles qui m'étaient montrées avec le plus d'ostentation, celles qui servaient de prétexte au ton le plus dédaigneux pour moi, étaient des plantes rares, il est vrai, mais si peu éclatantes, si effacées par les autres plantes plus communes, que je me considère comme un homme bon, excellent, plein de douceur et de bénignité pour n'avoir succombé qu'une seule fois à la tentation de dire à leur fastueux propriétaire :

— Cette plante est très-rare, Monsieur?

— Oui, Monsieur, extrêmement rare.

— Ah ! j'en suis bien aise, Monsieur.

— Pourquoi cela, Monsieur ?

— Pensez-vous la posséder seul, Monsieur ?

— Oui, Monsieur, je la possède seul.

— J'en suis enchanté, Monsieur.

— Et pourquoi cela, Monsieur ?

— Parce que, Monsieur, cela me donne l'assurance de ne pas la rencontrer souvent.

Voici la plante la plus belle, la plus riche, la plus majestueuse : c'est le *pavot;* comme ses feuilles d'un vert glauque sont bien découpées, comme sa tige s'élève droite et flexible ; les boutons de ses fleurs sont penchés languissamment sur la terre ; mais un jour ou deux avant de s'épanouir, ils se redressent graduellement et présentent au ciel leur belle et riche coupe ; on peut dire alors d'eux, avec plus de vérité que de l'homme, que le signe de sa noblesse est qu'il regarde naturellement le ciel, ce qui n'est pas vrai pour l'homme. Un homme qui voudrait conserver la dignité que lui prête Ovide,

Os homini sublime dedit, cœlumque tueri
Jussit, et erectos ad sidera tollere vultus ;

cet homme gagnerait un horrible torticolis, et y renoncerait au bout d'un quart d'heure.

Voici le bouton relevé ; déchirez son enveloppe verte, voyez comme ses splendides pétales y sont renfermés, sans ordre, chiffonnés, on dirait le sac de nuit d'un étudiant qui part en vacances. Comment la nature peut-elle traiter avec aussi peu de soin une si riche et si fine étoffe? N'y a-t-il pas un peu de dédain affecté là-dedans pour la pourpre? Je ne sais que la fleur de la grenade, qui est rouge aussi, dont les pétales soient dans leur enveloppe chiffonnés comme les pétales du pavot. Mais, tranquillisez-vous, à peine la fleur est-elle épanouie, qu'un air tiède vient lisser les pétales de la grenade et du pavot, et les rend unis comme ceux des autres fleurs.

Les différentes fleurs ont différentes manières de s'envelopper dans leur bouton où il faut qu'elles tiennent si peu de place. Les pétales des *roses* se recouvrent les uns les autres par portion de leurs côtés ; le *liseron* est roulé et plié comme les filtres de papier, etc., etc. Il en est de même des feuilles dans le bourgeon ; celles du *syringa* sont pliées en long, moitié sur moitié, celle de l'*aconit* le sont dans leur largeur du haut en bas, plusieurs fois sur elles-mêmes ; celles du *groseillier* sont plissées comme un éventail ; celles de l'*abricotier* sont roulées sur elles-mêmes, etc., etc.

Un spectacle curieux est encore de voir les tiges sortir de terre au commencement du printemps; plusieurs plantes vivaces ont fait la part de l'hiver et de la mort ; elles leur ont livré leurs feuilles de l'été ; elles se sont cachées profondément sous terre.

Mais voici qu'une pluie douce et un vent tiède les avertissent que la belle fête du printemps va commencer ; il faut que chaque plante se prépare à entrer en scène et à jouer son rôle. Quelques-unes sont tout à fait mortes ; mais avant de mourir, elles ont confié à la terre leurs graines, petits œufs fécondés que couvent les premiers rayons du soleil de mars, et qui s'empressent d'éclore ; les autres ont divers procédés pour percer la terre durcie sur elles par le froid et par le vent; celles qui ont des fe uilles fermes et aiguës comme les *jacynthes*, les *glaïeuls*, les *narcisses*, les réunissent en pointes serrées et se font facilement passage ; les *narcisses* et les *glaïeuls* en appliquent deux l'une sur l'autre et sortent comme dans une lame aplatie ; les *jacynthes* enferment leur fleur, déjà formée, dans trois feuilles aiguës et creusées en rainures dont la réunion ne forme qu'une seule pointe ; d'autres, comme les *pivoines*, enveloppent leurs premiers bourgeons d'un fourreau qui tombe après qu'ils sont sortis de terre.

Mais comment feront les *anémones* dont les feuilles sont larges, profondément découpées et sans aucune consistance ? Elles font monter la queue de chaque feuille courbée en deux par son milieu ; c'est un coude arrondi qui se charge de percer la terre et sort comme la moitié d'un anneau ; puis, tandis qu'un des côtés est retenu par la racine, l'autre, auquel tient la feuille plissée, est tiré par en haut sans qu'elle soit froissée le moins du monde ; une fois sortie elle se développe et s'étale.

Revenons à notre pavot.

Il y en a de rouges dans toutes les nuances, de blancs, de panachés de rouge et de blanc, de violets ; il n'y en a ni de jaunes, ni de bleus, ni de verts ; je n'en connais pas qui soient panachés de blanc et de violet. Malgré les nombreuses variétés de fleurs qu'on croit découvrir chaque jour, chacune a des limites fixes et infranchissables ; on a semé, depuis vingt ans, quarante lieues peut-être de graines de dahlias sans qu'on ait pu avoir un dahlia bleu, malgré que le violet soit très-fréquent ; je ne raconterai pas tout ce qu'on a fait pour avoir une rose bleue.

La rose a de plus que le pavot la couleur jaune.

Un pied de pavot sème de lui-même plus de trente mille graines ; on les a toujours vus renfermés dans le rouge, le blanc et le violet. Beaucoup de jardiniers parlent de roses vertes provenant de la greffe du rosier sur le houx, de roses noires faites au moyen de la greffe sur le cassis : ce sont des contes absurdes, il n'y a pas de fleurs noires, et il y en a très-peu de vertes, surtout d'un vert franc ; je n'en sais guère qu'une qui soit réellement jolie, sans parler de certaines amaryllis, c'est celle du *daphné lauréole,* qui vient dans les bois, et qui porte de charmantes fleurs vertes odorantes, dont le centre est occupé par des étamines d'un beau jaune orangé ; il fleurit dans le mois de février.

Voilà encore, mon ami, un charmant voyage que je fais sans changer de place. Quand vous êtes en bateau, il semble que le bateau est immobile et que les deux rives fuient de chaque côté en déroulant à vos yeux leurs rivages, leurs peupliers et leurs saules, et leurs fleurs diverses, et les maisons qui les bordent : c'est une chose qu'on a remarquée cent fois ; mais les gens sont si décidés à ne voir que ce qu'ils ont lu, que je n'ai jamais vu consigné nulle part que si les bords du rivage paraissent marcher en sens inverse du bateau, cette illusion ne s'étend qu'à une certaine distance, et que s'il se trouve plus près de l'horizon d'autres arbres et d'autres bâtiments, ceux-ci semblent au contraire suivre le sens du bateau, et que ces deux lignes d'arbres et de maisons se croisent d'une marche simultanée en sens opposé.

Il me semble être le jouet d'une illusion semblable à celle qu'on éprouve en voiture et en bateau lorsque je vois les fleurs paraître chacune à leur tour autour de moi, je crois presque voyager. Il paraîtrait en effet que l'on change de place, tant l'on voit changer de décors et d'acteurs la scène, quelque petite et resserrée qu'il me plaise de la choisir. Il n'y a pas un acteur qui paraisse avant son tour ; ils semblent sortir chacun de la terre ou de leur enveloppe à un signal ou plutôt à une réplique donnée. Asseyez-vous et voyagez :

Le vent aigre de l'hiver a balayé les feuilles ; les troncs et les branches dépouillés des arbres offrent des couleurs variées ; le bois du *cornouiller* est d'un rouge éclatant, celui du *frêne doré* est jaune, les branches du *genêt d'Espagne* sont du vert de l'émeraude, le tronc du *bouleau* est blanc, les branches qui ont poussé sur les *tilleuls,* pendant l'été, sont d'un rouge violet ; il y a un *framboisier* que les jardiniers appellent à bois bleu et qui est d'un violet splendide ; quelques *érables* ont leurs branches vertes ; le *noyer d'Amérique* est noir. Mais les mousses végètent et fleurissent, et au pied d'un arbre la *rose de Noël*, *l'ellébore noir* épanouit ses fleurs semblables à des roses simples, blanches ou rose pâle ; le *tussilage odorant*, *l'héliotrope* d'hiver étale du sein d'un large feuillage arrondi ses houppes grises et roses qui répandent au loin une suave odeur de vanille.

Mais décembre est fini, ces deux acteurs disparaissent au premier signal que donnent les gelées ; voici janvier qui couvre la terre de neige, la gelée fend les arbres, c'est une scène nouvelle ; le rouge-gorge s'approche des maisons en voltigeant, le *calycanthe du Japon* ouvre sur celles de ses branches nues qui sortent de la neige de petites fleurs pâles, jaunes et violettes, qui exhalent un doux parfum qui rappelle à la fois l'odeur du jasmin et celle de la jacynthe ; c'est un long monologue, c'est la seule fleur qui s'épanouisse en plein air pendant les grands froids ; bientôt ses fleurs se dessèchent et tombent, ses branches grises restent nues ; les feuilles ne se montreront qu'au printemps.

Qui va paraître avec le mois de février ? les *coudriers* laissent pendre leurs longs chatons jaunes et ouvrent leurs petits pinceaux carmin ; le *daphné lauréole*, dont je vous parlais tout à l'heure, est bientôt suivi d'un autre *daphné* qu'on appelle *bois gentil* et qui a des fleurs pareilles aux siennes, mais lilas, roses ou blanches ; l'*hépatique* ouvre ses petites roses doubles, roses ou bleu foncé ; c'est une sorte de premier acte, une exposition où les personnages se sont présentés presque un à un, ou au plus deux à deux.

Mais en mars les arbres à fruits étalent leur riche parure ; l'amandier se couvre de fleurs blanches rosées, l'abricotier de fleurs blanches, le pêcher de fleurs roses ; auprès de l'eau le *pas-d'âne* ouvre ses houppes dorées ; les *primevères* fleurissent sur la terre et les *giroflées* jaunes sur les murs ; les *crocus* ouvrent dans le gazon, parmi les étoiles blanches des *pâquerettes*, comme de petits lis, leurs corolles jaunes, violettes ou rayées de violet et de blanc ; quelques violettes fleurissent sous les feuilles sèches tombées des arbres à l'automne ; puis tout cela disparaît comme d'un coup de baguette.

La *jacinthe* ouvre ses épis bleu-violet, roses, blancs ou jaunâtres, et toutes les fleurs qui l'ont précédée reconnaissent ce signal et disparaissent, leur rôle est joué ; elles reviendront l'année prochaine à une autre représentation.

Regardez-les bien, admirez leurs formes variées, leurs couleurs fraîches ou éclatantes, respirez leurs parfums divers, vous ne les verrez peut-être plus ; vous avez tout au plus à voir vingt ou trente représentations semblables.

Mais vous les voyez partir sans regret ; elles sont remplacées par tant d'autres. En effet, les fleurs seront bientôt si nombreuses, qu'il deviendrait impossible de les compter : tout fleurit ou semble fleurir, arbres, herbes, papillons ; mais chacun a son jour, chacun a son heure, aucun ne devance, aucun ne dépasse le moment prescrit. Le printemps et l'été s'écoulent, la foule s'éclaircit ; les *reines marguerites*, la vraie fleur de l'automne, sont remplacées par les *dahlias*, les *dahlias* par les *asters*, les *asters* se fanent à l'apparition des *chrysanthèmes* de l'Inde. Il y a une variété de *chrysanthèmes* à petites fleurs jaunes qui paraît la dernière de toutes et ferme la marche.

Et avec chaque feuille, chaque fleur, naissent et meurent les insectes qui les habitent et qui s'en nourrissent, et aussi ceux qui mangent ceux-là ; les fleurs sèment leurs graines qui sont des œufs ; les insectes pondent leurs œufs qui sont des graines ; après quoi refleurissent les ellébores et les tussilages et éclosent les insectes auxquels ces plantes appartiennent. Une fleur qui naît ou qui meurt, c'est un monde avec ses habitants.

Mais si vous ne voulez pas attendre toute l'année, ou si votre mémoire vous sert mal, restez là seulement une journée, voyez comme tout passe devant vous, voyez comme tout voyage pour vous montrer des objets nouveaux. Ma lettre est longue ; demain seulement je ferai le voyage de la journée comme je viens de faire celui de l'année.

Vale.

LETTRE IX.

Le soleil n'est pas encore à l'horizon, cependant les ombres de la nuit commencent à se dissiper. Combien de plaisirs fatigants et malsains on achète à prix d'or, quand, pour rien, on peut jouir chaque jour du plus solennel spectacle... de la création du monde.

En effet, la nuit avait enlevé à tous les objets leur forme et leur couleur; voici le jour qui vient les leur rendre.

Au jardin, les fleurs jaunes et les fleurs blanches sont les premières qui reçoivent leur coloris. Les fleurs roses, rouges, bleues, sont encore invisibles et n'existent pas pour les yeux; le feuillage commence à montrer sa forme, mais il est noir. Les fleurs roses sont peintes à leur tour, puis les rouges, puis les bleues; toutes les formes sont distinctes. Déjà l'*hémérocalle*, une sorte de lis jaune fermé pendant la nuit, rouvre sa corolle et commence à répandre une odeur de jonquille. Le *léontondon*, fleur couleur d'or, a étalé avant l'*hémérocalle* sa fleur rayonnante dans l'herbe où les *pâquerettes* encore fermées tiennent réunis en faisceaux leurs petits rayons d'argent dont elles montrent alors le dessous qui est d'un beau rose.

Les oiseaux se réveillent et chantent. Le ciel prend une teinte rose; les nuages gris deviennent d'un lilas clair; l'orient s'épanouit en un jaune lumineux; les *cerisiers* placés à l'occident teignent de rose leur écorce grise sous le premier rayon que lance obliquement le soleil. Voici l'astre du jour, l'astre de la vie, qui monte dans sa gloire et dans sa majesté, un globe de feu s'élève à l'horizon.

Toutes les plantes se réveillent, l'*acacia* avait ses feuilles pliées et appliquées les unes contre les autres; les voilà qui se séparent et se dressent. Le *lupin* à fleur bleue, qui a des feuilles d'un vert cendré et faites comme des mains, avait resserré ses doigts et laissé tomber ses bras contre sa tige; ses feuilles s'écartent et se relèvent.

Le *lupin* a fait écrire bien des pages par les savants ; *Virgile* a dit quelque part *tristis... lupinus*. Pourquoi *Virgile* a-t-il appelé le *lupin triste?* L'espèce dont nous parlons est d'un port charmant, la fleur en est d'une forme agréable et d'une belle couleur, d'autres espèces répandent un suave parfum. Pourquoi *Virgile* a-t-il dit que le *lupin* était triste ? Dieu sait les raisons qu'en ont trouvées les savants ; plusieurs volumes ont à ce sujet été commis tant par les savants botanistes que par les savants commentateurs ; on n'a jamais pu s'accorder.

Je sais deux questions de la même force et que nous nous faisions au collége : l'une restait indécise comme la question du *lupin triste* l'a été jusqu'ici, l'autre recevait une solution de même que la tristesse du lupin va être expliquée tout à l'heure.

Pourquoi, demandait un écolier à un autre, *le saumon est-il le plus hypocrite des poissons?* Le camarade cherchait quelque temps, mais comme il n'était pas savant de profession, il disait : Je ne sais pas. Un savant ne dit jamais *je ne sais pas*, il préfère l'erreur à l'ignorance ; je ne sais pas, disait l'écolier, attendant le mot de l'énigme. Ni moi non plus, répondait l'autre, si je le savais je ne le demanderais pas. L'autre question était celle-ci : On sait que saint Paul en allant je ne sais où fit une chute de cheval : *Dic mihi quæso*, disait-on, *dic, sanctus Paulus cur cecidit?* Dis-moi pourquoi saint Paul est tombé de de cheval? La réponse longtemps cherchée finissait par être celle-ci : *Quia bene non se tenuit :* Parce qu'il ne s'est pas bien tenu. Je déclare ces deux réponses parfaitement claires, parfaitement sages et raisonnables : il s'en faut de beaucoup que les savants procèdent ainsi ; cependant la seule raison pour laquelle Virgile a appelé le *lupin triste*, c'est qu'il avait besoin, pour la mesure de son vers, de deux syllabes longues que lui fournissait le mot *tristis*. Cela n'est pas rare chez les poëtes latins, que j'aime raisonnablement, mais que je ne fais pas semblant de porter aux nues pour colorer d'un prétexte convenable l'envie et la malveillance contre les contemporains.

Mais continuons à voir se réveiller les plantes. La *balsamine*, qui avait penché ses feuilles vers la terre, les relève vers le ciel ; l'*onagre*, qui au contraire avait relevé les siennes, et en avait embrassé sa tige, les écarte et les laisse un peu fléchir.

Les insectes commencent à bourdonner.

Le *souci pluvial* ouvre sa fleur qui est un disque violet, entouré de rayons blancs par-dessus, violâtres par-dessous.

Le *nénuphar blanc*, qui avait hier soir fermé sa fleur, s'épanouit de nouveau ; les *volubilis*, qui grimpent en guirlandes chargées de fleurs roses, violettes, blanches, rayées, ferment leurs fleurs qui se sont ouvertes pendant la nuit. Les *belles-de-jour* épanouissent à leur tour leurs fleurs bleues et jaunes. Chaque plante fleurit à l'heure qui lui a été fixée ; le soleil qui force l'une à s'ouvrir, oblige l'autre à se fermer, et cependant elles n'ont aucune différence à l'œil.

Les insectes, les papillons et les mouches de toutes couleurs se répandent de toutes parts.

Mais le *léontodon* se ferme vers trois heures de l'après-midi. Le *souci pluvial* ne tarde pas à imiter son exemple, à moins que le temps ne soit pluvieux, car alors il se serait refermé plus tôt. La *pâquerette*, qui s'était étalée au soleil, se resserre et redevient rose. Graduellement, les feuilles de l'*acacia* se replient ainsi que celles des autres arbres dont nous avons vu ce matin le réveil ; la *belle-de-jour* se ferme, le soleil va se coucher ; la fleur blanche du *nénuphar* rassemble ses pétales et les resserre. Les oiseaux ont cessé de chanter et se disputent leur place sous les feuilles ; vous voyez reparaître au ciel les couleurs que vous y avez admirées ce matin, mais elles ont pris des nuances plus sévères et plus foncées. Le rose du matin est rouge le soir, le jaune est orange, le lilas est devenu violet ; le globe de feu descend et disparaît dans une brume rouge qui semble la cendre d'un volcan. Les arbres de l'orient à leur tour reçoivent l'adieu et le dernir regard du soleil comme les arbres de l'occident avaient reçu son bonjour et son premier rayon. On entend au loin coasser les *grenouilles*, les *scarabées* volent lourdement, le *cerf-volant* et le *rhinocéros* sortent des creux des chênes, les *stercoraires* bleus et violets, et plus richement vêtus que les **rois**, sortent de la bouse de vache.

LETTRE IX.

Voici la nuit.

Mais la nuit a ses oiseaux, ses fleurs et ses insectes qui dormaient pendant le jour et qui s'éveillent lorsque les autres s'endorment.

La lune est leur soleil.

La *belle-de-nuit* a ouvert ses petits cornets pourpres, jaunes ou blancs. Une variété, dont la fleur blanche supportée par un long tube a le centre d'un riche violet, exhale une douce odeur. L'*énothère* étale ses belles coupes jaunes parfumées. Les *volubilis* attendront le milieu de la nuit.

Pendant ce temps les étoiles s'épanouissent au ciel. Dans l'herbe, les *lucioles* femelles commencent à briller d'un feu vert et phosphorique : c'est seulement l'extrémité inférieure de leur corps et le dessous qui est ainsi lumineux. La *luciole* est au jour un insecte aplati, se traînant sur six mauvaises pattes ; le soir elle se met sur le dos pour que le phare qu'elle allume se voie de plus loin.

Vous connaissez l'histoire d'*Héro* et de *Léandre*, c'étaient deux amants séparés par un bras de mer. Chaque nuit *Léandre* traversait le détroit à la nage pour aller passer quelques instants auprès d'*Héro*. Je ne sais si *Héro* était bien belle, mais avec la première venue et des obstacles on fait une passion. *Ovide* dit qu'elle était ravissante, j'en crois *Ovide*. Une nuit, une tempête s'élève pendant que *Léandre* s'efforce en vain de gagner l'autre rive, guidé par le fanal que son amante allume chaque soir. Le poëte met dans sa bouche une plainte touchante, il prie la tempête de ne le noyer qu'au retour ; la tempête fut sourde et la malheureuse *Héro* vit arriver à ses pieds le cadavre de son amant.

La *luciole* n'allume de même son fanal et ne prend tant de soin de le mettre en évidence, que parce que c'est lui qui la désigne à une foule de petits *Léandres* vagabonds, auxquels la nature a accordé des ailes. Les mâles des *lucioles* sont beaucoup plus petits que les femelles, et, je le croirais, beaucoup plus nombreux, car il est rare qu'on en voie moins de trois ou quatre entourer en tous sens une femelle de leurs soins empressés. Il ne sont pas lumineux.

Pendant qu'à l'exemple de Diogène, mais pour un autre motif, la *luciole* cherche *un homme* avec sa lanterne, une grande *phalène* passe auprès de moi ; ses ailes font entendre un bruit semblable à celui que ferait un petit oiseau. En effet, elle est beaucoup plus grosse que certains oiseaux mouches. Elle passe au-dessus de toutes les fleurs qui dorment, elle cherche ; elle sait que dans ces belles coupes de grenat et de topaze des *belles-de-nuit* et des *énothères* un doux nectar est préparé pour elle. La voici au-dessus d'une *énothère :* elle plane sans toucher la fleur, ses ailes semblent immobiles, tant elle les agite vivement. Alors elle développe une trompe roulée sous sa tête, et qui échappait à la vue, mais qui est plus longue que l'insecte entier. Cette trompe se sépare en deux ; chacune des deux est une trompe parfaite, au moyen de laquelle elle suce au fond des fleurs le miel qu'elles renferment.

Il ne faut pas croire que, pour ne sortir que la nuit, ce papillon, que les naturalistes appellent *sphinx*, ait négligé sa parure. Il a les ailes d'un gris nué de divers bruns et noirs. Le corps est peint d'anneaux blancs, roses et noirs, séparés dans la longueur du corps par une raie grise.

En voici un autre qui est encore plus richement vêtu : son corps et ses ailes sont de deux couleurs, vert olive et rose.

Mais quel cri plaintif se fait entendre sur ce jasmin ? Est-ce ce grand *sphinx* qui s'y est posé qui s'avise de gémir ainsi ? Si le cri qu'il fait entendre est lamentable, son aspect n'est pas non plus fort réjouissant. Ses ailes supérieures sont nuées de couleurs sombres ; les inférieures sont d'un orange terne et pâle, avec des bandes noires. Son corps est rayé d'anneaux noirs et de ce même orange triste ; mais c'est sur son corselet que la nature s'est permis une singulière fantaisie : des taches oranges et noires forment, d'une manière parfaitement distincte, la figure d'une tête de mort.

En 1730, il parut en Bretagne une grande quantité de ces papillons. Leur cri et leur figure singulière jetèrent l'épouvante dans tous les esprits. Les curés en parlèrent en chaire, et donnèrent cette apparition comme un signe évident de la colère céleste. Les imaginations furent frappées au plus haut degré, beaucoup de personnes firent des confessions publiques; un curé écrivit à ce sujet une homélie qui fut insérée dans le Mercure de France. Les plus incrédules dirent que ce prodige annonçait une peste. M. *de Ponchartrain*, alors secrétaire de la marine, demanda à l'Académie si quelques-unes de ces alarmes étaient fondées. L'Académie ayant répondu négativement, fut fort blâmée par l'Église; les pères de Trévoux proclamèrent dans leur journal que c'était à tort qu'on désabusait les gens d'une terreur salutaire : « Le public, disaient-ils, a toujours droit de s'alarmer, parce qu'il est toujours coupable, et tout ce qui lui rappelle la colère d'un Dieu vengeur est toujours respectable. »

L'espèce de cri que fait entendre ce sphinx, qui a été justement nommé *Atropos*, est produit par le frottement de sa trompe contre les cloisons qui la renferment. Il a été une grande chenille jaune et verte.

Ce n'est qu'assez avant dans la nuit que les *volubilis* déplissent leurs fleurs. Il y a une petite chenille assez laide qui vit sur les volubilis, et qui devient un papillon fort joli et fort singulier ; la chenille est d'un vert blanchâtre et assez velue. La phalène est d'une blancheur éclatante ; ses ailes paraissent se composer de dix petites plumes d'une extrême finesse. Chacune des ailes inférieures est divisée en trois parties découpées, en telle façon que ce n'est qu'avec le secours de la loupe qu'on peut voir que ce ne sont pas de véritables plumes beaucoup plus blanches que celles du cygne, beaucoup plus finement striées que celles de l'autruche.

La nuit est le temps que les arbres prennent pour aspirer l'oxygène qui est nécessaire à leur existence comme à la nôtre. Le jour, ils en expireront et en rendront à l'air beaucoup plus qu'il n'en ont pris, l'action du soleil décomposant l'acide carbonique.

Ces deux phénomènes expliquent le danger qu'il y a à garder des végétaux la nuit dans une chambre fermée, car alors les végétaux absorbent une partie de l'oxygène et diminuent la quantité d'air respirable. Cette quantité, nécessaire à chaque homme, est plus considérable qu'on ne pense. Un homme consomme par heure au moins six mètres cubes d'air ; la plupart des plaisirs pris en commun, les bals, les soirées, les spectacles, les assemblées, commencent par diminuer considérablement cette ration indispensable. Il est difficile que dans un raoût, dans une soirée comme on les donne aujourd'hui, chaque personne ait pour sa part plus d'un mètre et demi d'air respirable. Vous vous décideriez difficilement à prendre quelques-uns de ces plaisirs s'il fallait les acheter au prix de la privation des deux tiers de vos aliments. La privation d'air a des effets moins immédiats, mais il est probable qu'elle engendre la plus grande partie des maladies propres aux habitants des villes.

Outre que les végétaux renfermés dans une chambre absorbent une partie d'oxygène, ils expirent une partie égale d'acide carbonique, qui est un poison mortel quand il se trouve mêlé en proportion trop forte dans l'air respirable, dont il est cependant un des éléments. Cela explique également le bien-être que l'on éprouve le jour sous les arbres, bien-être qui ne vient pas seulement de l'ombre et de la fraîcheur.

Vous voyez, mon ami, que, sans qu'il soit nécessaire de changer de place, il suffit de regarder, pour voir sans cesse des choses nouvelles passer sous nos yeux. Aucune des plantes, aucun des insectes dont je vous ai parlé dans cette lettre et dans la précédente ne s'épanouit ou ne se montre, ne se forme, ne se transforme ou ne meurt, avant ni après l'époque, le jour, l'heure qui lui a été assignée. Toujours le *léontodon* ouvre ses rayons d'or avant que la *pâquerette* n'étale ses rayons d'argent ; jamais l'*énothère* ne développe sa corolle avant que le *nénuphar* n'ait replié ses pétales. Le *merle* siffle le matin, le *rossignol* chante pendant la nuit ; les *sauterelles*, dans les luzernes, font entendre sous la chaleur la plus ardente du soleil une sorte de coassement pareil à celui des *grenouilles* dans les mares, quand le soleil se couche. Chaque instant a son intérêt, son spectacle, sa richesse et sa splendeur.

LETTRE X.

Quand je cherche à me rappeler tous les bonheurs de ma vie, je reconnais qu'il n'y en a guère que j'aie prévus et atteints à la course.

Les bonheurs sont comme le gibier : quand on les vise de trop loin on les manque.

Ceux qui me reviennent à la mémoire sont venus d'eux-mêmes me trouver. Pour beaucoup de gens, le bonheur est une grosse chose imaginaire et compacte, qu'ils veulent trouver tout d'une pièce; c'est un diamant gros comme une maison, qu'ils passent leur vie à chercher et à poursuivre au hasard.

Ils sont comme un horticulteur de ma connaissance qui ne rêve que de trouver une rose bleue, rose que j'ai un peu cherchée moi-même, et qui est plus déraisonnable à espérer que le diamant dont je vous parlais tout à l'heure. Depuis que cette fantaisie est née dans le cerveau de ce pauvre diable, les autres fleurs n'ont plus eu pour lui ni éclat ni parfum.

Le bonheur n'est pas une rose bleue, le bonheur est l'herbe des pelouses, le liseron des champs, le rosier des haies, un mot, un chant, n'importe quoi.

Le bonheur n'est pas un diamant gros comme une maison, c'est une mosaïque de petites pierres dont aucune souvent n'a une valeur générale et réelle pour les autres.

Ce gros diamant, cette rose bleue, ce gros bonheur, ce bonheur monolithe, est un rêve. Les bonheurs que je me rappelle, je ne les ai pas poursuivis ni cherchés au loin, ils ont poussé et fleuri sous mes pieds, comme les pâquerettes de mon gazon.

Mes plus grands bonheurs, je les ai trouvés dans un jardin par-dessus lequel j'aurais sauté, dans une chambre où je ne pouvais faire trois pas. Cette chambre, je me la rappelle encore, je n'ai qu'à fermer les yeux pour la voir, il semble que je la vois dans mon cœur. Elle était meublée de fauteuils en velours d'Utrecht jaune, d'une table à jeu près de la cheminée, d'un vieux piano entre les deux fenêtres. Un jour, *elle* essayait de m'apprendre à jouer d'un seul doigt un air qu'elle chantait quelquefois, et que j'aimais passionnément. Son père était assis au coin de la cheminée et lisait un journal. D'abord elle joua l'air devant moi, puis elle me dit d'essayer. Je ne pus trouver que les trois premières notes ; elle le joua plus lentement, je ne réussis pas davantage. Elle riait beaucoup de ma maladresse. Alors elle prit ma main pour me faire frapper les notes du doigt : c'était la première fois que nos mains se touchaient. Je frissonnai, elle cessa de rire et retira sa main ; et nous restâmes tous deux silencieux. Le jour baissait et mêlait un profond recueillement à une émotion. Nos regards se rencontrèrent et se confondirent; il me sembla que je devenais elle, qu'elle devenait moi ; que notre sang se mêlait dans nos veines, notre pensée dans notre âme. Deux grosses larmes tombèrent de ses yeux, et roulèrent sur ses joues comme deux perles de rosée brillent au matin sur une rose. Alors son père, que nous avions oublié avec le reste du monde, laissa tomber son journal qu'il ne pouvait plus lire, et dit à sa fille de faire allumer la lampe. Vous n'y voyez plus non plus, ajouta-t-il, car voilà déjà longtemps que je n'entends plus le piano.

Eh bien! pour trouver ce bonheur — je ne m'en rappelle pas un aussi grand dans le reste de ma vie, — je n'avais fait que descendre un étage, quatorze marches, et venir de ma chambre dans la chambre aux fauteuils jaunes. Et ma chambre si petite, si pauvrement meublée, que de joies elle a renfermées! C'est là que j'ai fait pour elle dix mille vers, dont elle n'a jamais vu un seul ; c'est là que je lui ai écrit tant de lettres ; c'est là que j'ai relu les quelques lettres qu'elle m'a écrites, tant de fois que la bibliothèque d'Alexandrie ne m'aurait pas fourni plus de lecture.

Et cet escalier, ces quatorze marches qui nous séparaient, combien de fois je l'ai descendu et monté pour la rencontrer, pour rencontrer son père ou sa servante, pour voir sa porte, pour voir la sonnette qu'elle avait touchée, le paillasson en jonc sur lequel elle avait posé ses pieds! et aussi dans l'espoir qu'elle reconnaissait mes pas, qu'elle m'entendait monter et descendre, qu'elle disait : Le voilà !

J'ai fait trois cents lieues dans cet escalier-là, mon ami, et à chaque pas j'ai trouvé un bonheur ou au moins une émotion.

Que de belles fleurs au printemps de notre vie, et comme elles se sont fanées ! que de choses sont mortes en nous dont nous ne songeons pas à porter le deuil ; loin de là nous prenons nos mutilations pour des retranchements utiles, nous nous enorgueillissons de nos pertes, nous appelons nos infirmités des vertus ; l'estomac ne digère plus, nous nous disons sobre ; notre sang est refroidi, nous nous disons revenus de l'amour, quand c'est l'amour qui s'en est allé de nous ; nos cheveux, nos dents meurent, et nous ne pensons pas que nous devons mourir bientôt tout entiers. Nous nous agitons, nous nous tourmentons pour un avenir que tout nous raconte que nous ne verrons pas.

J'ai entendu un homme de quatre-vingts ans me dire : Il faut cependant que je m'occupe de mon avenir !

Et, cependant, les avertissements ne nous manquent pas : tout nous parle de la mort.

Cette maison que nous habitons a été bâtie pour un homme mort depuis longtemps, par des maçons qui sont morts. Ces arbres sous lesquels nous rêvons ont été plantés par des jardiniers qui sont morts. Les tableaux dont nous ornons nos logis ont été peints par des morts. Nos habits, nos souliers sont faits avec les poils ou la peau d'animaux qui sont morts. Le bateau sur lequel vous vous promenez entre les rives vertes, c'est un arbre mort qui en fournit les planches. Ce feu devant lequel vous causez est alimenté par des membres de cadavres d'arbres. Vos festins joyeux, vos repas de chaque jour, offrent à vos yeux et à votre appétit des cadavres d'animaux morts. Ce vin, dont vous vantez la vieillesse vous rappelle que celui qui l'a récolté, que celui qui a fait les tonneaux, que celui qui l'a mis en bouteille, et que tous ceux qui vivaient alors sont morts. Et le soir quand vous allez au théâtre voir représenter Cinna ou Mithridate, ces personnages que vous regardez, ne sont-ce pas des morts que vous évoquez pour qu'ils viennent gambader devant vous et vous divertir?

Quand ces pensées me viennent, mon ami, il me prend une profonde horreur de tout tracas, de toute agitation; je ne songe qu'à vivre tranquille, sans souci du présent ni de l'avenir, et j'admire l'extravagance de tous ces hommes qui, n'ayant que deux heures à dormir, passent ces deux heures à faire et à retourner leur lit. Il me semble alors voir dans tous ces gens qui se coudoient et s'évertuent, pour atteindre je ne sais quoi, des fous furieux, et je suis de l'avis de ce philosophe qui prétendait avoir découvert la véritable raison pour laquelle, dans toutes les grandes villes, il y a un hôpital pour les insensés; c'est que, en y enfermant quelques pauvres diables sous le nom de fous, on fait croire aux étrangers que ceux qui sont hors de cet hôpital ne le sont pas.

Vale.

LETTRE XI.

SUR LE DOS.

Je suis en ce moment étendu sur un gazon parsemé de violettes, sous un grand chêne qui m'abrite du soleil; je n'imagine rien qui puisse me décider à quitter cette position. Je suis sur le dos, enfoncé dans l'herbe plus d'à moitié; mes deux bras croisés derrière ma tête la tiennent un peu élevée; les feuilles serrées du chêne forment une tente verte transparente; entre certaines branches, j'aperçois le ciel par taches bleues, j'entends mille bruits dans l'air, un *pinson* chante du haut de l'arbre, des *abeilles* bourdonnent, quelques bouffées d'un vent frais font frissonner les feuilles; j'écoute et je regarde. Sur le ciel bleu passent de longs flocons de fils d'une soie plus blanche que tout ce que nous connaissons et qui flottent mollement dans l'air, s'abaissent et remontent ; c'est ce que dans les campagnes on appelle *fil de la Vierge :* on prétend que ce sont des fils échappés de la quenouille de la vierge Marie. Ce n'a pas été pour moi une découverte agréable, le jour que j'ai su que ces fils étaient produits par une espèce d'araignée.

Une graine de *scorsonère,* surmontée d'un petit parachute en duvet, vole à travers l'air pour aller se semer au loin ; une graine de *giroflée,* plate et légère, est portée par le vent sur le haut d'un vieux mur, ou dans les fentes des ogives de l'église, qu'elle doit décorer de ses étoiles d'or. Voici une *abeille* qui passe, les pattes chargées de la poussière jaune qu'elle a récoltée sur les étamines des fleurs ; le vent porte au loin cette poussière jaune.

J'ai vu des fleurs qui renferment dans leur corolle l'épouse et les époux ; j'en ai vu d'autres qui les portent séparés, mais sur la même plante ; il est des arbres et des fleurs qui ne produisent que des mâles ou que des femelles, et souvent les uns et les autres sont plantés par le hasard à de grandes distances. Dès lors point d'amours, point de mariages, point de fécondation, point de reproduction ; mais l'air se charge de porter les tendresses de l'époux à l'épouse sous la forme de ces petites outres jaunes qui contiennent une poussière fécondante. Les *abeilles* et les autres insectes qui voltigent de fleurs en fleurs sont de petits messagers qui portent de l'époux à l'épouse des caresses parfumées ; c'est ainsi qu'elles payent l'hospitalité qu'elles reçoivent dans les riches corolles et dans les nectaires pleins d'un miel savoureux. L'épouse reçoit dans son sein le message de l'époux absent et devient féconde.

Cette facilité que la nature a accordée aux plantes de correspondre aussi intimement par la voie de l'air et par le moyen des insectes, entraîne avec elle des conséquences dont nous ne pouvons nous plaindre, mais qui cependant, au point de vue humain, passeraient au moins pour un désordre. Voici en quoi consistent ces conséquences : voici un œillet blanc ; il est habité par une petite nymphe entourée de dix amants ; quel que soit celui des dix pour lequel elle se décide, les graines qui mûriront dans son sein ne produiront que des œillets blancs. Il arrive cependant que de ces graines naissent des œillets blancs, des œillets rouges et des œillets panachés de rouge et de blanc ; quelque adultère s'est donc glissé dans la corolle qui sert de grotte à la nymphe ? Vous vous croiriez en droit de concevoir au moins des soupçons si, dans un ménage composé de deux personnes blanches, il naissait un nègre et un mulâtre; en effet, un adultère a été commis, le vent ou quelque insecte a été l'entremetteur, et a porté de douces paroles à la nymphe au milieu de ses dix époux trompés.

Quelle horreur! direz-vous, ne pas pouvoir se contenter de dix époux ! Hélas ! quand on en a dix à soi, le onzième fait précisément l'effet que produit le second quand on n'en a qu'un.

C'est à de pareilles erreurs que nous devons les nombreuses variétés de fleurs dont nos jardins sont ornés. Cela, du reste, n'a pas les mêmes inconvénients que parmi les hommes; d'abord, l'amour parmi les fleurs n'est pas égoïste ; on est heureux d'aimer et de fleurir, on ignore la jalousie, ce sentiment qui se compose d'avarice, d'orgueil et d'amour aigri ; ensuite, ce n'est pas comme dans les pauvres familles humaines des gens qu'on appelle riches, où un enfant qui survient est pour les autres un spoliateur, la richesse que les fleurs laissent à leurs enfants est immense et éternelle ; elle se compose de terre, de soleil, de rosée; il n'y a rien à craindre, il y en aura toujours pour toutes.

Voici passer à son tour un *ichneumon*, semblable pour la forme à celui que j'ai vu déposer ses œufs dans le corps d'une chenille. Celui-ci seulement est beaucoup plus grand. Lui aussi doit déposer ses œufs dans le corps d'un autre insecte. Cet insecte est un ver qui doit devenir un assez gros scarabée. Ce scarabée sait que ses petits ont des ennemis. Aussi est-ce dans un lieu qui paraît inaccessible qu'il a soin de cacher ses œufs. Il les dépose sous l'écorce des arbres. Hélas! précaution inutile, soins impuissants! Voici l'*ichneumon* qui rôde autour du chêne sous lequel je suis couché; il se pose et parcourt le tronc de l'arbre; il s'arrête. La tarière qu'il porte à l'extrémité du corps se divise en trois parties, dont deux sont les deux moitiés du fourreau de l'autre; il enfonce son arme nue et plus fine qu'un cheveu, dans l'écorce. Le travail est long et pénible, mais il finit par réussir. Le voici qui reste immobile pendant quelques secondes, puis il s'occupe de retirer lentement sa scie. Si je voulais je le prendrais avec les doigts. Il sera heureux si quelque oiseau ne le surprend pas ainsi embarrassé. Mais la tarière est dehors, et se cache dans son fourreau. L'*ichneumon* s'envole. Par un art inconnu, par un instinct merveilleux, il a su, à travers l'écorce épaisse du chêne, discerner l'endroit où le scarabée a caché son œuf, qui est devenu un ver; et l'*ichneumon* a à son tour déposé son œuf à lui dans le corps de ce ver qui lui servira de pâture.

Des papillons de toutes couleurs passent devant mes yeux en se jouant dans l'air. Je vois le *vulcain* qui est noir et porte sur les ailes des bandes rouges de feu. Quand il était chenille, il était une chenille brune marquée d'une ligne de points jaunes de chaque côté, et couverte de poils. Il vivait alors sur l'*ortie* et faisait ses délices de ses feuilles qu'il ne regarde pas aujourd'hui, mais qu'il saura bien retrouver pour y pondre ses œufs quand le moment en sera venu, afin que les petites chenilles qui en doivent sortir trouvent à leur naissance le domicile et l'aliment qui leur conviennent.

Comment dire et peindre tout ce que je vois passer devant mes yeux, tout ce qui s'agite dans l'air, et aussi tout ce que je ne vois pas? A travers un petit intervalle, entre les feuilles du chêne, le soleil glisse un rayon blanc, des myriades de moucherons se jouent dans ce rayon. Ils sont si petits, que l'on ne les voit plus si une nuée vient obscurcir un moment le soleil et éteindre ce rayon.

On a découvert des myriades d'animaux dans une goutte d'eau au moyen du microscope, parce qu'on peut maintenir une goutte d'eau sous le verre de la lentille. Si l'on pouvait de même isoler et contenir une goutte d'air, il est probable qu'on apercevrait des milliers d'insectes qui échappent à notre vue. Il y a des *ichneumons*, nous l'avons vu, qui pondent leur œuf dans l'œuf d'un papillon. Qui nous dit que l'œuf de l'*ichneumon* n'est pas percé à son tour par un autre insecte que nous ne voyons pas !

On aurait eu tort de nier, avant l'invention du microscope, tous les insectes imperceptibles qu'on a découverts depuis par son moyen. Je n'oserais pas nier davantage qu'il y en ait d'autres tribus que le microscope lui-même ne peut nous montrer. Qui sait si ces maladies qui se répandent régulièrement en certaines saisons, ou qui sévissent irrégulièrement à des époques éloignées, comme les pestes et les épidémies, ne sont pas causées par des insectes que nous respirons avec l'air?

Il y a moucherons et moucherons. On trouve raconté dans un vieux recueil des traditions juives que Titus prétendit avoir vaincu le Dieu des Juifs à Jérusalem. Alors, une voix terrible se fit entendre, qui dit : « Malheureux, c'est la plus petite de mes créatures qui triomphera de toi. » En effet, un moucheron se glissa dans le nez de l'empereur, et parvint jusqu'à son cerveau. Là, pendant sept années, il se nourrit de cervelle d'empereur, sans qu'aucun médecin pût le déloger. *Titus* mourut après d'horribles souffrances. On ouvrit sa tête pour voir quel était ce mal contre lequel avaient échoué tous les efforts de la médecine, et on trouva le moucheron, mais fort engraissé. Il était devenu de la taille d'un pigeon. Il avait des pattes de fer et une bouche de cuivre.

En laissant mes regards errer au travers des feuilles du chêne, j'aperçois de singuliers fruits ou de bizarres fleurs. Ce sont de petites pommes vertes marquées de rose sur un côté, comme les pommes d'api. Ce sont sur d'autres feuilles de petites groseilles rouges. Ces fruits ont un insecte pour noyau, ces fleurs ont des œufs d'insectes pour graines. Ce sont des demeures produites sur les feuilles par la piqûre de petites mouches qui pondent leurs œufs dans l'intérieur de la feuille. Cette piqûre produit l'effet que produisent sur nous les blessures de certains insectes : la feuille s'enflamme, se tuméfie, s'arrondit, et produit une boule dans laquelle le petit ver qui provient de l'œuf, et qui doit devenir mouche, croît et se nourrit jusqu'au moment de sa transformation. D'autres mouches quelquefois viennent aussi pondre dans l'intérieur de ces *galles* (c'est ainsi qu'on appelle ces excroissances), après qu'elles sont formées, quoique leurs enfants ne mangent pas de feuilles de chêne. Loin de là, ils deviendront des vers carnassiers; et c'est le premier habitant, celui pour lequel a été créé la retraite, qui leur servira de nourriture. Après l'avoir mangé, ils héritent de la maison, s'y transforment en véritables mouches, comme aurait fait le propriétaire, percent la galle, et vont chercher des femelles qui, comme eux, ont été pondues dans d'autres galles, en ont mangé l'habitant, et cherchent un mâle dans les plaines de l'air.

Presque toutes les plantes donnent naissance à des galles différentes, dans lesquelles croissent et se transforment, mangent ou sont mangés, divers insectes. Sur les feuilles de la *viorne* s'élèvent des galles desquelles sort un petit scarabée de couleur cannelle. Les galles rougeâtres des feuilles du *saule* renferment une sorte de chenille qui s'en échappe à un certain moment, parce que ce n'est pas dans la galle qu'elle doit se transformer. C'est dans la terre qu'elle va s'enfermer jusqu'à ce qu'elle en sorte sous la forme d'une mouche à quatre ailes. Le rosier sauvage a quelquefois une galle recouverte d'une sorte de chevelure verte et rougeâtre, d'un aspect fort singulier. Si l'on garde renfermées quelques-unes de ces galles, on en verra sortir des mouches de trois ou quatre espèces différentes. Il ne faut pas croire cependant qu'elles aient des droits, sinon égaux, du moins pareils à la propriété de ce domicile. Quelques-unes occupent la galle par droit de naissance; c'est leur mère qui l'a formée de sa piqûre, et qui a déposé dedans l'œuf dont provient le ver qu'elles sont avant d'être mouches. Celles-là sont de petites mouches ventrues et bossues; le mâle est tout noir, la femelle a le corselet noir et l'abdomen marron. Voilà les possesseurs légitimes; les autres, à un quasi droit de naissance, joignent un droit de conquête. Voici comment la chose se fait: deux petits œufs assez ronds sont déposés dans la galle chevelue du rosier; une mouche noire et marron, le cinips de la rose, a pondu le premier, et a, par sa piqûre, fait croître la galle. Un *ichneumon* a pondu le second; ces deux œufs restent quelque temps ensemble, éclosent et deviennent deux vers. Le premier mange l'intérieur de la galle, qui croît et pousse à mesure, le second suce le premier, qui répare à mesure ce que l'autre lui mange, comme Prométhée sous le vautour qui mange son foie, *immortale jecur*. En effet, un ver carnassier mourrait bien vite de faim s'il s'avisait de dévorer le ver qui est seul renfermé avec lui. Un homme ne vivrait pas longtemps s'il n'avait à manger qu'un seul mouton.

Mais voici le soleil couché, le jour baisse; j'oublie de regarder, ou je regarde vaguement, en proie à une douce rêverie que vient accroître la cloche de l'église qui sonne la fin du jour; les premières étoiles paraissent à travers le feuillage; que sont ces étoiles? Les plus savants astronomes nous disent à quelle distance les planètes sont de notre terre, ils savent lesquelles marchent et quelle route elles suivent; mais voilà où se borne leur science. Supposons qu'on vînt nous dire : l'Angleterre est située sous tel degré de latitude, c'est une île, on croit distinguer des montagnes. Nous ne croirions pas connaître très-bien l'Angleterre; mais c'est cependant le point où s'élèvent les connaissances astronomiques, et, que de travaux, de soucis, d'inventions, de veilles, de calculs, il a fallu pour en venir là.

Ces globes de feu sont-ils des mondes comme le nôtre? Oh! alors, mon ami, quelle plaisanterie que les voyages! que signifie de faire plus ou moins de chemin dans un des globes plus nombreux peut-être que le sable de la mer qui gravitent autour du soleil. Vous serez bien fier quand vous aurez fait le tour de notre monde; et il y a là-haut plus de mondes peut-être que vous n'aurez dans vos voyages soulevé de grains de poussière sous vos pieds, et ces mondes-là sont inabordables pour vous; il y a de ces mondes si éloignés, que chacun d'eux ne forme à nos yeux qu'un grain impalpable d'une poussière lumineuse. Il y en a probablement, disent certains savants, qui sont si éloignés de nous, que leur lumière n'est pas encore arrivée à nous depuis l'origine de notre monde, quoique la lumière fasse quatre millions de lieues par minute.

A la bonne heure ! voilà ce que j'appelle des voyages et des distances ; que signifient les deux ou trois mille lieues que vous aurez faites quand vous reviendrez ? Vraiment cela ne vaut pas la peine de se déranger.

Ces mondes sont-ils destinés à recevoir les âmes de ceux qui meurent ? la mort est-elle le commencement de l'immortalité ? à ce moment suprême, les ailes de notre âme se développent-elles comme les ailes du papillon qui sort du linceul qu'il s'est filé étant chenille ?

Le vent m'apporte par bouffées de douces odeurs et des sons éloignés. De bien loin j'entends les sons d'un cor de chasse qui se perd dans le bruissement des feuilles, l'air fraîchit, je vais rentrer.

Avez-vous vu dans votre journée autant de choses singulières que j'en ai aperçues sans changer de place et couché sur le dos dans l'herbe ?

Demain je m'étendrai sur le ventre.

LETTRE XII.

DES COULEURS.

Les savants, qui ont inventé tant de mots, auraient bien dû en imaginer qui pussent donner une idée exacte des couleurs et de leurs nuances. Je suis obligé de vous avouer, mon ami, que c'est ce qui m'embarrasse le plus dans le récit de mon voyage. Il n'y a que fort peu de mots pour désigner les couleurs, et encore sont-ils pris au hasard dans des ordres d'idées très-éloignés les uns des autres. Cela me gêne d'autant plus que les couleurs ont pour moi des harmonies aussi ravissantes que celles de la musique, qu'elles éveillent chez moi des pensées toutes particulières et différentes, et que leur influence agit puissamment sur mon imagination.

J'ai été une fois mis en prison, eh bien, les murs étaient pour moi moins désagréables qu'une certaine couleur chocolat dont ils étaient revêtus ; je reconnaissais jusqu'à un certain point le droit qu'a la société de mettre un homme en prison, mais je ne pouvais admettre le droit de l'enfermer dans cette horrible couleur.

Une des choses qui me sont particulièrement désagréables en voyage, c'est la façon dont sont décorées les chambres d'auberge : les rideaux jaunes avec des galons rouges, les fauteuils rouges avec des galons jaunes ; ces couleurs si ordinairement et si brutalement réunies par les tapissiers me causent des impressions tout à fait désagréables.

Il m'arrive souvent, même dans des maisons où je ne suis pas familier, de me lever au milieu d'une conversation pour aller déranger deux couleurs ennemies qu'un hasard malencontreux a rassemblées sur un meuble. Il y a pour moi, entre les couleurs et les nuances, des discordances aussi fortes que celles qu'il peut y avoir entre certaines notes de musique.

Il n'y a pas de couleurs fausses si ce n'est dans la nomenclature des marchandes de modes ; mais il y a des assemblages de couleurs qui sont aussi faux que si quelqu'un jouait au hasard du violon sans avoir jamais essayé préalablement. Je me rappelle deux personnes qui m'ont toujours été désagréables à cause de certaines couleurs dont elles s'étaient ornées : la première était une certaine grosse femme avec des robes vertes et des chapeaux jaunes ; l'autre, un homme qui se parait de gilets d'un rouge provoquant et de cravates d'un bleu hardi. J'ai voulu lutter contre la prévention que m'inspiraient de pareils affublements ; j'ai dû m'en repentir : j'ai depuis eu fort à me plaindre de mes relations avec ces deux personnages.

Il y a au moins autant de gens qui ont la vue fausse, que de gens qui ont l'oreille fausse, sans parler des peintres, dont les uns voient jaune, les autres bleu ou gris, comme s'ils regardaient les objets à travers des lunettes de ces couleurs.

Il est à remarquer que les paysans ne reconnaissent que le rouge, dont le domaine pour eux embrasse le rose et l'orange, et toutes les nuances comprises entre ces deux couleurs : — le jaune, mais seulement certaines nuances ; quand il est pâle, ils l'appellent blanc ; quand il est un peu foncé, c'est du rouge ; — le bleu qui commence à l'amarante et embrasse toutes les nuances du violet, excepté le bleu pur qu'ils confondent quelquefois avec le vert. Ils connaissent assez bien le vert ; le blanc s'applique à toutes les nuances pâles, le noir à toutes les nuances foncées.

Me trouvant un jour au bord de la mer, je me promenais sur une côte entièrement couverte de petites fleurs desséchées tellement serrées, que je pensais que vue à une certaine distance, à l'époque de la floraison, la colline entière devait paraître de cette couleur. Eh bien ! personne dans le pays ne put me dire de quelle couleur est cette fleur ; je ne pus obtenir à mes questions deux réponses semblables pour me faire une probabilité. Les paysans, en général, s'occupent assez peu du côté poétique de la nature : les idylles et les églogues sont des mensonges. Je me rappelle seulement deux appréciations que j'ai entendu faire dans la même journée par deux paysans : l'une regardait un jeune orme qui, planté entre des ormes plus âgés, s'était hâté d'atteindre leur sommet pour avoir sa part d'air et de soleil. Il avait une tige plus droite et plus élancée que celle d'un peuplier ; il balançait au moindre vent sa tête verte et luxuriante. — Quel malheur que vous n'en ayez qu'un comme ça, me dit un de mes voisins. — Pourquoi ? — Parce que celui-ci ferait un superbe montant d'échelle.—Comme au printemps je regardais les fleurs des pêchers qui commençaient à montrer déjà une pointe rose, un autre me dit : — Vous regardez que la *marchandise* commence à pousser.

Je crois vous avoir raconté un jour, qu'un jardinier demandait à son maître, qui est de mes amis, la permission de coucher à l'avenir dans l'écurie. Il n'y a pas moyen de dormir dans la chambre qui est derrière la serre, Monsieur, disait-il, pour appuyer sa demande, il y a par là des rossignols qui ne font que gueuler toute la nuit.

En cherchant à vous dire certaines couleurs de fleurs ou d'insectes, j'ai fait une remarque, c'est que je me faisais mieux comprendre en employant, pour désigner ces couleurs, certains noms de pierres précieuses. Il est bien singulier que la plupart des gens connaissent mieux des pierres qui habitent à mille lieues d'ici les profondeurs de la terre, ou les perles et le corail qu'il faut arracher du fond des mers, que les mouches qui volent contre nos vitres, que les fleurs qui naissent sous nos pieds, qui nous entourent de toutes parts, qui frappent nos yeux depuis notre première enfance : c'est que la vanité a attaché un prix singulier aux pierreries, et a négligé de s'occuper des richesses communes que la nature a jetées avec tant de profusion sur la surface de la terre. Certes, il y a certaines pierres qui me flattent singulièrement la vue, mais il n'en est aucune dont on ne retrouve les couleurs sur quelque fleur ou sur quelque insecte. La chrysis n'est-elle pas une pierrerie vivante composée d'une émeraude et d'un rubis ? Connaissez-vous un saphir d'un bleu aussi pur que le bluet des champs, aussi éclatant que la sauge appelée *salvia patens,* que le *delphinium vivace*, qui fleurissent dans nos jardins ? Cherchez donc dans les pierres l'écarlate de certains géraniums et des petites verveines rouges qui effacent les géraniums ? Est-il des émeraudes qui aient la transparence des feuilles du chêne sous lequel j'étais hier, quand le soleil était au-dessus ? Est-il un diamant qui ait le feu et les couleurs des gouttes de rosée au soleil ? Un jardin n'est-il pas un écrin vivant, plein de pierreries qui volent, et d'autres pierreries qui s'épanouissent et répandent des parfums ? Mais les pierreries sont chères, tout le monde n'en peut pas avoir, et c'est pour cela que tout le monde en veut. Il ne s'agit pas d'ailleurs de voir ni d'avoir des pierreries, il s'agit d'en montrer. Ce que je vous dis là n'est pas un paradoxe ni un jeu d'esprit. Qu'aimez-vous dans les pierreries ? est-ce la couleur ? Vous n'avez qu'à regarder autour de vous, les fleurs et les insectes ont de plus belles couleurs encore. Est-ce la dureté ? le sable de votre jardin est fort dur, le balcon de fer de votre fenêtre est fort dur, et vous n'en faites aucun cas : c'est donc le prix, c'est donc l'argent ?

D'autre part, on imite toutes les pierres précieuses avec du verre, de façon à s'y méprendre. Beaucoup de femmes même montrent quelquefois leurs diamants véritables, et portent habituellement des diamants faux montés de la même manière pour éviter les vols et les accidents. Certes, ces derniers ont autant d'éclat et rendent aussi belles les femmes qui les portent ; sans cela, je vous déclare que pas une ne s'y résignerait. A quoi servent donc les autres, les vrais, renfermés dans un écrin ? On les a, et les autres savent qu'on les a, et en connaissent le prix, voilà tout.

Mais venons aux couleurs. Beaucoup de couleurs ont pris leur dénomination de certaines pierres précieuses. Eh bien, ces dénominations n'ont aucun sens, parce que les mêmes pierres varient singulièrement dans leurs nuances et même dans leur couleur. Demandez à un minéralogiste. Le rubis est d'un rouge glacé, ou plutôt velouté de violet ; mais il y a aussi des rubis d'un rouge orangé, et des rubis qui sont roses. — L'émeraude possède tous les tons du vert, depuis le blanchâtre jusqu'au vert le plus sombre. Il y a de plus des émeraudes blanches et des émeraudes jaunes. — La topaze, que vous croyez obligée d'être jaune, a le défaut, pour spécifier une couleur, d'être de tous les jaunes possibles, du jaune presque blanc à l'orangé ; mais encore il y a des topazes blanches, des topazes rouges, des topazes verdâtres et d'autres presque bleues. — Le grenat est d'une sorte de cramoisi foncé ; demandez toujours aux minéralogistes, ils vous diront qu'il y a aussi des grenats orangés, des grenats verts et des grenats noirs.

Certes, s'il y avait quelque chose qu'on dût connaître, ce seraient les plantes et les fleurs sur lesquelles on marche depuis l'enfance. Alors, par leur moyen, si les hommes daignaient les regarder quelquefois, on aurait, pour désigner les couleurs, une gamme complète à laquelle il ne manquerait aucun ton ni aucune fraction de ton, et une langue exacte et bien faite, en cela que les mots auraient un sens fixe, invariable et le même pour tous. Quelques noms de couleurs ont été empruntés aux fleurs. Tout le monde, quand on les prononce, sait parfaitement à quoi s'en tenir : capucine, lilas, violet, amarante, bouton d'or, feuille-morte, rose. Les noms de couleurs empruntés aux fruits sont également fort inintelligibles : orange, citron, prune, abricot, vert pomme ; mais il en est une foule dont la dénomination ne vaut rien, parce qu'elle est tirée d'objets que nous n'avons ni facilement ni habituellement sous les yeux, ou qui ne sont qu'une convention dont le type n'existe pas, telles que : bleu de Prusse, bleu de roi, bleu de France, etc. ; jaune de Naples, jaune de chrome, jaune d'or. Outre que ces mots ne présentent rien de fixe et de net à l'esprit, il y a entre les nuances de jaune et de bleu qu'ils désignent, plus de cinquante nuances intermédiaires qu'il n'y a pas moyen d'exprimer. On a compris que *bleu* ne signifiait presque rien, puisqu'il y a pour un objet cinquante manières différentes au moins d'être bleu. On a donné à chaque couleur deux demi-tons, comme à chaque note de musique : on a dit bleu foncé et bleu clair, comme a dit *la* dièse ou *si* bémol. Je ne sais si les musiciens se contentent volontiers de ces divisions, mais à coup sûr les coloristes ne s'en peuvent trouver satisfaits. Il y a trente bleus clairs différents et autant de bleus foncés. D'ailleurs, comment reconnaître la note juste? quel est dans les couleurs le *bleu bécarre*, le vrai bleu, le *bleu naturel?* On ne peut donc faire comprendre les couleurs que l'on ne veut désigner que par des comparaisons, et ces comparaisons, le raisonnement le plus vulgaire comprend qu'elles doivent être prises des objets qui nous sont le plus familier et qui varient le moins. Les fleurs nous présentent ces deux avantages, et celui, en outre, de renfermer dans un même ordre de choses et d'idées toutes les couleurs et toutes les nuances possibles.

Le rouge a plus que toutes les autres couleurs frappé les hommes, comme il est aimé des enfants et des sauvages. Quelques-unes de ces différentes nuances ont, en conséquence, été distinguées et nommées ; il n'y a aucune autre couleur dont le langage ordinaire en fournissent autant : cramoisi, ponceau, écarlate, carmin, pourpre, incarnat, nacarat ; mais encore ces dénominations présentent à l'esprit quelque chose de vague, et sur le sens précis duquel il est difficile de faire tomber trois personnes d'accord.

Demandez aux savants quelle était la nuance précise de la pourpre des anciens.

Il reste une foule de nuances qui n'ont pas de nom. Prenons pour exemple la couleur la moins commune dans les fleurs, le bleu, et commençons notre gamme. Certaines jacynthes vous donneront d'abord un blanc à peine mélangé de bleu ; la violette de Parme est d'un bleu lapis extrêmement pâle ; ensuite vient le géranium bleu des prés, puis la glycine de la Chine, puis la fleur du lin ; puis arrivent par ordre de nuances le myosotis (*ne m'oubliez pas*), la bourrache, la cynoglosse, la sauge étalée (*salvia patens*), la commeline tubéreuse, le bluet des champs, la belle du jour, l'anagallis morelli, le plumbago carpentæ, le pied d'alouette vivace à fleurs simples, puis celui à fleurs doubles qui est d'un bleu métallique, et enfin comme dernière nuance de bleu sombre presque noir, les baies du laurier-thym.

Ces désignations, si elles étaient en usage, donneraient des couleurs des idées immuables, au moyen d'une langue pour laquelle il n'y a à imaginer aucun mot, à créer aucun barbarisme ; à mille lieues, à mille ans de distance on se parlerait des couleurs avec une précision rigoureuse, parce que chacun aurait sa gamme-type sous les yeux.

Vous avez déjà emprunté aux fleurs le mot *rose* ; mais vous n'avez pas de mots pour exprimer les nuances de rose. Eh bien! vous les trouveriez d'abord dans les différentes variétés de roses : la rose à cent feuilles, la rose des quatre-saisons, la rose du Bengale, ne sont pas du même rose, et la fleur du pêcher, et celle de la jacynthe ont encore des nuances particulières.

Et le blanc : comment exprimer les nuances du blanc ; regardez par la fenêtre de bien loin ; voici quatre arbres couverts de fleurs blanches : un cerisier, un prunier, un abricotier, un amandier ; je vous déclare que, d'aussi loin que je sois d'eux, à une distance où les formes disparaissent, où les couleurs seules et certaines couleurs se font apercevoir, je ne confondrai jamais ces quatre arbres dont les fleurs sont blanches, mais d'un blanc très-différent. Donnez-moi également une teinte exacte de rose et de blanc, et je vous dirai à quelle fleur elle appartient, mais il faudrait pour cela que ce ne fût pas une exception de rencontrer un homme qui a daigné faire quelque attention aux magnificences dont la terre est couverte.

La langue est aussi pauvre au moins pour exprimer les saveurs ; mais ici, je ne professe plus, je ne suis pas à beaucoup près aussi fort.

Voilà, mon cher ami, une lettre qui me semble bien ennuyeuse pour ceux auxquels la nature n'a pas donné à l'endroit des couleurs une susceptibilité égale à la mienne.

LETTRE XIII.

SUR LE VENTRE.

Gravissez des montagnes, mon cher ami, passez des torrents, descendez au fond des précipices, faites-vous traîner par des chevaux, des ânes, des mulets, des rennes, par des chameaux ou des chiens, selon le pays où vous êtes. Me voici revenu sous mon chêne, encore couché dans l'herbe, mais, cette fois, étendu sur le ventre et le visage à quelques pouces de terre, peut-être serai-je aussi heureux que vous dans notre ardeur commune de voir du nouveau.

Après quelque temps, qu'on regarde attentivement et de près les petites choses, on perd graduellement le sentiment des dimensions ; cette mousse verte me semble des arbres et les insectes qui errent sur son velours prennent à mes yeux autant d'importance que des cerfs ou des chevreuils dans une forêt.

La mousse est intéressante à plus d'un égard ; outre le charme de sa couleur chatoyante, c'est un agent très-important de la nature. Le grand ouvrier qui a construit notre demeure, y a établi les choses de telle sorte que tout vit, meurt et se renouvelle de soi-même, et qu'il semble qu'il ait tout arrangé de façon à ne plus avoir à s'en occuper jamais. La vie et la mort des végétaux, comme la vie et la mort des hommes ne sont que des transitions ; la mort est l'engrais de la vie ; une chose ne périt pas pour ne plus être, mais pour qu'une autre puisse être à son tour, et, quand un certain cercle est rempli, la dernière production de ce cercle meurt à son tour pour faire revivre la première. Voyez une roche nue, elle se couvre d'abord de taches jaunes arrondies ; ces taches sont déjà une végétation.

Des moisissures de tous genres pour lesquelles nous avons une grande répugnance, offrent à l'œil armé d'une loupe de charmantes végétations, de petites forêts qui ont leurs animaux particuliers.

Les champignons qui sont une sorte de moisissure couvrent les lieux arides de leurs formes bizarres et de leurs couleurs variées et souvent éclatantes dans certaines espèces. L'oronge est couleur de capucine ; le faux oronge est de la même couleur et moucheté de blanc ; l'agaric rouge est incarnat, l'agaric visqueux est orangé, d'autres offrent toutes les nuances du pourpre et du brun, ou sont marbrés de diverses couleurs.

Ces premières végétations meurent, et, de leurs débris, laissent sur la roche ou sur le tuf aride un peu d'une sorte de terreau, bien peu, juste ce qu'il faut pour que certains lichens qui n'en ont presque pas besoin, mais qui cependant ne peuvent s'en passer tout à fait, puissent y végéter à leur tour. Les moisissures que l'on voit sur le pain, sur les confitures, etc., portent à l'extrémité des filaments, de petites têtes qui se crèvent pour laisser échapper une poussière féconde au moyen de laquelle elle se reproduisent. Rien que sur un pot de confitures on peut trouver un grand nombre de ces petites végétations, différant entre elles par leur forme et leur fructification.

Il y a une espèce de moisissure particulière qui attaque les grains de blé et qui est simplement une plante parasite.

Les lichens meurent à leur tour et augmentent de leur détritus, de leurs débris la couche de terre végétale, pour que successivement d'autres espèces de lichens plus fortes s'y étendent et accroissent cette couche de terre en mourant. Ainsi se succèdent des plantes auxquelles on a donné une multitude de noms, jusqu'à ce que la couche de terre ait acquis l'épaisseur et les conditions nécessaires pour que les mousses puissent s'y étaler en tapis de velours.

L'ancienne médecine usait et abusait beaucoup de certains lichens ; il y en a un surtout qui était fort en usage, c'est un lichen qui croît sur les crânes des morts, et qui s'appelait usnée de de crâne humain (*muscus è cranio humano*).

J'ai un livre portant la date de MDCLXXXIV, et qui doit se trouver dans les bibliothèques, il est intitulé :

REMEDES
SOUVERAINS
ET SECRETS
EXPERIMENTEZ

De Monsieur le Chevalier Digby,
Chancelier de la Reine
d'Angleterre.

Avec plusieurs autres Secrets et parfums curieux pour la conservation de la beauté des Dames.

A PARIS,
Chez Guillaume Cavelier,
au quatrième Pillier de la grande
Salle du Palais, au Palmier.

M. DC. LXXXIV.
AVEC PRIVILEGE DV ROY.

Ce livre contient, entre autres choses curieuses, des remèdes secrets qui étaient alors comme aujourd'hui de véritables bottes secrètes que la mort enseigne aux médecins, entre autres, la véritable recette pour faire l'orviétan. Je copie :

La véritable composition de l'Orviétan,
ou composition Antidotaire, plus
excellente que la Thériaque.

Miel, 1 livre ;
Sirop de limon, 4 dragmes ;
Sucre fin, une demi-livre ;
Eau thériacale, 1 livre ;
Racines de : angélique, 1 once ;
Coraline, tormentille, scorsonère, rhaphane, dictame blanc, pyrèthre, de chacun 1 once, excepté la tormentille dont il ne faut qu'une demi-once.

Ces racines doivent être pilées et tamisées ; vingt et une autres qui suivent, et dont je vous épargne les noms, doivent être pilées, mais non tamisées. On ajoute une dizaine de semences ; puis enfin 1 once du premier bois d'un cerf (de la branche droite), 1 dragme de cœur de cerf pilé ; une demi-once de perles écrasées, un cœur de lièvre séché au four ; le cœur et le foie de deux vipères ; une demi-once de corail blanc et de la RACLURE DE CRANE HUMAIN, seulement une demi-once.

Je ne puis m'empêcher de citer encore deux remèdes différents contre l'épilepsie : le premier est excellent, mais pas plus excellent que tous ceux que renferme le livre ; il est annoncé sans recommandation particulière : il suffit d'avaler de la fiente de paon, autant qu'il en peut tenir sur une pièce de quinze sous, et l'on est guéri. Voici une considération qui ne s'est pas présentée à l'esprit des financiers qui ont, de ce temps-ci, démonétisé et proscrit les pièces de quinze sous : quand il n'y aura plus de pièces de quinze sous, comment pourra-t-on reconnaître la dose précise de la fiente de paon ? heureusement qu'il y a, page 19, une autre recette encore supérieure à celle-ci.

« Remède pour l'épilepsie ou mal caduc, éprouvé par M. Digby, lequel guérit le fils d'un ministre à Francfort en Allemagne, l'an 1659.

» Prenez polipode de chêne bien séchée et réduite en poudre subtile, de la mousse *du crâne humain* d'une personne qui a souffert *une mort violente*, raclures d'ongles humains des pieds et des mains, de chacun deux dragmes; racine de péone séchée, une demi-once; du vrai gui de chêne, demi-once. Il faut le recueillir au déclin de la lune, etc.

Avant d'en finir avec ce livre, j'ajoute ici une copie abrégée du privilége du Roi qui est à la fin.

Extrait du privilége du Roi.

Par Grace et Privilege du Roy; Il est permis à JEAN MALBEC DE TRESFEL, *Medecin Spargirique, de faire imprimer, vendre et debiter un Manuscrit par lui traduit du Latin et de l'Anglois, en langue Françoise qui contient quantité de Remedes experimentez en Medecine et Chirurgie; et ce pendant le temps et espace de sept années entières et accomplies; avec defenses à tous Imprimeurs, Libraires, et autres personnes de quelque qualité et condition qu'ils soient, d'imprimer ou de faire imprimer ledit Livre, sous prétexte de deguisement ou changement qu'ils y pourroient faire, à peine de confiscation des Exemplaires contrefaits, de tous dépens, dommages et interests, et de trois mille livres d'amende; comme il est plus au long porté par ledit privilege. Donné à Paris le quatrième jour de Novembre, l'an 1668, et de nostre Regne le 26. Signé par le Roy en son Conseil.*

TRUCHOT.

Registré sur le Livre de la Communauté des Marchands Libraires et Imprimeurs de cette ville, suivant, etc.

ANDRE' SOUBRON syndic.

Or le roi dont il est question n'est autre que Louis XIV, Louis-le-Grand qui, en effet, est monté sur le trône le 14 mai 1643.

Il en est du reste de même aujourd'hui. Moyennant une

somme qui varie de 500 à 1500 francs, le roi brevète n'importe quelles industries ténébreuses ou ridicules.

Revenons à la mousse : la mousse périt à son tour après avoir laissé échapper de ses petites urnes une poussière féconde qu'elle confie au vent, et qui la reproduira au loin. On reconnaît facilement dans les mousses les mâles et les femelles, quelquefois, et dans certaines espèces réunies sur le même pied, et séparées dans d'autres espèces : le mâle porte de petits boutons, la femelle, de petites urnes recouvertes d'un opercule qui se détache quand les semences sont mûres, pour que les grains puissent s'envoler sans obstacles.

La civilisation proscrit tout doucement dans les campagnes une chose bien ravissante : les toits de chaume recouverts de mousse, et surmontés d'iris, avec leurs feuilles aiguës et leurs riches fleurs violettes ; les tuiles, les ardoises qui flattent l'orgueil des propriétaires sont loin de flatter autant les yeux.

Aux mousses mortes succèdent les fougères : les fougères ont de grandes feuilles empennées, qui ont tout-à-fait le port d'ailes d'oiseaux. La fructification des fougères est fort singulière : sous les feuilles ou plutôt à l'envers des feuilles, vous voyez rangées régulièrement plusieurs lignes de ronds de couleurs brunes ; ces ronds sont formés par les semences qui sont comme collées sur l'épiderme inférieur de la feuille. Dans quelques espèces, ces semences sons renfermées dans une membrane qui se déchire.

Les savants se sont emparés de fougères ; ils ont appelé les graine *spores;* ne me demandez pas pourquoi. Les paquets de graines ont reçu le nom de *sores;* d'autres savants les appellent *sporanges;* l'anneau qui les entoure, et qu'on aurait pu simplement appeler anneau, de même qu'on aurait pu appeler les graines, graines, et les paquets de graines, paquets de graines, l'anneau a été appelé d'abord *gyrus;* mais d'autres savants sont venus, qui lui ont donné le nom de *symplokium.* La membrane qui recouvre les graines s'est appelée d'abord *indusium,* puis *involucrum,* puis *tegumentum,* puis *perisporangium;* je ne crois pas qu'on l'ait jamais appelée *membrane.*

Il y a une espèce de fougère, appelée ophyoglosse, qui a passé pour guérir la morsure des serpents ; plus tard on a découvert qu'elle ne valait rien contre la morsure des serpents, mais qu'elle était excellente pour faire repousser les cheveux ; elle n'est en réalité bonne qu'à faire des matelas pour les enfants, et à former de ses débris une terre sur laquelle pourront croître de plus grands végétaux.

Des savants ont classé, il y a longtemps, l'ophyoglosse, et ont dit que c'était une *osmonde* ; mais cette fougère a été depuis démasquée par d'autres savants ; elle a été chassée des osmondes comme une intrigante ; elle n'est plus qu'un *bostrichium*.

O mon Dieu ! avez-vous permis aux savants de persécuter ainsi les plantes qu'il vous a plu de répandre sur la terre, et d'ennuyer ceux qui les aiment presque au point de les leur rendre odieuses !

Mais Dieu s'occupe moins des savants que des petits oiseaux.

Voici étalés dans l'herbe, la morgeline, le mouron blanc, qui fait pour eux toute l'année de la terre une table bien servie ; et, pour qu'ils n'en manquent jamais, le mouron est doué d'une fécondité que ne possède aucune plante ; pendant l'espace d'une année, le mouron a le temps de germer, de laisser tomber ses graines, et d'en porter d'autres sept ou huit fois. Sept ou huit générations de mouron couvrent la terre chaque année ; il occupe naturellement les champs et il envahit nos jardins ; il est impossible de le détruire : d'ailleurs, de toutes les herbes habitantes naturelles de la terre, qui disputent le sol aux usurpatrices que nous y introduisons, le mouron est celui qui fait le moins de mal à nos cultures ; on dirait qu'il veut se faire tolérer ; à peine s'il tient à la terre par quelques racines fines et déliées.

C'est une chose curieuse que de voir avec quelle ardeur certaines plantes autochthones, comme disent les historiens, c'est-à-dire originaires du sol, reviennent promptement à la charge dans les jardins qu'on néglige.

Quittez votre jardin, faites un voyage, et revenez au bout d'une année d'absence.

Certains petits trèfles traçants, le chiendent, les orties, le mouron couvrent la terre en quelques semaines, en telle profusion qu'elles semblent en vouloir dévorer les sucs, pour qu'il ne reste rien aux étrangères ; elles affament et étouffent les plantes basses ; les arbres que nous avons imposés au sol semblent braver leurs efforts ; mais le lierre grimpe lentement de leurs pieds à leurs cimes, les étreint, les domine triomphalement de ses vertes guirlandes : l'arbre dès-lors est vaincu, il faudra qu'il succombe ; il vient une saison où les arbres ont perdu leurs feuilles ; c'est la saison où les grands vents commencent à régner : d'ordinaire leurs branches nues résistent, parce qu'elles ne donnent pas de prises, mais les feuilles serrées du lierre forment une voile qui reçoit le vent, fait ployer l'arbre et le brise ; les lichens l'ont aidé, ils ont couvert le tronc et les branches de l'arbre d'une cuirasse qui lui a dérobé les douces influences de la pluie et du soleil ; il a perdu beaucoup de sa force, quand le lierre, au moyen du vent, le renverse sur l'herbe.

Les ronces, de leur côté, armées de pointes aiguës, montent à l'assaut des arbrisseaux ; semblable à ce géant fils de Tellus, qui lutta contre Hercule, et qui recouvrait ses forces chaque fois qu'il touchait la terre, la ronce prend racine par toutes les parties de ses longs bras qui rencontrent le sol ; elle forme des arceaux et des nœuds inextricables ; elle les enlace et les étrangle.

Ce n'est pas tout : la révolte s'est propagée parmi les plantes que nous croyions nos alliées ou nos esclaves les plus fidèles et les plus soumises.

L'églantier a fait mourir de faim le roi que nous lui avions imposé ; et, autour de la tête séchée et sans couronne du roi détrôné, il élève avec insolence ses rameaux épineux.

L'amandier sur lequel nous avions greffé les pêchers, a refusé sa séve à l'usurpateur ; le pêcher est mort, mais l'amandier a produit de nombreux rejetons, ses enfants à lui, qu'il nourrit avec amour.

La pièce d'eau est devenue un marais rempli de grenouilles ; l'herbe a disjoint le marbre du bassin ; les allées que vous aviez tracées, que vous aviez battues et couvertes de sables, sont aujourd'hui cachées sous une herbe épaisse ; tandis que ces pelouses que vous aviez tenues si unies, si pures d'herbes étrangères, ce *raygrass* que vous aviez fait venir d'Angleterre, ces pelouses ont été envahies par le trèfle, par la mousse, par toutes sortes de plantes et de champignons.

Tout est changé, tout est détruit, les exilés sont rentrés, les esclaves ont brisé leurs chaînes, les usurpateurs et les tyrans sont détruits, votre jardin est plus sauvage que les champs les plus abandonnés. Il y a une réaction terrible contre l'homme : les plantes indigènes sont dans l'effervescence du triomphe, elles se livrent à des saturnales, à des orgies de végétation et de liberté.

Vale.

LETTRE XIV.

Mon gazon est rempli de violettes de toutes les espèces connues. Voilà encore une fleur qui a eu bien du mal à triompher des fadeurs et des lieux communs des petits versificateurs, qui en ont parlé sur ouï-dire, et tous les uns après les autres. On ne m'accusera pas de malveillance à l'égard de la violette, moi qui en ai fait une pelouse entière ! et voyez quels soins j'en ai pris, voyez comme je les ai à demi-ombragées d'arbres pour qu'elles ne reçoivent du soleil que des rayons adoucis. Le noyer noir d'Amérique, le frêne à bois jaune, des acacias à fleurs roses et à fleurs blanches, le peuplier blanc dont les feuilles sont doublées d'argent, le sorbier avec ses bouquets de corail, l'ébénier avec ses grappes d'or, le marronnier rouge avec ses grands thyrses roses, le hêtre au feuillage pourpré, ne sont là que pour leur donner un ombrage salutaire pendant les ardeurs de l'été. Eh bien ! il faut que je dévoile la violette jusqu'ici méconnue ; je l'aime, mais je la connais, c'est le signe des passions invincibles : je ne puis être désillusionné, puisque je la connais et que je l'aime comme elle est.

Tous les versificateurs, les faiseurs de romans, les poëtes des diablotins et des mirlitons vont s'insurger contre moi, contre moi qui leur ai appris déjà qu'on ne pouvait pas danser sur la fougère et très-difficilement sous la coudrette, deux choses sous prétexte desquelles il s'est fait trois cent mille vers pour le moins.

La violette n'est pas modeste.

Pourquoi avez-vous dit que la violette était modeste ? parce qu'elle se cache sous l'herbe. La violette ne se cache pas sous l'herbe, elle y a été cachée par la nature. On n'est pas modeste pour être d'une naissance humble et obscure.

Pourquoi ne dites-vous pas que l'or est modeste, lui qui est caché dans les entrailles de la terre, et qui même lorsqu'on l'a trouvé se déguise en quelque minerai qui n'a guère l'air d'être de l'or ?

Pourquoi ne dites-vous pas que les diamants sont modestes, eux qui sont cachés dans la terre, bien plus encore que l'or, et qu'il faut briser et tailler pour leur arracher leur éclat ?

Pourquoi ne dites-vous pas que les perles sont modestes, elles qui ne se trouvent que dans les gouffres de la mer ?

Mais la violette ! la violette est née dans l'herbe, il est vrai ; mais que d'intrigues pour en sortir ! outre les couleurs qu'elle affecte et qui la font distinguer facilement, n'exhale-t-elle pas ce parfum provoquant qui la ferait découvrir à un aveugle. La violette modeste ! voyez où elle est arrivée ; elle a couvert de sa livrée les chefs de l'Église, les évêques et les archevêques ; le noir est le deuil de tout le monde, la violette est devenue le noir des rois, et le deuil de la pourpre, la violette modeste !

Mais voyez donc ses agaceries, ses coquetteries : la voici blanche, la voici double comme une petite rose, blanche, violette, grise, rose.

Quand elle a vu qu'on la mêlait à la politique, loin de se dérober aux ovations et aux persécutions qui les préparent, elle a eu le charlatanisme de se montrer tricolore ! Voyez-la ici, sa corolle extérieure est violette, les pétales internes sont bleues et roses ; déguisée ainsi, les jardiniers l'appellent violette de Bruneau.

La violette modeste! elle a été proscrite, persécutée, exilée, ce qui n'est qu'autant de coquetteries.

La violette modeste! allez à l'Opéra, deux cents femmes ont des bouquets de violette à la main.

Comme elle se venge d'être née à l'ombre!

Mais il faut que je vous révèle encore une des ruses qu'elle emploie pour se faire valoir; les autres fleurs laissent conserver leurs parfums dans des essences; les parfumeurs nous vendent l'hiver l'odeur des roses, celle des jasmins, des héliotropes. La violette seule a toujours refusé de se séparer de la sienne, ce n'est que dans sa corolle qu'on la trouve; les parfumeurs sont obligés de faire avec la racine de l'iris de Florence, certaine fausse et âcre odeur de violette, dont vous reconnaissez l'insuffisance au printemps.

« Vous voulez respirer l'odeur de la violette, ma bien bonne amie, dit-elle à la femme qui la désire, attendez que je revienne; respirez des roses, respirez des jasmins, il n'y a pas besoin pour cela de roses et de jasmins, les parfumeurs mettent leur odeur en bouteille; mais moi, ma chère, il faut m'attendre. » Ainsi parle la modeste violette.

La violette est une espèce particulière de Cincinnatus, comme en ont produit les temps modernes, qui ne se retirent à la campagne et ne mettent la main à la charrue qu'à condition qu'on les y vienne chercher pour les faire consuls, généraux ou dictateurs.

Les anciens poëtes prétendent que, lorsque Jupiter eut métamorphosé Io en génisse, il fit naître la violette pour lui offrir des herbes dignes d'elle; c'est ce qui m'a donné l'idée de former une pelouse entièrement composée de violettes.

Il s'exhale souvent de certaines fleurs plus et peut-être mieux que des parfums; je veux parler de certaines circonstances de la vie qui y restent attachées, de certains souvenirs qui ne s'en séparent plus, comme les hamadryades ne pouvaient quitter leurs chênes!

Il y a longtemps, mon cher ami, quelqu'un que je ne vous nommerai pas, s'avisa assez sottement d'une violente fantaisie pour une femme extrêmement coquette. Le bon jeune homme avait quelque raison de penser que la belle n'était pas insensible ; un matin qu'il lui faisait une visite et qu'elle avait du monde, on vint à parler d'une grande soirée qui devait avoir lieu le jour même. Êtes-vous invité ? lui demanda-t-elle. Oui, Madame. Y viendrez-vous ? Le jeune homme remarqua qu'elle n'avait pas dit : y irez-vous ? Donc, elle y allait et elle voulait l'en avertir.

A peine sorti, il s'empressa de lui envoyer un bouquet ; c'était un simple bouquet de violettes, mais de violettes rares et peu connues, de violettes roses doubles, qui sont peut-être moins jolies que les autres, mais dont on ne voit jamais chez les bouquetières, je ne sais trop pourquoi. Il savait que les femmes, en général, ne veulent pas tant être aimées qu'être préférées, et que la fleur qu'une femme sera la plus heureuse de recevoir ne sera pas la plus jolie, mais celle que les autres femmes ne peuvent avoir.

Il ne faut pas croire que l'amour que les femmes ont pour les bijoux et les pierreries soit de l'avarice : les femmes sont des dieux qui mesurent leur puissance à la beauté des victimes qu'on immole sur leurs autels ; la plupart ont le bon sens de ne pas se croire plus belles, parce qu'elles ont beaucoup de diamants ; mais elles aiment à faire voir combien on les a trouvées belles, puisqu'on leur a donné tant de si beaux diamants.

Il comptait beaucoup sur le bouquet de violettes roses.

Les amants ont, entre autres avantages sur les maris, celui-ci, que les maris doivent *donner* des diamants, et que les amants ne *peuvent* donner que des fleurs.

Ainsi, quand le soir il entra au bal, son cœur battait, à l'espoir certain de la voir avec son bouquet ; il l'aperçut de loin ; elle dansait ; elle n'avait pas de bouquet ; mais sans doute elle l'avait laissé à sa place. On la regardait beaucoup ; les hommes l'admiraient ; les femmes cherchaient tout bas dans sa parure quelques fautes contre la syntaxe de la toilette. Notre jeune homme était fier comme un paon ; elle avait son bouquet ; elle allait le reprendre, le respirer ; il se sentait si heureux, qu'il était bienveillant pour tout le monde ; il tendait amicalement la main à des hommes que d'ordinaire il se contentait de saluer ; il ne tarda pas à fendre la foule pour s'approcher d'elle. Mais que devint-il, lorsqu'il lui vit à la main un bouquet qui n'était pas le sien ; il se sentit pâlir et comme chanceler ; il voulut voiler son désappointement par de l'indifférence. Elle l'accueillit à merveille ; elle avait vu d'un coup d'œil de femme et le regard qu'il avait jeté sur son bouquet, et le mouvement de sa physionomie. Mais lui ne répondit à ces gracieusetés que par des sarcasmes. Toute la soirée il s'empressa de mauvaise grâce auprès de deux ou trois femmes ; mais, malgré lui, il ne perdait pas la belle de vue. Son mari le rencontra ; il passait devant elle pour la vingtième fois avec des airs distraits, impitoyables ; le mari lui dit : « Avez-vous salué ma femme ? — J'ai eu cet honneur, » répondit-il sèchement. Elle l'entendit et sourit. Il allait s'éloigner furieux, quand le mari le retint encore, lui prit le bras, lui parla de diverses choses ; et, par hasard, le ramena auprès de l'endroit où sa femme était assise. Là, il lui dit : « A propos, ne partez pas avant nous, nous vous jetterons chez vous. » Il remercia froidement, en disant qu'il était fatigué et se retirerait probablement avant eux.

A peine cette réponse digne avait-elle été prononcée, qu'il commença à mourir de peur que le mari n'insistât pas. Le mari insista, en ajoutant que sa femme lui avait manifesté l'intention de partir également de bonne heure. Il se rendit alors avec un certain air de mauvaise humeur. En effet, ils ne tardèrent pas à sortir du salon : on demanda la voiture ; mais, comme un laquais tenait déjà le marche-pied baissé, le mari se souvint d'un mot qu'il avait à dire au maître de la maison, et les laissa dans l'antichambre.

La belle n'avait perdu aucune des sensations de notre pauvre jeune homme pendant toute la soirée. Elle attendit que son mari fût revenu, et comme il n'avait plus que trois pas à faire pour être auprès d'eux, elle lui montra une violette rose, en lui disant : « Tenez, méchant, injuste et ingrat. » Ce n'est qu'en lui voyant remettre la violette dans son sein, qu'il s'aperçut qu'elle l'en avait tirée. Le mari était là, on monta en voiture; il ne put remercier même du regard. Alors il comprit et devina ce qu'on ne lui dit que deux jours après. Un autre ami du mari avait apporté un bouquet. C'était un de ces hommes que les femmes appellent sans conséquence ; je ne sais si c'était pour cela que le mari avait trouvé son bouquet plus joli que l'autre, et avait insisté pour qu'elle le choisît.

Sur un brin de seneçon dîne de bon appétit une chenille formée d'anneaux noirs et jaunes ; je veux la prendre ; elle se laisse tomber, s'arrondit en boule et ne fait plus aucun mouvement. Elle ne tarde pas à se filer une petite coque mince, et ce n'est que dans un an qu'elle ressortira de cette coque, sous la forme d'une petite phalène aussi richement vêtue qu'elle l'était sous sa première figure, mais d'une couleur différente. Sa tête, son corselet et son corps sont d'un beau noir; ses ailes supérieures sont d'un noir gris, sur lequel se détache une ligne d'un beau carmin, au-dessous de laquelle est une tache de même couleur, ce qui forme sur chaque aile une sorte de point d'exclamation. Les ailes inférieures et le dessous du papillon sont de ce même carmin. Il porte ses ailes en forme de toit.

Des fourmis marchent sur l'herbe comme nous marcherions dans une épaisse forêt; il y a pour elles, entre ces brins si serrés, des routes, des chemins et des sentiers.

On a fait sur les fourmis bien des contes, on a inventé, imaginé des fables ; on a entassé les mensonges, et, dans le récit des merveilles fausses qu'on a racontées, on est resté fort au-dessous des merveilles véritables.

Les fourmis n'ont pas de greniers où elles amassent pendant l'été des provisions pour l'hiver.

La Fontaine l'a dit, mais La Fontaine s'est trompé. La Fontaine avait de l'esprit et de la bonhomie, mais il ne connaissait pas du tout les acteurs qu'il mettait en scène : un corbeau ne peut emporter un fromage, et un renard ne le lui disputerait pas. La Fontaine ressemble, sous ce rapport, aux traducteurs qui savent très-bien le latin, et qui traduisent d'excellent latin en mauvais français. On peut leur rappeler avec raison que, pour traduire, il ne suffit pas d'ôter quelque chose d'une langue, qu'il faut encore le remettre dans une autre langue. La Fontaine connaissait les hommes, mais ne connaissait pas les animaux sous la figure desquels il les voulait faire paraître.

Suivons des yeux cette fourmi. Vous souvient-il que nous l'avons déjà rencontrée sous les feuilles d'un rosier blanc, alors qu'en chatouillant les pucerons elle leur faisait rendre une liqueur sucrée dont elle est très-avide. Ici elles sont en grand nombre, nous sommes près de la fourmilière.

Trois sortes de fourmis habitent la petite cité souterraine ; les femelles, les mâles et le peuple ; le peuple n'a pas de sexe et travaille, les mâles et les femelles n'ont à s'occuper que d'amour.

Leur demeure souterraine est faite avec beaucoup d'art, de petites galeries aboutissent de temps à autres à des places plus étendues soutenues par des piliers ; tout cela est fait avec la terre et une sorte de bave au moyen de laquelle les fourmis ouvrières forment un mortier.

Voici l'époque des amours. Les mâles et les femelles ont des ailes, car ils doivent quitter la terre, et c'est dans les airs que s'accomplit leur hymen. Bientôt ils redescendent *des nuages*, comme font beaucoup d'autres amants ; les mâles n'ont plus rien à faire et meurent, les femelles ont d'autres soins : d'abord, elles n'ont plus besoin de leurs ailes, elles se les arrachent elles-mêmes, si toutefois elles n'aiment mieux laisser ce soin aux ouvrières qui les leur ont bientôt enlevées. Ce n'est plus le temps, en effet, des frivoles parures et des plaisirs. Les voici entrées dans le sérieux de la vie, il faut rester sur la terre ; alors les femelles errent dans leur grotte et laissent tomber au hasard leurs petits œufs, dont les rossignols sont si friands, les ouvrières ramassent ces œufs et les réunissent en tas dans les places qui séparent les galeries. Bientôt les larves éclosent et ne tardent pas à se filer de petites coques : quand arrive le moment où elles doivent en sortir, les ouvrières déchirent les coques et leur facilitent ainsi cette opération, puis elles étendent et lissent soigneusement les ailes des mâles et des femelles. De ces œufs il naît, en effet, des fourmis de l'un et de l'autre sexe, et aussi des ouvrières qui n'ont pas d'ailes : pendant quelques jours on apporte à manger aux nouveaux-nés, puis on les laisse sortir.

Il y a des espèces de fourmis qui ne sortent guère de leurs demeures, mais celles-ci sont semblables aux peuples pasteurs, elles creusent leur fourmilière au-dessous des racines de certaines herbes aimées des pucerons, puis elles y transportent de ces petites vaches vertes qui trouvent dans ces racines mises à nu une nourriture qu'elles transportent aux fourmis sous la forme d'une liqueur sucrée.

Où vont ces fourmis en bataillon serré? Je ne dirai pas comme Virgile : *nigrum it campis agmen,* un bataillon noir marche à travers les champs. Celles-ci sont d'une espèce différente, elles sont de couleur rousse, et vont attaquer une fourmilière de fourmis noires.

Il semble voir les Cimbres et les Teutons à la blonde crinière envahir les contrées du midi.

Elles ont découvert le fort de leurs ennemis, elles *descendent* à l'assaut, répandent la terreur et la mort; puis, bientôt maîtresses de la place, elles enlèvent les œufs et les larves des fourmis noires qu'elles emportent triomphantes dans leurs retraites. Là, elles les verront naître, les élèveront dans l'obéissance et l'ignorance de leur famille véritable. Ces fourmis noires sont les ilotes, les esclaves des fourmis rouges, qui les font travailler avec elles et à leur profit.

Si vous êtes un peu habitué, mon ami, de mesurer l'importance des choses à la taille de ceux qui les font, vous m'avouerez qu'il n'y a aucune différence entre ces insectes qui vivent sous l'herbe et les hommes qui marchent dessus. Si la taille est d'une si grande importance, les chevaux, les bœufs, les chameaux et les éléphants sont bien au-dessus des hommes. Est-il, dans les fastes de la gloire militaire des hommes, une bataille qui se puisse raconter autrement que celle de ces fourmis que nous avons sous les yeux? Et quand on pense que le souverain créateur et le maître des hommes et des fourmis les voit de si haut, croyez-vous que les uns aient plus d'importance que les autres à ses yeux? Combien d'hommes souriraient en nous voyant regarder des fourmis, qui pensent que Dieu a sans cesse les regards sur eux et passe son éternité à se préoccuper de ce qu'ils pensent de lui.

N'avons-nous pas, comme ces fourmis, des ailes que nous développons à l'époque où l'amour nous élève au ciel; ces ailes ne nous sont-elles pas arrachées plus tard par les nécessités de la condition humaine, par d'autres gens qui, étrangers aux ravissantes poésies de l'âme et de l'amour, nous ramènent aux réalités de leur existence et nous enchaînent sur la terre parmi eux, pour nous y occuper de vils calculs et de lucres honteux?

Sérieusement, mon ami, n'êtes-vous pas surpris des merveilles qui entourent l'homme, et qu'il ne se donne pas la peine de regarder? n'êtes-vous pas honteux de tout le chemin que vous avez fait, de toutes les fatigues que vous avez éprouvées, de tous les dangers que vous avez courus, quand vous comparez les récits que vous avez le droit de me faire à ceux que je vous fais sans sortir de chez moi? Et c'est en vain, mon ami, que vous comptez, pour rétablir l'équilibre, sur les broderies que tout voyageur ajoute à son canevas; je ne vous dis que des vérités, mais des vérités que vous n'auriez pas inventées. Le mensonge est toujours obligé de se soumettre au soin gênant d'être vraisemblable, la vérité marche sans ce souci mesquin et embarrassant.

Je me rappelle un des plus amusants contes de fées que j'aie lus; j'en ai lu beaucoup, et je les aimais autrefois.

Trois princes sont envoyés au hasard par le roi leur père pour lui rapporter des merveilles des pays lointains. Celui dont le présent sera le plus extraordinaire lui succédera sur le trône. Le plus jeune, celui que le conteur favorise évidemment, apporte une noix, ses frères sourient dédaigneusement. On casse la noix, il en sort une noisette, la noisette renferme un pois, le pois une graine de chènevis, le grain de chènevis un grain de millet; on ouvre le grain de millet, et l'on tire du grain de millet une pièce toile de vingt aunes de long.

Certes, quand je lisais avidement tant de beaux récits, quand je voyais tant de génies, d'enchanteurs, de fées, de belles princesses, de princes amoureux et braves, il m'est arrivé plus d'une fois, à la fin du volume, de m'arrêter et de continuer le rêve dans mes pensées ; puis je me réveillais et je pleurais de douleur de ne vivre que dans la vie, au lieu de vivre dans les contes des fées ; mais bientôt je découvris que la vie réelle renfermait cent fois plus de merveilles que ces charmantes épopées ; et je me consolai de mon sort.

Amoureux, je me sentis couvert des armes enchantées qui rendaient les chevaliers invulnérables. Ma force me semblait invincible et mon courage au-dessus de ma force. La pensée de celle que j'aimais était un talisman ; son nom, une parole magique qui triomphait des obstacles et rendait tout impuissant contre moi.

Un jour, j'allais chercher sous l'eau un malheureux qui se noyait ; il me saisit, s'enlaça autour de moi comme un serpent ; j'allais mourir avec lui, je prononçai le nom de Magdeleine, et, animé d'une force surnaturelle, je revins sur l'eau portant le noyé sur un bras et nageant de l'autre.

Une autre fois, je lui écrivis :

« On veut te marier, ce bonheur qu'un autre te promet je te le donnerai. Veux-tu de la richesse, de l'or, j'en aurai, parle, que veux-tu ? il n'est rien qui soit au-dessus de mes forces. Veux-tu un palais de marbre et de l'or à le fouler aux pieds ! veux-tu des honneurs ? veux-tu être reine ? Magdeleine, tout est à toi ! tout ce qu'il y a dans le monde, car, je le sens, personne ne pourra me disputer ce qu'il me faudra atteindre pour te conquérir. Attends un an, attends un mois, attends un jour, et je te donnerai une couronne... »

Et j'étais vrai, je sentais que j'en avais la puissance. Et un autre jour, qu'elle m'avait dit qu'elle m'aimait, je sortis de chez elle si grand, que je me baissais de peur de décrocher quelque étoile ou d'y brûler mes cheveux, et j'évitais de choquer les passants, dans la crainte de les briser en éclats comme du verre.

Les fleurs commencèrent à me parler : La rose blanche n'avait pour les autres que des parfums ; pour moi, elle avait des paroles qu'elle répétait à mon cœur; le chèvrefeuille avait pour mes lèvres de douces caresses, et exhalait pour moi seul, non pas son parfum ordinaire, mais l'odeur de l'haleine de celle que j'aimais. Le vent avait aussi des voix douces et mystérieuses.

Puis tout à coup, je ne sais quel méchant enchanteur se vint jeter au milieu de tous ces miracles. Magdeleine devint une femme comme toutes les autres, moi je fus changé en je ne sais quel animal stupide. Les fleurs ne furent plus que des fleurs pour moi comme pour les autres. Le vent dans les cimes des arbres ne me dit plus rien. Le chèvrefeuille n'eut plus que son odeur que respire tout le monde. Depuis, je n'ai plus trouvé de merveilles en moi ; mes premières années, comme des mères prodigues, avaient ruiné et déshérité les dernières.

Mais je me suis fait spectateur dans la vie, et j'ai regardé.

Alors en voyant les autres, j'ai vu que j'avais fleuri comme fleurissent les fleurs, que mon âme s'était épanouie, et avait exhalé son parfum qui est l'amour ; puis ma riche corolle s'est séchée et est tombée ; que cela devait être ainsi, que j'avais fini mon rôle et que j'avais pris le bon parti, en m'asseyant le moins mal possible pour regarder les autres hommes.

Et j'en vins à l'observation de la nature, et je me retrouvai dans toutes les merveilles de mes chers contes de fées, et j'en vins à me rappeler le grain de millet et la fameuse pièce de toile, et je me dis : Eh bien ! qu'est-ce que cela a donc d'extraornaire !

En effet, voici une petite graine bien plus petite que celle du millet, voici une graine d'œnothère ; mettez-la dans la terre, il en sortira une grande et belle plante avec des feuilles et des fleurs et une ravissante odeur, puis cinq ou six cents graines d'où sortiront cinq ou six cents plantes. Cette seule petite graine contient pour toujours des générations infinies de plantes semblables avec leurs feuilles, leurs fleurs et leurs parfums.

Vous la mettez en terre aujourd'hui : eh bien ! tous les hommes qui couvrent le globe seront morts, qu'il continuera à sortir d'elle d'autres fleurs et d'autres graines qui engendreront d'autres fleurs.

Où est maintenant votre mauvais miracle et vos malheureuses vingt aunes de toiles ?

Pourquoi mettre vingt aunes de toiles dans votre grain de millet ? il contenait bien plus que cela, il contenait pour toujours de belles tiges avec de longs épis pendants, il en contenait de quoi couvrir la terre entière en moins de dix ans, six mille oiseaux s'en nourriraient eux et leurs petits.

Mon Dieu, que vous êtes grand ! et quel beau spectacle vous nous avez donné.

Ah ! je comprends maintenant cette joie promise à vos élus, et dont j'ai souri quelquefois ironiquement ; cette joie ineffable de vous *contempler face à face*, je la comprends par les ravissements que me donne la contemplation des plus petits de vos ouvrages, de ceux que vous avez cachés sous l'herbe ou dans l'épaisseur des feuilles. Mon Dieu ! quand je me laisse aller à la contemplation de la nature, il me semble que vous n'êtes plus caché que par un voile presque transparent que le moindre souffle d'air peut lever. Mon Dieu que veulent les... *gens* qui vous demandent des miracles, et les autres... *gens* qui en racontent ? Est-il un brin d'herbe qui ne soit un miracle bien au-dessus de toutes les mythologies de tous les temps et de toutes les nations. Mon Dieu ! le moindre des insectes ne me parle-t-il pas mieux de vous et de votre puissance, que ces avocats ridicules qui ont la hardiesse de vous défendre comme un accusé, et disent sur vous tant de sottises et d'absurdités.

Vale.

LETTRE XV.

J'ai connu un homme qui avait toujours été heureux, jusqu'au moment où je ne sais qui lui adressa en présent douze oignons de tulipe.

Je n'ai jamais vu qu'un homme plus embarrassé, c'est un négociant de Marseille auquel un prince africain envoya deux tigres et une panthère, en le priant de les garder pour l'amour de lui.

Notre homme demanda à quelqu'un si les tulipes venaient dans l'eau et sur une cheminée comme les jacinthes, à quoi il lui fut répondu que non. Il alla voir un ami qu'il avait, grand amateur de tulipes, et lui offrir ses douze oignons. L'ami répondit noblement qu'il donnait quelquefois des tulipes, mais qu'il n'en acceptait jamais, ne se souciant pas de voir déshonorer ses plates-bandes pour quelque fleur sans nom et de bas aloi; d'ailleurs celles qu'il possédait avaient été semées et élevées par lui; c'était une sorte de famille dans laquelle il ne voulait pas admettre d'étrangères.

Notre homme était garçon, et dépensait à peu près la huitième partie de son revenu. Pierre, dit-il à son domestique, M. Reault n'a pas voulu de mes tulipes, à qui puis-je les donner? Pierre avisa que la cour dans laquelle on laissait courir le chien avait été originairement un petit jardin, que deux lilas et un acacia en faisaient encore foi, qu'il ne s'agissait que de retourner la terre, pour avoir cent fois plus de place qu'il n'en fallait pour les douze tulipes, et que dès le lendemain il aurait fait la besogne. En effet, Pierre se leva de bonne heure, et se mit à bêcher la terre. Il avait acheté une bêche et un râteau pour huit francs; son maître trouva que les tulipes lui coûteraient fort cher, et que c'était réellement bien dommage que M. Reault n'en eût pas voulu. La nuit suivante, le chien, qu'on avait jusque-là laissé libre dans la cour, se vengea de sa captivité en poussant d'affreux hurlements. Le lendemain, Pierre dit à son maître : Monsieur, voilà la terre retournée assez pour planter un millier de tulipes, mais il y a une chose qui m'arrête, je ne sais pas à quelle profondeur on les plante.

— Tu peux bien en agir au hasard, elles viendront comme elles voudront. — Monsieur, j'ai un cousin qui est jardinier, et je lui ai dit de venir ce matin ; Monsieur n'aura à lui payer qu'une demi-journée, et les tulipes seront plantées convenablement.

Dans une maison où il fit une visite dans la journée, une femme lui dit : on raconte que vous faites planter un jardin ? — Non, dit-il, c'est simplement que je fais mettre dans la terre douze tulipes que m'a envoyées M. Bernard.

— Quel Bernard ?

— Bernard de Lille.

— Oh ! mais alors ce doit être quelque chose de beau, il passe pour un gand amateur ; d'ailleurs on n'envoie pas douze tulipes quand ce ne sont pas des plantes rares et précieuses.

— Je n'en sais rien.

— Comment se fait-il donc que vous n'ayez pas un jardin depuis longtemps ?

— Je n'y ai jamais pensé.

— Vous n'avez jamais vu celui de M. Dulaurier ?

— Jamais.

— C'est un jardin charmant, nous y sommes allées, ma sœur et moi, avant-hier.

— Vous êtes allées chez M. Dulaurier ?

— Pourquoi pas ?

— Mais M. Dulaurier est garçon, et...

— C'est bien différent, nous n'irions pas faire une visite à M. Dulaurier, mais nous allons voir son jardin.

— Ah ! si j'avais un jardin, vous viendriez le voir ?

— Très-probablement.

Arnold rentre chez lui très-préoccupé ; depuis longtemps il avait remarqué cette femme, mais la sensation désagréable qu'il avait ressentie en apprenant sa visite chez M. Dulaurier, l'avertit qu'il s'intéressait à elle plus qu'il ne l'avait cru jusque-là. Le jardinier préparait les rayons pour ses douze tulipes, Arnold l'arrête et lui dit : — Pensez-vous qu'on puisse faire un très-beau jardin de cette cour ?

— Impossible, Monsieur, votre cour est grande comme la main.

— C'est vrai, je voudrais pourtant bien avoir un beau jardin.

— Donnez-moi du terrain, Monsieur, et je m'en charge.

— Je n'ai que cette cour.

— La maison que Monsieur habite lui appartient-elle ?

— Oui.

— Pourquoi alors Monsieur n'achète-t-il pas ce grand enclos qui sépare la maison de Monsieur de celle de M. Durut, et que M. Durut veut vendre ; on dit que ce sera pour rien.

— Voyons l'enclos.

En effet, l'enclos est grand, quelques parties même sont déjà plantées, un beau rideau de peupliers le sépare du jardin de M. Durut : on va chez le notaire, on vend fort bon marché, Arnold achète et paye, et le jardinier se met à l'œuvre ; on remet dans sa cour le chien qui pendant trois nuits n'a pas un instant discontinué ses hurlements.

— Aurai-je un beau jardin ? demandait quelquefois Arnold à son jardinier.

— Certainement, Monsieur, répondait celui-ci, vous aurez des choses qu'on ne voit nulle part ; vous aurez des roses vertes, et des roses noires, et des roses bleues.

— Vraiment !

— Oui, Monsieur, j'ai la recette pour les faire dans un vieux livre que je tiens de mon père.

— Et c'est très-beau d'avoir des roses vertes, bleues et noires ?

— Oui, Monsieur, personne n'en a.

Arnold ne quittait plus le jardin ni le jardinier, il faisait planter et déplanter, il fallait que tout fût prêt pour le printemps prochain. M. Durut, son vendeur, lui fit une visite, puis une autre. Bientôt chaque fois que de sa fenêtre il voyait Arnold au jardin, il y venait le trouver. Heureusement, pensait

Arnold, quand les peupliers auront des feuilles, il ne pourra plus voir si j'y suis. M. Durut était un homme de cinquante ans, invariablement vêtu d'une redingote verte râpée et d'un chapeau crasseux, qui était en guerre avec tout le voisinage, et se ruinait à suivre des procès entés les uns sur les autres. Comme il était fort préoccupé de ses procès, il en parlait sans cesse et en ornait le récit de toutes sortes d'invectives et de malédictions contre ses adversaires ; en outre, il n'avait pas l'air de se rappeler qu'il avait vendu son enclos. Quand il en parlait, il disait toujours *mon jardin,* et blâmait tout ce qu'on y faisait ; c'était bien mieux de son temps. Comment, vous déplantez ceci ? comment, vous plantez cela ? mais vous gâtez tout. Arnold était un homme doux, mais l'ennui le rendait féroce. Un jour que M. Durut lui en avait donné une dose plus forte que de coutume, il dit à Pierre : Quand M. Durut viendra, je n'y serai pas. Le lendemain, M. Durut aperçut Arnold par la fenêtre et vint sonner chez lui ; Pierre, d'après les ordres de son maître, répondit qu'il était sorti. — Comment, comment sorti ! je viens de le voir dans *mon* jardin, et M. Durut entra. Arnold était furieux et se contint à peine. Cette fois, il ne se dérangea pas, et, au moyen d'une précaution oratoire consistant en un « *vous permettez,* » il continua à aider le jardinier, quoique celui-ci eût six ou sept garçons autour de lui. Quand M. Durut s'en alla, Arnold dit à Pierre :

— Qu'est-ce que je t'avais dit ? de ne pas laisser entrer M. Durut.

— Je le sais bien, mais il a vu Monsieur dans le jardin, et il est entré malgré moi.

— C'était une raison de plus pour ne pas insister, il aurait dû comprendre que je voulais être seul. Si tu le laisses entrer encore une fois, je te renverrai.

— Mais, Monsieur, alors ne vous montrez pas dans le jardin.

Arnold alors se livra à une sortie éloquente : comment, j'ai acheté le terrain de ce vieux scélérat, et je ne pourrais m'y promener librement ! m'a-t-on averti que la propriété était soumise à l'intolérable servitude d'y souffrir sans cesse sa présence ?

Le jardin est à moi, je l'ai payé, j'y suis chez moi, je ne veux pas le payer une seconde fois, et mille fois plus cher, par l'ennui que cet infatigable plaideur m'y apporte chaque jour. J'avais espéré avoir la patience d'attendre que les peupliers eussent des feuilles, mais tu entends, Pierre, je ne veux plus le voir. M. Durut se présente le lendemain, même réponse de Pierre, même insistance de M. Durut.

— Mais Pierre, je sais bien qu'il y est, je viens de le voir dans *mon jardin*.

— C'est possible, mais c'est Monsieur qui m'a dit lui-même qu'il n'y était pas.

— Alors, Pierre, allez lui dire que c'est moi.

— Monsieur, c'est inutile, il n'y est pour personne.

— C'est égal, allez lui dire que c'est moi.

— Monsieur, je n'irai pas, Monsieur me renverrait.

M. Durut retourna chez lui, et de sa fenêtre appela Arnold.— Ohé, voisin ; Arnold fit semblant d'être très-occupé et ne répondit pas. Mais M. Durut ne se décourageait pas pour si peu.—Ohé, voisin, criait-il, ohé, M. Arnold. Arnold aurait voulu le battre. — Ohé, jardinier, cria M. Durut, dites donc à M. Arnold que je l'appelle. Arnold quitta le jardin. Les feuilles sont bien lentes à pousser, disait-il en soupirant. Le lendemain, M. Durut vint le voir, trouva chez Pierre la même obstination, et retourna à sa fenêtre appeler Arnold. Celui-ci fit un peu la sourde oreille, mais enfin la patience lui échappa.

— Mais Monsieur, je vous entends bien, répondit-il.

— Ah ! à la bonne heure, répondit M. Durut, c'est Pierre qui me soutient que vous n'y êtes pas ; j'ai beau lui dire que je vous vois dans *mon* jardin, il s'obstine à ne pas me laisser entrer.

— Pierre a raison, Monsieur, je n'y suis pas.

— Comment, voisin, qu'est-ce que cela veut dire ?

— Cela veut dire, Monsieur, qu'il y a des moments où j'aime à être seul, que pour être bons voisins, il ne faut se gêner ni l'un ni l'autre.

— C'est-à-dire, Monsieur, que je suis consigné à votre porte ?

— C'est-à-dire, Monsieur, que vous me ferez le plaisir de me venir voir de temps en temps, mais qu'il faut que chacun soit libre chez soi.

— Je vous entends, Monsieur, je ne vous dérangerai plus.
— C'est ce que je demande, Monsieur.
— Très-bien, Monsieur.

Et M. Durut ferma sa fenêtre avec violence. Arnold était bien délivré ; mais, de ce jour, les épluchures de légumes, les os de viande de la maison Durut, furent irrévocablement envoyés par-dessus le mur dans le jardin d'Arnold. Je ne veux pas parler d'autres immondices. D'abord Arnold les fit enlever sans se plaindre, mais cependant un jour que la chose avait été plus grave que de coutume, il aperçut M. Durut à la fenêtre et l'appela. M. Durut ne lui répondit pas ; Arnold appela une seconde fois ; M. Durut cette fois consentit à l'entendre, et dit :

— Monsieur, je n'y suis pas.
— Allons donc, Monsieur, il ne s'agit pas de plaisanter.
— Monsieur, chacun doit être libre chez soi.
— C'est bien, Monsieur, mais je ne veux plus que vous jetiez ainsi vos ordures dans mon jardin.
— Ta, ta, ta, ta, ta.

Et M. Durut quitta la fenêtre. Arnold ordonna de rejeter par-dessus le mur, chez M. Durut, tout ce qu'à l'avenir on enverrait de chez lui. M. Durut alla chez le maire se plaindre que M. Arnold fît jeter des ordures dans son jardin. Le maire demanda M. Arnold et lui fit des reproches ; Arnold répliqua qu'il ne faisait que renvoyer ce qu'on lui jetait. Le maire n'en crut pas un mot. Arnold s'impatienta et s'aliéna l'autorité. Trois jours après une sommation fut apportée par un huissier au domicile d'Arnold. Le roi, d'après la formule employée par les huissiers, qui prêtent ainsi au roi d'étranges choses et d'étranges mots pour les dire, ordonnait à Arnold d'avoir, *dedans vingt-quatre heures pour tout délai,* à abattre les peupliers qui formaient un rideau entre les deux propriétés, le tout enjolivé des menaces les plus formidables. Arnold fut étourdi du coup et alla consulter un homme d'affaires ; celui-ci vint visiter les arbres, et dit : il faudra abattre, la loi est précise ; les arbres ne peuvent pas être à moins de six pieds du mur mitoyen, et il n'y a que quatre pieds entre ceux-ci et le mur.

— Mais c'est lui qui les a plantés.

— Cela ne fait rien, les deux propriétés étaient alors à lui : il faut abattre.

— Si je n'abattais pas?

— On vous y contraindrait.

Les peupliers étaient magnifiques, couverts de jeunes feuilles d'un vert transparent, c'était la plus belle courtine verte qu'on pût voir ; Arnold était désespéré. Celle pour laquelle il avait fait le jardin lui avait promis de venir voir les tulipes aussitôt qu'elles seraient en fleur, cela ne pouvait tarder que quelques jours. Ce rideau abattu détruisait tout l'effet de son jardin ; il appelle le jardinier et lui demande si l'on pourrait replanter les peupliers à six pieds du mur.

— Certainement.

— Et ils vivraient?

— Non, parce que ce n'est plus la saison ; il y a un mois cela n'aurait pas souffert la plus petite difficulté.

Il retourna chez son homme d'affaires.

— Arrangez-vous comme vous voudrez, il faut que je garde mes peupliers.

— Cela dépend du voisin.

— Allez-le voir, offrez-lui de l'argent.

L'homme d'affaires fut très-mal reçu, et M. Durut ne répondit à ses propositions que par une nouvelle sommation ; Arnold alla la montrer à son homme d'affaires.

— Pouvez-vous, par des ressources de chicane, me conserver mes peupliers quinze jours?

— Oui, en faisant opposition à la sommation, et en citant votre adversaire pour s'entendre *débouter ;* nous soutiendrons devant le tribunal que les arbres sont à six pieds et demi du mur ; le tribunal nommera des experts et les enverra sur les lieux ; les experts feront leur rapport, et nous en aurons pour quinze bons jours, mais cela vous coûtera cher, tous les frais seront à votre charge, et il faudra ensuite abattre les arbres.

— Ensuite... ça m'est à peu près égal.

L'homme d'affaires engagea la lutte, et il arriva comme il avait prévu ; seulement le temps s'était refroidi, les tulipes n'étaient pas ouvertes, et l'objet de tous ces ennuis ne venait que pour ses tulipes, il fallut abattre les peupliers. Quelqu'un conseilla à Arnold de faire peindre des arbres sur le mur, c'était assez laid, mais en cette saison il n'y avait pas moyen de rien planter.

Mademoiselle Aglaé devait venir deux jours après, les douze tulipes étaient ouvertes, le temps était magnifique, le jardin était rempli de toutes les fleurs de la saison ; Arnold alla voir M. Reault, car Mademoiselle Aglaé lui avait dit : Nous nous ferons accompagner par quelqu'un de nos amis ; mais cependant ayez chez vous quelques personnes, ce sera plus convenable.

M. Reault, celui qui avait refusé les oignons, était avec plusieurs personnes qui venaient voir les tulipes ; il avait une baguette à la main, et faisait la démonstration avec une emphase que ne peuvent se représenter que ceux qui ont vu dans cette situation un amateur de tulipes devant ses plantes en fleurs.

La société était sous une tente, entre deux planches de tulipes plantées par rang de taille. M. Reault s'arrêta un moment pour voir qui entrait, et quand il eut reconnu un profane, il lui dit bonjour d'un signe de tête, et, sans quitter son sérieux, continua sa démonstration ; il était alors devant une tulipe à fond blanc, panachée de rameaux violets.

— « Messieurs, disait-il, voici *Vandaël,* c'est une *perle du genre,* elle n'est pas dans toute sa beauté, le mois d'avril *a été cruel* pour nos plantes, et le mois de mars avait été perfide.

« Voici *Joseph Deschiens,* nous ne connaissons rien qui égale cette superbe plante, le fond est blanc et les stries violettes. »

— Mais, interrompit Arnold, est-ce que celle de tout à l'heure, et que vous appeliez *Vandaël,* n'était pas aussi blanche et violette ? M. Reault sourit dédaigneusement, regarda les autres spectateurs, et sans daigner répondre à Arnold, continua :

« Voici *Gluck,* blanc et violet, magnifique plante de septième ligne. »

— Pardon, interrompit encore Arnold, mais *Vandaël* et *Joseph Deschiens* sont également blancs et violets.

Cette fois M. Reault haussa les épaules avec un mouvement d'impatience ; un des assistants lui répondit par un signe à peu près semblable, mais qui, cependant, avait cette nuance particulière qu'il exhortait M. Reault à prendre en pitié le profane et à avoir de la patience. L'autre resta en arrière avec Arnold, et lui dit à voix basse :

— Monsieur n'est pas amateur ?

— Non, Monsieur, pas encore, je n'ai que douze tulipes.

— Ah ! ah ! c'est peu, il y en a dix-huit cents toutes différentes.

— Mais, Monsieur, je n'en ai encore regardé que trois qui m'ont paru tout à fait semblables.

— Ah ! Monsieur, ces trois plantes se ressemblent comme le jour ressemble à la nuit ; elles n'ont, pour des yeux exercés, aucun rapport entre elles.

— Aucun rapport, ceci me paraît fort, Monsieur.

— C'est vous, au contraire, qui ne l'êtes pas, Monsieur, sur les tulipes. Toutes trois sont violettes et blanches, c'est vrai, le fond de toutes trois est blanc, et les panachures sont violettes, mais le violet n'est pas le même.

— Ah ! très-bien, Monsieur, je vous remercie.

— Il n'y a pas de quoi, Monsieur.

Tous deux revinrent auprès de M. Reault, il touchait de sa baguette une tulipe blanche et rose.

« Czartoriski, Messieurs, fleur de cinquième ligne, je vous recommande la *blancheur des onglets*, et *quelle tenue*, Messieurs, *quelle tenue !*

Et en disant ces mots, M. Reault appuyait sa baguette sur la tige verte de la tulipe, et semblait faire les plus grands efforts pour la courber sans y pouvoir réussir.

— C'est *une tringle*, Messieurs, c'est une *barre de fer*.

— Monsieur, dit Arnold à celui qui avait eu compassion de lui déjà et lui avait donné une charitable explication, croyez-vous que M. Reault appuie de bien bonne foi sur sa baguette, et est-ce un grand avantage d'ailleurs que la tige de cette fleur si légère soit une *barre de fer* comme il le dit ?

— Oui, certes, Monsieur, c'est une condition sans laquelle nous n'admettons pas une tulipe dans nos plates-bandes.

— *Napoléon I*er, disait M. Reault devant une tulipe blanche et rose, c'est une plante que je vous recommande.

— Ah ! ça, Monsieur, dit Arnold à son amateur complaisant, sans vous je dirais d'étranges choses ; probablement le rose de ces tulipes n'est pas le même rose, mais enfin si j'étais venu ici, j'aurais cru voir deux tulipes multipliées chacune neuf cents fois, l'une blanche et violette, l'autre blanche et rose.

— Dame ! Monsieur, quand on ne sait pas.

La démonstration s'était arrêtée un moment. En effet, l'autre amateur était resté saisi d'admiration, écrasé devant le *pourpre incomparable*. Ah ! Monsieur, avait-il dit à M. Reault, permettez que je m'arrête ici. Mon ami, avait-il dit au jardinier, apportez-moi, je vous prie, une chaise pour un instant. La chaise apportée, il s'était assis, avait appuyé ses deux mains sur la pomme de sa canne et son menton sur ses deux mains ; là il restait sans parler, les yeux fixes, la bouche entr'ouverte. L'autre quitta Arnold, et vint s'extasier aussi derrière son compagnon. Pour M. Reault, il était debout, immobile, laissant errer sur ses lèvres un sourire ineffable. Arnold ne vit dans le *pourpre incomparable* qu'une tulipe blanche et rose, dont les couleurs se trouvaient répétées exactement dans quatre ou cinq cents autres, devant lesquelles on avait passé silencieusement, ou auxquelles on n'avait accordé que des compliments qui ne dépassaient pas les limites de la politesse. Enfin, l'enthousiaste se leva et dit :

— Monsieur Reault, je ne veux pas abuser du temps de ces messieurs ; mais je vous demanderai la permission de venir seul passer une heure assis devant votre tulipe.

— Monsieur, vous lui faites trop d'honneur.

— Monsieur, je ne lui fais que l'honneur qu'elle mérite.

— Il faut dire, Monsieur, car je ne fais pas ici de fausse modestie, que c'est une *plante méritante*.

— Ah ! Monsieur, c'est *un diamant*.

— Pardon, monsieur Reault, dit Arnold, et vous aussi, messieurs, pardon ; je vous demanderai la permission de dire un mot à M. Reault et de m'en aller, je suis attendu pour une affaire importante.

Il prit M. Reault à part et lui dit :

— Demain, quelques personnes me font l'honneur de venir voir mes tulipes...

— Comment, vos tulipes ! qu'appelez-vous vos tulipes ?

— Eh ! parbleu, mes douze oignons, ceux que je voulais vous donner et que vous avez refusés.

— Ah ! ah !

— Voulez-vous me faire le plaisir de venir ?

— Voir vos douze oignons ?

— Me voir et déjeuner avec moi et trois ou quatre autres personnes ; en même temps, vous me direz ce que c'est que mes tulipes ; mais ce que je puis vous dire à l'avance, c'est que vous n'avez pas une seule des douze.

— Allons donc !

Comme je vous le dis.

— Parbleu ! je suis curieux de voir cela. A quelle heure !

— A onze heures.

— Je serai exact.

— A demain.

— A demain.

Le lendemain mademoiselle Aglaé et sa sœur vinrent un peu après onze heures ; mais Arnold fut désagréablement surpris en voyant que c'était M. Dulaurier qui les accompagnait. Presqu'au même instant entrait M. Reault ; lui et M. Dulaurier se connaissaient, tous deux se firent des excuses de n'avoir pas encore été visiter respectivement les tulipes l'un de l'autre. Ah ! Monsieur, disait l'un, le mois de mars m'a fait bien du tort. — Monsieur, disait l'autre, je vous prierai d'être indulgent, le mois d'avril m'a bien maltraité. Le déjeuner était servi : les dames furent *surprises*, annoncèrent qu'elles ne mangeraient pas et finirent par s'humaniser. Pendant le déjeuner, Arnold s'assombrit visiblement : il crut remarquer entre mademoiselle Aglaé et M. Dulaurier, des signes d'intelligence qui le livrèrent en proie à une horrible perplexité ; mais la sœur de mademoiselle Aglaé la lui ôta bientôt en lui annonçant que sa sœur et M. Dulaurier se mariaient dans trois semaines. Arnold comprit alors que « l'incertitude est le pire de tous les maux, jusqu'au moment où la réalité vient nous faire regretter l'incertitude. » Arnold était abasourdi du coup, tantôt il restait sombre et silencieux, tantôt il se livrait à des accès d'une gaîté peu probable et assez mal imitée. On le plaisanta fort sur sa muraille peinte et sur ses arbres à l'huile ; enfin, on en vint aux tulipes, aux douze tulipes. C'étaient des tulipes prises au hasard et fort différentes entre elles : l'une était entièrement du plus beau jaune, une autre ouvrait son calice d'un rouge si éclatant que la vue ne s'y pouvait arrêter ; celle-ci avait le fond jaune, et sur ce fond s'étalaient des rameaux bruns et noirs : deux avaient le fond blanc, comme celles de M. Reault ; de ces deux, l'une était panachée de violet, l'autre de rose. M. Reault et M. Dulaurier se regardèrent. M. Dulaurier sourit, mais M. Reault, après quelques efforts difficilement comprimés, finit par se laisser aller à la plus violente explosion de rire. Les deux femmes et Arnold le regardèrent avec quelque inquiétude, craignant qu'il ne fût pris de quelque accès de folie ; mais après cinq ou six minutes il put parler et ses paroles étaient entremêlées de nouveaux éclats de rire. « Ah ! mon cher Arnold, je ris trop, cela me ferait mal. Vous appelez cela ?

— Parbleu, des tulipes.

— Des tulipes ! Ah ! mon Dieu ; mais vous me ferez étouffer, parole d'honneur. » Et il se remit à rire de plus belle. Arnold, qui avait pour d'autres raisons tant de colère dans le cœur, était trop heureux d'avoir une occasion de se fâcher contre quelqu'un ; il ne regrettait qu'une chose, c'était que ce quelqu'un ne fût pas M. Dulaurier. Cependant, faute de mieux, il demanda froidement à M. Reault s'il serait assez bon, quand son accès serait passé, pour lui en expliquer le sujet.

— Ah ! mon cher monsieur, ne vous fâchez pas, mais vraiment ça n'est pas ma faute. Je serais désolé de vous offenser ; mais c'est que c'est trop drôle, et surtout, si vous vous étiez vu, quand vous m'avez dit que vous appeliez cela des tulipes.

— Mais vous, Monsieur, quel nom donnez-vous à ces fleurs?

— Quel nom, mon cher monsieur, je ne leur donne pas de nom, elles n'en méritent pas. Écoutez, monsieur Dulaurier, parlez donc aussi ; car je veux que M. Arnold sache que ce n'est pas moi seul qui trouve ses tulipes un peu drôles. Oh ! la, la ; non cela fait mal de rire comme cela.

M. Dulaurier, plus calme, expliqua à Arnold que, il y a cinquante ans environ, les amateurs de tulipes n'avaient que des tulipes à fond jaune panaché de rouge et de brun ; que toute tulipe à fond blanc était alors rejetée des collections. A cette époque, comme on avait épuisé toutes les folies imaginables pour les tulipes à fond jaune, on songea à en recommencer une série toute nouvelle pour les tulipes à fond blanc. Après de longs débats entre les révolutionnaires et les partisans des anciennes tulipes, les fonds blancs l'emportèrent, et les fonds jaunes furent honteusement expulsés des plates-bandes et publiquement traités dans des livres et des pamphlets de *fleurs dégoûtantes*. Ceux qui s'obstinèrent à en laisser fleurir chez eux s'attirèrent les épithètes de *fleurichons* et de *curiolets*. Pour ce qui est des tulipes d'une seule couleur, jamais elles n'ont été admises par les susdits amateurs, pas plus par les partisans des fonds jaunes que par les séides des fonds blancs, et enfin pour vos deux tulipes à fond blanc, elles sont absurdes, les pétales étant pointus.

Alors une conversation s'engagea entre MM. Dulaurier et Reault. C'est singulier, disait celui-ci, de voir le goût de nos pères ; voici le *bizarre noir* que nos ancêtres trouvaient très-bon marché pour leurs dix écus et dont je ne voudrais à aucun prix dans ma basse-cour avec mes poules.

— Mais, disait M. Dulaurier, n'est-ce pas ici la *tulipe de Maëstricht* qui fit tant de bruit en 1811 et 1812?

— Eh ! mon Dieu, oui. — Cela fait pitié.

— Ne m'en parlez pas.

Enfin la visite se termina à la grande joie du malheureux Arnold, qui put, une fois seul, se livrer à son chagrin et à sa colère. Depuis ce jour, tout alla de mal en pis. Le voisin Durut gardait dans son cœur une blessure immortelle, *memorem iram*. Dans l'espace de quatre mois il entama contre Arnold cinq procès : sous prétexte que le mur mitoyen avait besoin de réparation, il le fit démolir et reconstruire à frais communs au milieu de la belle saison en mettant les maçons à même le jardin d'Arnold qu'ils écrasèrent. Arnold avait fait faire un bassin qui recevait l'eau de la pluie ; M. Durut déterra que la *coutume de Paris*, article 217, ne permet de faire des cloaques qu'à six pieds de distance du mur mitoyen, et le bassin était à cinq pieds un tiers. Cette fois, l'homme d'affaires d'Arnold ne fut pas de l'avis de M. Durut ; il répondit qu'un bassin ne devait pas être appelé cloaque, et que plusieurs législateurs avaient fait cette distinction, entre autres Goupi, qui observe que la coutume de Paris, en prescrivant cette distance de six pieds, n'a pas eu en vue d'obvier au dommage que pourrait causer la filtration des eaux, puisqu'elle ne l'exige pas pour les puits quoique le même danger de filtration s'y rencontre ; d'ailleurs à quelque distance que soient les puits ou cloaques, celui qui les fait construire est toujours responsable du dommage qui serait causé par la filtration. La principale raison, dit Goupi et disait l'homme d'affaires d'Arnold, n'est que pour éloigner de chez le voisin la mauvaise odeur qu'exhalent certaines fosses à eau et cloaques ; mais, et ici Degodets, autre légiste, est d'accord avec Goupi, la disposition de l'article 217 de la coutume de Paris ne peut pas s'étendre aux puisards et fosses recevant l'eau de la pluie, laquelle n'exhale pas de mauvaise odeur. La coutume d'Orléans, article 243, établit également cette distinction, et Pothier la fait hautement dans son traité du Contrat de Société, article 5, de la communauté des murs mitoyens. M. Durut répondit, l'homme d'affaires répliqua, les tribunaux furent invités à juger la question : on donna raison à l'homme d'affaires dans sa distinction, ce qui fut confirmé en appel et en cassation ; mais Durut ne s'abattait pas pour si peu, il fit un nouveau procès. Dans ses nouvelles conclusions, il admettait la définition et la distinction adoptées par le tribunal ; il demandait à faire preuve que le bassin d'Arnold méritait le nom de cloaque, et conséquemment rentrait sous l'application de l'article 217 de la coutume de Paris et de l'article 243 de la coutume d'Orléans. Des experts furent nommés à l'effet de faire une descente sur les lieux et d'éclairer le tribunal. Or, dans la nuit qui précéda la visite des experts, Durut, par-dessus le mur, jeta tant d'ordures, d'eaux inqualifiables et de débris étranges dans le bassin, qu'il se trouva métamorphosé en mare infecte et par suite déclaré cloaque par les experts, ce qui amena contre Arnold une condamnation avec dépens, l'obligeant à détruire son bassin. Une autre procès l'obligea à manger ses pigeons qui *dévoraient la maison du voisin*. Enfin, un jour, dans un accès de colère, il s'emporta, je ne sais comment, jusqu'à menacer M. Durut d'un coup de fusil. Celui-ci commença un procès criminel qu'Arnold ne put arrêter qu'en achetant à l'*amiable,* et un tiers en sus de sa valeur, la propriété de Durut. En un mot, au bout de deux ans les douze oignons de tulipes revenaient à Arnold à la somme de 300,000 francs.

Pour moi, mon bon ami, je n'ai de fleurs que pour les voir et non pour les montrer ; je n'ai qu'une cinquantaine de tulipes de toutes les couleurs, je n'en rejette aucune de celles qui me font l'honneur de fleurir chez moi, pas même celles selon le cœur des grands amateurs, et je n'ai pas de voisin, ce qui me rappelle deux aphorismes remarquables de je ne sais quel bouffon.

« N'ayez pas de voisins, si vous voulez vivre en paix avec eux. »

« Et ne donnez rien à vos enfants si vous voulez qu'ils aient pour vous une reconnaissance égale au bienfait. »

Il y a bien des philosophes qui ont fait de gros livres et qui n'ont rien dit d'aussi raisonnable.

Vale.

LETTRE XVI.

QUASI-MARITIME.

Nous nous *trouvâmes* alors sur le bord d'un ruisseau qui traverse le jardin dans sa largeur et qui va se jeter dans une mare presque cachée sous des saules et des roseaux. Nous *côtoyâmes* ce fleuve sans nom, qui prend sa source dans une colline couverte d'ajoncs, un peu au-dessus de la vieille maison de bois ; le ruisseau roule sur des cailloux et au milieu d'une pelouse verte ; sur les deux rives s'élèvent les plantes et les arbres aimant la fraîcheur et le bord des eaux. De toutes parts la vue est bornée par des arbres sous lesquels s'élève le gazon semé de petites pâquerettes et de boutons d'or.

Sur l'une des rives est un peuplier blanc, autrefois consacré à Hercule.

Herculea bicolor cum populus umbra.

Ses feuilles, larges et découpées comme les feuilles de la vigne, sont d'un vert sombre et verni au-dessus, et d'une sorte de velours blanc au-dessous. Les Romains en faisaient des boucliers, à cause de la légèreté de son bois, qu'ils recouvraient de cuir de bœuf. C'est de lui que Pline dit : *populus apta scutis*. Dans certains pays du Nord, il est admis qu'un peuplier blanc en bon terrain prend une valeur chaque année d'un franc. On les coupe d'ordinaire à l'âge de vingt ans, parce qu'alors ils passent pour avoir atteint toute leur croissance. De cette remarque est venu un usage intéressant : quand dans une famille de cultivateurs aisés il naît une fille, le père, aussitôt que la saison le permet, plante mille jeunes ypréaux ; c'est la dot de la fille qui croît en même temps qu'elle, en même temps que sa beauté et ses vertus, et n'est nullement faite pour leur nuire.

Dans la souche du peuplier se cache un nid dont l'extérieur est formé de mousses et de menues racines, et l'intérieur est délicatement tapissé de crin et de plumes ; là quatre ou cinq œufs blancs, rayés et tachés de brun, sont assidûment couvés par une *bergeronnette lavandière;* pendant ce temps le mâle est à la chasse, nous le voyons marcher sur le bord du ruisseau en balançant gracieusement sa longue queue formée de dix plumes noires et de deux blanches qui lui forment une bordure : le sommet de sa tête et le dessous de son cou sont noirs, il a comme un demi-masque blanc, le reste de son corps est vêtu de gris cendré et de gris de perle. On peut avancer près de lui ; s'il s'envole, c'est pour revenir presque aussitôt ; mais il est plus probable qu'il ne fait que s'éloigner en marchant sans discontinuer sa vive et gracieuse allure ; il est là pour saisir au vol toutes sortes de moucherons, de *cousins* et de *tulipes* qui ont, pour voltiger au-dessus des ruisseaux, d'excellentes raisons que sans doute nous découvrirons plus tard. La petite femelle qui l'attend ne se distingue de lui qu'en ce qu'elle a la tête brune et ne porte pas de plastron au-dessus du cou.

Plus près de l'eau, sont de grosses touffes d'iris de différentes sortes, élevant du sein de leurs feuilles aigües des tiges chargées de fleurs ; les unes jaunes, les autres violettes ; celles-ci entièrement blanches, ou blanches avec une frange bleue ; celles-là jaunes et brunes ; d'autres jaunes et bleues, quelques-unes d'un bleu pâle.

Ce n'est pas que sur le bord des eaux que se plaisent les iris, il en est une espèce qui est une des grandes libéralités de Dieu, et un des grands luxes qu'il a faits exprès pour les pauvres.

J'ai vu la colonnade du Louvre, mon bon ami ; j'ai vu le palais de Versailles, et trois ou quatre autres palais dans d'autres pays où le hasard, l'ennui des lieux que je quittais, plus que le désir de ceux que j'allais voir, m'ont conduit. Je déclare ici que je n'ai rien vu d'aussi beau, d'aussi riche que cette petite maison habitée par de pauvres bûcherons, que je vois de loin, au travers des arbres et par dessus le mur de mon jardin.

Sur le devant sont quatre magnifiques colonnes, quatre grands hêtres, dont l'écorce est aussi unie que le marbre ; leur chapiteau vivant est formé de branches et de feuilles qui abritent du soleil et offrent à l'œil des couleurs aussi riches et plus variées que celles de l'émeraude. Des oiseaux y ont établi leur nid et y chantent leur chanson ; les fauvettes sont les *musiciens ordinaires* des pauvres ; ils lui chantent sur un beau théâtre, au milieu de splendides décors, par un magnifique soleil levant, une musique toujours fraîche, toujours jeune, qui semble tomber du ciel ; et rien de triste ne se mêle à leurs chants ; ces charmants acteurs chantent parce qu'il fait du soleil, parce qu'ils sont jeunes, parce qu'ils sont beaux, parce qu'ils sont amoureux, parce qu'ils sont heureux : tandis que ceux que les riches payent si cher chantent, parce qu'ils sont envieux les uns des autres, parce qu'ils sont avares, parce qu'on les paye.

Certes, mon bon ami, si les colonnes de pierre et de marbre ne coûtaient pas fort cher, avouez qu'elles sont loin d'avoir la beauté de ces colonnes qui vivent et qui chantent, dont le chapiteau change de couleur trois ou quatre fois chaque année, et qui laissent tomber des sons mélodieux.

L'architecture, dans sa plus grande magnificence, a *inventé le chapiteau corinthien,* qui n'est que l'imitation parfaite de cinq ou six feuilles d'acanthe. D'où vient qu'on paie si cher *l'imitation* de ce qui ne coûte rien ? C'est qu'on n'aime à posséder les choses que pour humilier ceux qui ne les possèdent pas ; c'est ce qui fait le prix des diamants, et ce qui fait tant de tort au ciel ; c'est le secret des plus honteux sentiments des hommes.

Du pied d'un de ces hêtres s'élève un lierre qui l'embrasse, comme un serpent, de ses replis puissants, et domine sa tête de ses feuilles luisantes et de ses bouquets de petits fruits verts et noirs aimés des *grives* et des *merles.*

Moi-même, n'ai-je pas un jour acheté une petite table supportée par une colonne en bois scultpté ? Cette colonne représente un tronc d'arbre enlacé par un lierre ; c'est d'un fini précieux pour du bois, mais la perfection des arts est d'une révoltante grossièreté à côté de la nature. Eh bien, moi, j'ai payé cela deux cents francs! Deux cents francs péniblement gagnés à écrire à l'ombre, dans ma chambre, des choses inutiles, haineuses, quand j'aurais pu, pour rien, voir de si beaux lierres sous le ciel, dans de vrais arbres au soleil, le cœur plein de joie, de bonté et d'amour.

Derrière les belles colonnes s'élève, mais s'élève bien peu, une petite maison couverte d'un toit de chaume, qui dépasse beaucoup de chaque côté les murailles. Une vigne tapisse la maison de son magnifique feuillage vert l'été, et pourpre à l'automne.

Mais ici se développe un luxe à faire crever de rage et d'envie les riches et les puissants. Un velours mille fois plus fin, plus brillant, plus chatoyant, plus riche que celui qu'on *étale* avec tant d'*économie* au-dedans des palais, qu'on a si peur de gâter ou de froisser, un velours vert couvre entièrement le toit de chaume de la maison, et c'est là un vrai et beau luxe. On n'en frémit pas; on n'en est ni l'esclave ni la victime; on le laisse exposé au vent et à la pluie; on peut le gâter : quand celui-là ne sera plus frais, il y en aura d'autres. Ce velours est de la mousse.

Puis, sur la crête, fleurissent des iris; au milieu de leurs feuilles en lames d'épées sortent des hampes de fleurs violettes qui se baignent dans l'air et dans le soleil.

Et aucune de ces splendeurs ne s'use, ne se *râpe*, comme il arrive aux richesses factices. L'année prochaine, la mousse sera plus épaisse; l'année prochaine, les iris auront encore plus de fleurs violettes; l'année prochaine, les colonnes qui sont devant la maison seront plus hautes et plus grosses.

Et, à quoi sert ce riche velours? A rien autre chose qu'à préserver de la pluie qui glisse sur sa soie la pauvre paille des pauvres habitants de cette pauvre maison ! Voilà un luxe! Oh! oui : Dieu aime les pauvres! Mon bon ami, malheureusement, l'homme est trop bête; il dédaigne les richesses gratuites pour user sa vie à la poursuite des pauvretés coûteuses.

Certes, l'homme qui vivrait seul dans une île déserte, ne s'occuperait d'avoir ni de riches habits, ni de somptueux ameublements. Donc, c'est pour les faire voir aux autres qu'on se procure souvent, avec tant de peine, quelquefois avec tant d'infamies, tout ce qu'on appelle le luxe. Eh bien, quel effet produit *sur les autres* cette exhibition magnifique? Rien autre chose que de leur inspirer de l'envie et de la haine, de les mettre à l'affût de vos vices et de vos ridicules.

Mais que dire à des gens qui, entourés de tant de miracles, s'avisent parfois d'en demander à Dieu ou à ses ministres, et qui, lorsque Dieu et lesdits ministres s'avisent de leur en faire, se contentent de beaucoup moins que de ce qu'ils foulent chaque jour aux pieds?

En effet, croyez-vous que ce soit un aussi grand prodige d'avoir changé l'eau en vin aux noces de Cana que d'avoir, au commencement du monde, créé l'eau des sources, des rivières et des fleuves?

Revenons au bord de notre ruisseau, voyageur à la fois sédentaire et vagabond que je suis.

Le pied dans l'eau, les wergiss-mein-nicht élèvent leurs épis de petites fleurs bleues. Cette jolie plante a reçu de parrains et de marraines inconnus plusieurs jolis noms, de jeunes parrains sans doute, des parrains amoureux et des marraines charmantes et aimées. Les Allemands l'appellent *Wergiss-mein-nicht*, les Français, *Ne m'oubliez pas*, ce qui n'en est que la traduction, ainsi que le *Forget me not* des Anglais.

Je vous ai raconté, mon ami, il y a longtemps, que deux amants qui devaient être mariés le lendemain se promenaient au coucher du soleil sur les bords du Danube; la fiancée aperçut une touffe de Wergiss-mein-nicht, elle désira l'avoir pour fixer, en la conservant, le souvenir de cette belle soirée; l'amant, en voulant la cueillir, tomba dans le fleuve, et sentant ses forces l'abandonner, oppressé, étouffé par l'eau, il rejeta sur le rivage la touffe de fleurs qu'il avait arrachée en voulant se retenir, puis il disparut sous les flots pour toujours; et on avait traduit cet adieu par ces mots, qui sont restés le nom de la fleur, *Wergiss-mein-nicht,* Ne m'oubliez pas.

Les bestiaux qui paissent dans les prés en sont fort avides et la broutent; mais cela ne sert qu'à les faire refleurir une seconde fois à l'automne, ce qu'elle ne ferait pas sans cela. Les savants font pis que les bestiaux, ils la dessèchent et l'aplatissent dans leurs herbiers, et ils l'appellent *Myosotis scorpioïdes, Oreille de souris à forme de scorpion.* Ce nom leur a été reproché déjà par un autre savant qui s'appelait Charles Nodier, mais qui était en même temps un homme de beaucoup d'esprit.

LETTRE XVII.

Ce ruisseau, qui traverse mon jardin, sort des flancs d'une colline couverte d'ajoncs, ç'a été longtemps un heureux ruisseau; il traversait des prairies où toutes sortes de charmantes fleurs sauvages se baignaient ou se miraient dans ses ondes; — puis, il entrait dans mon jardin. Là, je l'attendais; je lui avais préparé des rives vertes; — j'avais planté, sur ses bords et dans ses eaux, toutes les plantes qui fleurissent dans le monde entier, au sein et sur la rive des eaux pures; — il traversait mon jardin en chantant sa mélancolique chanson; puis, tout parfumé de mes fleurs, il sortait de mon jardin, traversait encore une prairie, et allait se précipiter dans la mer à travers les flancs abruptes de la falaise qu'il couvre d'écume.

C'était un heureux ruisseau; il n'avait absolument rien à faire que ce que je vous ai dit : — Couler, rouler, être limpide, murmurer — entre des fleurs et des parfums.

Il menait la vie que j'ai choisie et que je me suis faite, et que je mène, — quand on veut bien me laisser tranquille, quand les méchants, les intrigants, les fripons, les sots, — ne me forcent pas de retourner au combat, — moi, l'homme le plus pacifique et le plus guerroyant du monde.

Mais le ciel et la terre sont envieux du bonheur et de la douce paresse.

LETTRE XVII.

Mon cher frère Eugène, un jour, et l'habile ingénieur Sauvage, l'inventeur des hélices, causaient sur les bords de ce pauvre ruisseau, et parlaient assez mal de lui. — Ne voilà-t-il pas, disait mon frère, un beau fainéant de ruisseau, qui se promène, qui flâne sans honte, qui coule au soleil, qui se vautre dans l'herbe, — au lieu de travailler et de payer le terrain qu'il occupe comme le doit tout honnête ruisseau. — Ne pourrait-il pas moudre le café et le poivre?

Et aiguiser les outils? ajouta Sauvage.

Et scier le bois? dit mon frère.

Et je tremblai pour le ruisseau; — et je rompis l'entretien en criant très-fort sous prétexte que ses envieux, ses tyrans, bientôt peut-être, marchaient sur mes wergiss-mein-nicht. Hélas! je ne pus le protéger que contre eux. Il ne tarda pas à venir dans le pays un brave homme que je vis plusieurs fois rôder sur ses rives vertes, du côté où il se jette à la mer. Cet homme ne me fit point l'effet d'y rêver ou d'y chercher des rimes ou des souvenirs, — ou d'y endormir ses pensées au murmure de l'eau.

— Mon ami, disait-il au ruisseau, — tu es là que tu te promènes, que tu te prélasses, que tu chantes à faire envie; — moi je travaille, je m'éreinte. Il me semble que tu pourrais bien m'aider un brin; c'est pour un ouvrage que tu ne connais pas, mais je t'apprendrai; tu seras bien vite au courant de la besogne; — tu dois t'ennuyer d'être comme cela à ne rien faire? — ça te distraira de faire des limes et de repasser des couteaux. — Bientôt une roue, des engrenages, une meule, furent apportés au ruisseau. Depuis ce temps il travaille; il fait tourner une grande roue qui en fait tourner une petite qui fait tourner la meule; il chante encore, mais ce n'est plus cette même chanson doucement monotone et heureusement mélancolique. Il y a des cris et de la colère dans la chanson d'aujourd'hui; il bondit, il écume, il travaille, — il repasse des couteaux. Il traverse toujours la prairie et mon jardin, puis l'autre prairie; — mais au bout l'homme est là qui l'attend et qui le fait travailler. — Je n'ai pu faire qu'une chose pour lui : je lui ai creusé un nouveau lit dans mon jardin, de sorte qu'il y serpente plus longtemps et en sort plus tard ; — mais il n'en faut pas moins qu'il finisse par aller repasser des couteaux. — Pauvre ruisseau ! tu n'as pas assez caché ton bonheur sous l'herbe ; — tu auras murmuré trop haut ta douce chanson !

LETTRE XVIII.

> Il y a cette différence entre les amazones de l'antiquité et celles que nous rencontrons sur nos promenades, que celles-là se brûlaient un sein, et que celles-ci, grâce à des artifices de couturières, en exhibent aux yeux plus que la nature ne leur en a réellement accordé.

LES ANTHROPOPHAGES.

Vous seriez bien vain, mon cher ami, si vous pouviez, sans trop mentir, intituler ainsi une de vos lettres : Les Anthropophages ! Voilà qui rehausse bien un voyageur dans sa propre estime et dans l'admiration de ses contemporains, d'avoir vu préparer la broche destinée à le faire rôtir !

Nos vêtements, sous prétexte d'honnête pudeur, ne cachent que des jambes mal faites ou des cuisses maigres, et autres défectuosités dont l'aspect porterait trop atteinte à la chasteté. Les femmes surtout font un singulier abus du vêtement, loin de s'en servir pour cacher leurs formes, elles s'en servent pour montrer fastueusement de ces formes beaucoup plus qu'elles n'en ont réellement. Grâce au mensonge de nos habits, on ne sait guère à quoi s'en tenir les uns sur les autres, et on en est venu à aimer les habits, à s'éprendre de la laine, et à se passionner pour de la soie. Mais c'est une attestation avantageuse, que de pouvoir établir que telle peuplade de gourmets vous a jugé gras, dodu et tendre, a pensé que vous feriez un manger excellent, et a décidé en conseil privé que vous seriez non pas bouilli et assaisonné au riz, comme une vieille volaille ; non pas cuit en ragoût et relevé de condiments violents et d'assaisonnements énergiques, comme une viande fade et sans goût, mais honorablement mis à la broche ou sur le gril, et servi au cresson ou simplement dans votre jus.

Je crains à chaque instant, mon cher ami, de recevoir une lettre de quelque compagnon de vos voyages, qui me dise :

Monsieur,

Le 12 août 18..., le roi de l'île***, ayant donné un grand dîner à l'occasion de ses noces avec la princesse de l'île de***, j'ai la douleur de vous annoncer que notre malheureux ami y a figuré comme plat du milieu ; si ces détails peuvent apporter quelque soulagement à votre douleur, je vous dirai que les sauvages l'ont trouvé excellent, comme nous le trouvions, hélas! avant cette funeste catastrophe, etc.

Mais il n'y a guère d'anthropophages, les hommes ont renoncé à se manger entre eux ; ils se tuent encore, il est vrai, pour un oui ou pour un non, sous forme de duel ; ils se tuent sans savoir pourquoi, comme militaires et sous prétexte de gloire ; ils se ruinent, ils s'emprisonnent, ils se privent les uns les autres de pain, d'air et de liberté, etc. ; de ces observations et de mille autres qu'on pourrait faire, il appert que s'ils ne se mangent plus les uns les autres, ce n'est pas par un sentiment de charité et d'amour du prochain, mais simplement parce qu'il est bien reconnu et établi aujourd'hui que l'homme est un mets plus que médiocre, dur à digérer et d'une saveur désagréable.

Je n'ai donc pas beaucoup à craindre, mon ami, que vous soyez à la broche pendant que je vous écris ces lignes ; ce qui me chagrinerait à la fois et pour vous et pour ces malheureux sauvages, qui, si vous n'avez pas pris un peu d'embonpoint dans vos pérégrinations, feraient un assez mauvais dîner.

Il n'en est pas de même de moi : je suis en ce moment au

milieu d'une peuplade d'*anthropophages* réels, qui, vu leur taille, ne mangent pas l'homme en un seul repas, mais néanmoins se repaissent avidement de son sang ; je suis au milieu d'eux, et j'y reste ; je les regarde, j'étudie leurs mœurs ; je me sacrifie pour l'instruction des autres hommes !

Il s'agit d'une sorte de bête féroce qui vole et fond sur l'homme avec la rapidité de l'éclair, s'abat et se cramponne sur sa chair nue, et y enfonce un instrument dont voici l'agréable appareil : d'un étui qu'il porte à la tête, il sort cinq ou six armes, les unes dentelées et barbelées, les autres pointues ou coupantes. Quand il a suffisamment scarifié notre chair, de chacune de ces lames, qui sont toutes creuses, il se met à aspirer de notre sang autant qu'en peuvent contenir ses intestins, qu'il a soin de débarrasser à mesure de tout ce qui pourrait y tenir de la place et y causer de l'encombrement.

Cet animal est connu sous le nom de cousin, et il y a besoin d'un assez fort microscope pour voir et discerner les formes de ses armes ; mais si nous considérons le mal qu'il nous fait, non pas relativement à la douleur que nous ressentons, mais proportionnellement à sa taille, relativement à la manière dont il procède, à sa voracité, qui le fait s'exposer à la mort sans essayer de fuir une fois qu'il est à même de sucer notre sang, et jusqu'à ce qu'il ne puisse plus en contenir, jusqu'à ce qu'il en soit gonflé comme une outre et au point d'être méconnaissable ; si l'on considère aussi la forme cruelle de ses armes, qui, en outre, sont toutes empoisonnées, comme le prouvent l'irritation et les tumeurs que causent leurs blessures, il faut avouer que nous ne connaissons pas dans la nature d'animal aussi féroce et aussi sanguinaire.

Couché sur l'herbe, penché sur une partie du ruisseau qui a débordé sur le gazon et y a laissé une flaque d'eau stagnante, mes regards sont attirés par de singuliers petits poissons ; ils ont un peu la forme et tout à fait la grosseur d'une forte épingle, à laquelle on couperait avec sa pointe les deux tiers de sa longueur, ou plutôt ce sont de petits poissons pareils aux dauphins de la fable, aux dauphins des peintres, aux dauphins d'Arion, mais réduits à la grosseur d'une grosse tête d'épingle. Ils sont d'une remarquable vivacité. Au repos, ils se laissent flotter à la surface de l'eau, la tête en bas, parce que le conduit qui leur permet de respirer est placé à l'extrémité de la queue. Voient-ils la moindre inquiétude, ils se roulent, nagent avec rapidité, s'enfoncent et disparaissent. Ils se nourrissent probablement d'insectes imperceptibles qu'ils trouvent dans l'eau, ou de certaines petites parties de terre ou de vase.

Mais voici le moment le plus important de la vie de nos petits dauphins. Vous les voyez changer leur position; leur tête n'est plus en bas, elle flotte sur l'eau ; elle se gonfle, et sa peau brune se fend. Alors de cette fente sort une tête bientôt suivie d'un corps : vous reconnaissez le cousin qui a accompli les phases de sa première existence, et qui va entrer dans une nouvelle vie. La dépouille qu'il va quitter, son ancienne peau, devient pour lui un petit bateau qui le porte sur l'eau ; car cet insecte, qui tout à l'heure vivait dans l'eau, et qui serait mort au bout de deux ou trois secondes si vous l'en aviez tiré, n'a maintenant rien tant à craindre que l'eau; il périrait inévitablement s'il la touchait. Le voici droit placé sur son ancienne peau, absolument comme un rameur dans son bateau. Le moindre souffle d'air est pour lui, comme vous pouvez le penser, une épouvantable tempête, eu égard aux dangers mortels que l'eau lui ferait courir et au peu d'épaisseur de son navire. Le bateau vogue çà et là au hasard pendant qu'il achève de se tirer dehors ; puis, s'il arrive à ce résultat sans être mouillé, il s'envole et va à la chasse aux hommes, jusqu'au jour où le soin de sa postérité le ramènera sur le bord de quelque mare ou de quelque autre eau stagnante. Là, cramponné sur le bord, il livre à l'eau des paquets d'œufs qui s'écartent et prennent le large, flottant à la surface. Au bout de quelques jours, par une ouverture pratiquée *au-dessous des œufs,* s'échappent de jeunes dauphins, qui se trouvent ainsi naître dans l'eau, où ils doivent vivre jusqu'à leur transformation.

C'est ce qui attirait tout à l'heure cette jolie lavandière sur le bord du ruisseau, c'est ce qui l'a déterminée à placer son nid au pied du peuplier blanc, où je l'ai découvert. C'est une des principales nourritures des hirondelles, et il est probable que c'est lorsqu'elles ne voient plus de cousins qu'elles prennent le parti de quitter nos climats.

Dans la même flaque d'eau sont de petits vers allongés, d'un beau rouge ; ils passent leur vie à faire des mouvements tellement rapides que l'on dirait des huit en chiffres : il viendra un moment où ils se métamorphoseront en tipule, une sorte de cousin innocent qui ne mange personne que je sache, mais qui est confondu avec eux dans la même peine et dans la même nourriture par les oiseaux. Ces transformations sont des spectacles fort curieux, et qu'il ne faut que se baisser un peu pour voir. Pendant tout l'été, de midi à quatre heures, on ne peut se pencher sur une flaque d'eau stagnante sans voir en un quart d'heure vingt à trente dauphins rendre des cousins captifs à l'air et au soleil, absolument comme la baleine qui rejeta Jonas sur le rivage.

Malgré les sujets de plaintes que peuvent vous donner les cousins, il faut dire que ce sont de plus jolis insectes qu'ils n'en ont l'air ; ils portent au devant de la tête des *antennes* en riches panaches, et leurs yeux qui, sous certains aspects, ont l'air de petites émeraudes, deviennent, sous un jour différent, de très-étincelants rubis.

J'ai été piqué plus de dix fois aujourd'hui pour étudier les armes de ces anthropophages, sur lesquelles je pourrais maintenant, si je ne tenais par-dessus toute chose à rester un ignorant et à en garder la réputation, écrire un traité spécial *de armis*.

Quoi qu'il en soit, croyez à l'amitié de ce qui reste du plus dévoué des amis.

LETTRE XIX.

Au fond du ruisseau on voit des petits morceaux de roseaux des petits bâtons longs de quelques lignes qui n'ont plus que l'écorce. Ce sont des maisons, où les *phryganes*, vers grisâtres, assez laids, qui se nourrissent d'herbes aquatiques, attendent le moment de sortir de l'eau sous la forme de petits papillons... pardon, savants!... de petites *noctuelles*, qui ne volent que le soir. Avant cette transformation, il vient un moment où elles s'endorment *teignes*, pour se réveiller papillons. Elles savent que pendant ce temps où elles ne prennent plus de nourriture, elles ont des ennemis qui ne subissent pas une diète semblable, et auxquels, pendant leur sommeil, elles ne pourraient opposer aucune résistance. Elles savent filer, et elles s'occcupent de fermer par les deux bouts leur maison.

On a dit quelquefois, comme exemple d'une argumentation invincible : il faut qu'une porte soit ouverte ou fermée. On a oublié les portes entr'ouvertes ; si la *phrygane* fermait entièrement son domicile par les deux bouts, elle ne serait plus dans l'eau, ou du moins l'eau qu'elle y renfermerait avec elle, n'étant jamais renouvelée, perdrait en peu de temps les conditions nécessaires. Elle file un petit grillage aux deux extrémités de son habitation, puis une *amarre* qu'elle attache à quelques brins d'herbes du rivage : ceci fait, elle s'endort tranquille en attendant une vie plus heureuse et plus brillante ; elle s'endort dans l'eau pour se réveiller dans le soleil et dans le bleu de l'air.

Voici, presque le pied dans l'eau, un *tussilage* vulgairement appelé *pas-d'âne*, sans doute à cause de la forme et de la largeur de ses feuilles. Ses feuilles, qui sont grandes comme la paume de la main et rondes, ne viendront que l'été ; la plante ne montre pour le moment que ses fleurs ; c'est la plus printanière des fleurs aquatiques, c'est une marguerite d'un jaune éclatant dont les rayons sont fins et déliés comme des cheveux. L'ancienne médecine, Hippocrate en tête, lui a longtemps attribué une influence salutaire sur le poumon; son nom même explique qu'il chasse la toux. C'est par son moyen que l'on a traité la toux et les affections catharreuses jusqu'à ce que la science, ne s'arrêtant pas dans ses progrès, ait découvert que cela n'était d'aucun effet ni sur le poumon, ni contre ses maladies, et n'était bon qu'à décorer le bord des ruisseaux au printemps, mérite bien suffisant. Malheureusement ce n'est qu'au bout d'un peu plus de mille ans que la science s'est avisée de se rectifier sur ce point. Néanmoins, on trouve encore dans presque toutes les pharmacies un bocal avec une étiquette rouge et dorée, sur laquelle est écrit *tussilago farfara.* Ce n'est qu'un bocal de plus; cela fait partie du décor de l'officine.

La plupart des médecins, je dis la plupart pour excepter avec raison quelques-uns que j'aime de tout mon cœur, la plupart des médecins sont comme les sorciers, qui aiment bien mieux vous dire ce que fait à l'instant même le grand Mogol dans sa cour que de vous dire l'heure qui est à la montre que vous avez dans votre poche. Les médecins guérissent la peste dont quelques-uns nient l'existence et qui est inconnue dans nos climats, la lèpre qui n'existe plus que dans l'Orient et dans les livres; mais ils guérissent assez peu un cor au pied, et point du tout le rhume de cerveau.

Mais il semble ici que quelque gnome lance des flèches qui sortent de la terre et y sont retenues par leur extrémité empennée. C'est la *sagittaire,* si commune sur le bord des eaux tranquilles; ses feuilles sont faites exactement comme un fer de lance et supportées par un long pétiole droit et roide qui représente le bois de la flèche. Du sein de ses feuilles s'élève une tige qui porte un épi de fleurs blanches composées de trois pétales arrondis dont la base est d'un violet un peu rouge. Le haut de l'épi est occupé par les fleurs mâles chargées d'étamines jaunes qui, avec le blanc et le violet de la fleur, forment une ravissante harmonie de couleurs. Au-dessous sont les fleurs femelles qui n'ont point d'étamines et, semblables aux beautés esclaves de l'Orient, reçoivent d'en haut et humblement placées les caresses fécondes que laissent tomber leurs époux.

Les tiges de cette plante contiennent une espèce de moelle d'un goût fort agréable.

Une sorte de cresson à petites feuilles arrondies et luisantes s'étend sur le bord de l'eau et jusque dans l'eau ; il se couronne de petites fleurs d'un beau bleu sombre.

Mais voici la reine des prés ! Elle ne rampe pas, elle ! elle lève fièrement au milieu des autres plantes sa tige qui sort d'un feuillage riche et touffu, d'un vert foncé au-dessus et blanchâtre au-dessous. Cette tige porte triomphalement un beau thyrse de petites fleurs blanches charmantes ; épanouies au bas du thyrse, elles offrent, au haut, des boutons dont la forme rappelle les boutons de la fleur de l'oranger ; ses fleurs, dont l'odeur est douce et délicate, mêlées dans le vin, lui donnent le fumet du vin de Malvoisie, ce qui m'inquiète relativement au fait que voici :

On sait qu'un duc de Clarence, frère d'un roi d'Angleterre, condamné à mort, demanda pour toute grâce qu'on l'étouffât dans un tonneau de vin de Malvoisie.

En effet, il y a bien des moments dans la vie où on serait enchanté d'être mort. Ce n'est que de mourir qui est désagréable ; aussi l'aspect de la mort change-t-il beaucoup, suivant les circonstances.

La mort n'est pas ce grand squelette invariable que l'on nous présente d'ordinaire ; elle a toutes sortes de formes et de figures, et dans le nombre il y en a beaucoup qui semblent beaucoup moins désagréables que d'autres.

Voyez-la à la guerre, elle est accompagnée du bruit des clairons et des tambours, entourée de fumée et de l'odeur capiteuse de la poudre. Glorieuse et noble, promettant des honneurs, des rubans, des grades, et les douces récompenses de l'amour et des regards d'admiration, elle invite à la suivre, et c'est volontairement que l'homme enivré se jette dans ses bras.

Voyez-la dans un lit : le malheureux qui l'attend ne respire plus l'odeur irritante de la poudre, mais l'odeur débilitante des tisanes et des cataplasmes. Il meurt en détail ; il meurt faible, craintif, idiot, se cramponnant de l'âme à la vie, et des ongles aux couvertures et aux rideaux de son lit, et aux draps qui lui serviront de linceul.

Le duc de Clarence fut donc étouffé comme il l'avait demandé.

Mais, s'il est un moyen de tromper, de voler, de donner une chose pour une autre, soyez sûr que c'est un secret très-répandu.

Qui nous assure que le vin dans lequel mourut Clarence était de véritable vin de Malvoisie? Certes l'homme qui avait choisi ce genre de mort dut sentir une dernière et fâcheuse impression s'il aperçut, au suprême moment, qu'on l'avait volé sur la qualité de vin contenu dans la tonne qui devait lui servir de cercueil.

De petits insectes ronds à ailes dures, comme celles des scarabées, s'amusent sur l'eau d'une singulière façon; ils font des cercles avec une vivacité qui fatigue l'œil ; c'est un mouvement qui doit avoir son charme, puisqu'il s'est trouvé des gens qui en ont fait une pratique et un cérémonie religieuse. L'insecte s'appelle *gyrin*, les prêtres s'appellent *derviches*.

Un autre, plus grand et de forme elliptique, est un *hydrophile;* il a six pattes dont les dernières sont en forme de rames et lui permettent de venir au-dessus de l'eau d'où il s'envole, et de descendre au fond où il trouve sa subsistance; il pond dans une poche de soie qu'il attache sous une feuille de plante aquatique et qu'il referme quand il a pondu. La larve, c'est-à-dire l'insecte, qui a une forme différente et qui plus tard doit devenir un hydrophile, sort de l'eau quand elle est née et va s'enfoncer dans la terre un peu au-dessus de l'eau, dans un trou dont elle ressortira plus tard hydrophile parfait.

Comme je vous parlais du cresson tout à l'heure, mon ami, j'ai oublié de vous apprendre une chose que vous ne devineriez peut-être pas ; c'est que pour les botanistes, pour les savants, le cresson de fontaine qui pousse dans l'eau, qu'ils appellent *sisymbrium nasturtium*, et la giroflée jaune qui croît sur les vieux murs, sont, à peu de détails près, une seule et même chose; la description qu'ils donnent des deux plantes est presque identique.

Il y a dans l'aspect et le bruit de l'eau un charme indéfinissable · il est des gens qui se prétendent *sérieux*, parce qu'ils font leurs sottises d'un air refrogné et avec des habits de certaines couleurs ; qui se prétendent exclusivement *graves*, parce que leurs enfantillages ne font rire que les autres. Ces gens regardent comme un signe d'idiotisme de regarder couler l'eau ; j'avoue ici que c'est une occupation à laquelle je trouve un attrait singulier et une de celles auxquelles je me livre avec le plus d'ardeur. L'eau qui roule, c'est à la fois un tableau et une musique qui fait couler en même temps de ma cervelle comme un ruisseau limpide et murmurant de douces pensées, de charmantes rêveries, de mélancoliques souvenirs.

Il y a moins de gens qu'on ne le croit généralement qui regardent couler l'eau. Tel passe une heure accoudé sur le parapet d'un pont, qui contemple un pêcheur à la ligne, ou les chevaux qui halent un bateau, ou des blanchisseuses qui chantent. Mais être couché, enfoncé dans la grande herbe en fleurs, sous des saules au feuillage bleuâtre, suivre de l'œil une rivière ou un ruisseau, regarder les joncs qu'elle fait ployer et les herbes qu'elle entraîne, les vertes demoiselles qui s'arrêtent sur les fleurs roses du jonc fleuri, ou sur les fleurs blanches ou violettes de la *sagittaire,* ou sur les petites anémones blanches qui fleurissent sur un large tapis de verdure, verdure qui semble les cheveux verts de quelque néréide, et ne voir que cela; écouter le frôlement de leurs ailes de gaze et le murmure de l'eau contre les rives, et le bruit d'une bouffée de vent dans les feuilles du saule, et n'entendre que cela, et oublier toute autre chose, et se sentir le cœur rempli d'une joie indicible, sentir son âme fleurir et s'épanouir au soleil, comme les petites fleurs bleues des *Wergiss-mein-nicht* et les fleurs roses du *jonc fleuri,* ne ressentir aucun désir et point d'autre crainte que celle de voir un gros nuage blanc qui s'enroule à l'horizon monter au ciel et cacher un instant le soleil: voilà ce que j'appelle regarder couler l'eau, voilà qui est, non pas un plaisir, mais un bon-

heur que je compte entre les plus grands qu'il m'ait été donné
de goûter dans ma vie.

Je vous parlais tout à l'heure des blanchisseuses qui chantent
au bord des rivières ; voici une chanson que je me suis toujours
rappelée et que chantait une fort belle fille :

> Les hommes sont trompeurs,
> La chose est bien certaine.
> Sont-ils auprès de vous :
> Mademoiselle, je vous aime.
>
> Sont-ils auprès de vous :
> Mademoiselle, je vous aime.
> En sont-ils éloignés,
> Ne disent plus de même.
>
> En sont-ils éloignés,
> Ne disent plus de même.
> Rencontrent-ils leurs amis :
> Connais-tu mamzelle telle?
>
> Rencontrent-ils leurs amis :
> Connais-tu mamzelle telle?
> Elle croit, de bonne foi,
> Que j'suis amoureux d'elle.
>
> Elle croit, de bonne foi,
> Que suis amoureux d'elle,
> Pour lui fair' voir que non
> J'fais l'amour près d'chez elle.
>
> Pour lui fair' voir que non
> J'fais l'amour près d'chez elle.
> Cherchez un autre amant
> J'ai une autre maîtresse.
>
> Cherchez un autre amant,
> J'ai une autre maîtresse.
> — Je n'en chercherai pas,
> J'en ai à la douzaine.
>
> Je n'en chercherai pas,
> J'en ai à la douzaine.
> Et de ceux que j'aimais,
> Vous faisiez le treizième.

Comme j'étais assis au-dessous d'un grand frêne, il en est tombé une cantharide ; malgré son odeur, qui, sans être des plus mauvaises, est insupportable à cause de sa violence, je l'ai tenue quelque temps dans ma main à admirer la brillante couleur verte glacée d'or dont elle est vêtue. Beaucoup d'insectes portent leur magnificence sur les ailes ; la cantharide est toute de la même couleur et de même éclat.

Cela me fit songer à la parure dont les hommes sont souvent si fiers, et dont les deux sexes se servent si laborieusement pour se plaire l'un à l'autre et se séduire mutuellement. Je comprendrais qu'un insecte qui éclate au soleil des plus riches couleurs fût fier de sa parure ; je pardonnerais à l'oiseau qui le matin se secoue sous le premier rayon du jour et se trouve richement vêtu, d'être un peu vaniteux de son plumage, parce que les ailes du papillon et les plumes de l'oiseau leur appartiennent et sont une partie d'eux-mêmes. Mais est-il rien qui doive rendre aussi humble que la toilette d'un homme ou d'une femme ? N'est-ce pas d'abord un aveu triste que celui que notre corps est un cadavre qu'on n'embellit qu'en le cachant, but pour lequel on emploie les moyens les plus violents et les plus extraordinaires ? Cette bague, cet anneau d'or orné d'une grosse perle et qui vaut mille écus, a été arrachée aux entrailles de la terre et aux rochers des abîmes de la mer. Et elle n'a pour but que de cacher un très-petit espace de la main, qui vous paraît moins beau qu'un peu de métal et la gravelle d'une huître, car les femmes qui sont tout à fait contentes de leurs mains ne portent pas de bagues.

Et tout le reste de votre parure est le superflu des animaux qui broutent dans les prairies ou des insectes qui rampent sous vos pieds ; il n'en est aucun auquel vous n'empruntiez un peu de sa parure. Vos plus grands et resplendissants ajustements sont pris des lambeaux que vous dérobez aux uns et aux autres, aux mouches et aux vers à soie.

Voyez passer cette femme : hier elle était douce et bonne, aujourd'hui la voilà fière et insolente ! qu'y a-t-il donc de changé en elle ? Rien, seulement elle a sur la tête une plume arrachée à la queue d'une autruche.

Comme une autruche doit être fière, elle qui en a tant et qui lui appartiennent !

Mais ce sera bien pis demain, quand elle s'enveloppera d'un schall fait des poils de certaines chèvres du Thibet, de chèvres que j'ai vues et qui réellement n'en paraissent pas si enorgueillies à beaucoup près que les femmes qui les leur empruntent.

Et cette robe qui vaut des regards si dédaigneux aux autres femmes, c'est la coque dont s'enveloppait un gros ver appelé ver à soie, coque qu'il abandonne avec dédain aussitôt qu'il est devenu un *papillon* blanc lourd et assez laid.

C'est une chose singulière que de rapprocher cette humilité qui conduit l'homme à dérober ses propres formes, à se parer du superflu des insectes et des animaux, de la supériorité qu'il s'attribue sur toute la nature. Il faut avouer encore qu'un homme qui réunirait les facultés de certains insectes ; qui pourrait, comme l'hydrophile, voler dans les airs et plonger au fond des eaux, n'aurait, pour passer pour un dieu parmi les autres hommes, qu'à ne pas trop s'opposer à la servilité naturelle qui est le partage de la plupart des hommes, même de ceux qui parlent le plus de liberté et d'indépendance. Lisez l'histoire, on n'a jamais renversé un tyran qu'au bénéfice plus ou moins immédiat d'un autre tyran. Aujourd'hui que l'on se pique de ne pas saluer le roi, on détèle les chevaux des danseuses et des courtisanes, on s'attache à leur place, et on traîne leur carosse en triomphe.

Nous parlions d'insectes splendidement vêtus ; suivez de l'œil celui-ci qui vient de se poser sur un coquelicot : il n'est pas richement habillé, le jaune et le brun sont les couleurs de son costume, mais il a un autre luxe qui vaut bien le luxe des habits. Dans le milieu d'une allée, est un petit trou de la largeur d'un tuyau de plume ; c'est l'entrée de la maison que cette espèce d'abeille s'est faite dans le sol en enlevant de sa petite caverne la terre grain à grain. Ce n'est point par le hasard que vous la voyez sur un coquelicot. Elle est en train de se tailler en plein drap une tapisserie de satin ponceau dont elle veut décorer son logis. En effet, avec ses dents elle découpe sur le bord d'un des pétales de la fleur une petite pièce qui forme très-régulièrement la moitié d'un ovale ; elle saisit dans ses pattes la pièce pliée en deux et la porte dans sa maison. L'entrée est étroite et profonde de près de trois pouces ; la pièce de satin rouge est un peu chiffonnée, mais elle l'applique contre les parois et l'étend convenablement ; il faut une vingtaine de morceaux pour tendre toute la chambre. Mais vous lui pardonnerez ce luxe quand vous saurez que cet appartement si richement tendu, c'est le berceau de l'enfant qu'elle doit bientôt mettre au monde. La tapisserie est placée, elle se remet en route ; il ne suffit pas au futur habitant de la jolie cellule d'être bien logé, il faut encore qu'il trouve une nourriture suffisante, car sa mère ne pourra lui en apporter : elle sera morte avant que l'œuf dont il doit sortir ne soit éclos. Elle apporte après ses pattes la poussière des étamines des fleurs, qu'elle délaye avec du miel et dont elle fait un amas. Alors seulement elle dépose auprès un œuf duquel sortira un ver qui plus tard deviendra une abeille. Ce n'est pas tout : si elle laissait la maison ouverte, quelque ichneumon y pourrait venir en ennemi, ou les fourmis viendraient manger le miel. Elle détend le péristyle de sa maison, c'est-à-dire le petit conduit en tuyau de plume qui mène à l'appartement et qui était, comme le reste, revêtu de feuilles de coquelicots ; puis elle pousse cette partie de tapisserie jusqu'à l'entrée de sa chambre, après quoi elle remplit de terre ce tuyau dont il est presque impossible de retrouver la trace.

Revenons au bord de mon ruisseau, loin duquel cette petite abeille nous a entraînés. Voici un arbrisseau dont les rameaux sont d'un beau jaune ; c'est le saule dont les jeunes branches sont connues sous le nom d'osier ; ces chatons de fleurs attirent un grand nombre d'abeilles.

Il est fort question de saules chez les poëtes anciens.

Le psalmiste raconte que les Israélites esclaves avaient suspendu leurs instruments de musique aux saules de Babylone. Virgile montre Galatée qui se cache derrière les saules.

> Malo me Galatea petit, lasciva, puella
> Et fugit ad salices et se cupit ante videri.

« Elle se cache, mais elle veut qu'on la voie se cacher. »

En cent endroits il parle des *saules amers* que broutent les chèvres ; des saules d'un *vert bleu* que chérissent les abeilles.

Le bouleau élance sa tige blanche satinée sans nœuds à une grande hauteur, et livre au vent sur des branches d'une extrême finesse, son feuillage léger qui tremble au plus léger souffle. C'était le bouleau qui avait le privilége de fournir les verges à l'ancienne Université. Les Finlandais remplacent le thé par des feuilles de bouleau ; les Suédois tirent de sa sève un sirop dont ils font ensuite une liqueur spiritueuse ; à Londres, on en fait du vin de Champagne. Les usages les plus vertueux auxquels on le soumet sont les balais et les sabots. Pline parle du bouleau et des verges.

> Betula, terribilis magistratuum virgis.

L'hièble étale à trois pieds au-dessus du sol ses riches ombelles de fleurs blanches, dont chaque ombelle est large comme les deux mains ; ses fruits noirs sont remplis d'un suc violet, dont le dieu Pan, au rapport de Virgile, avait le visage teint, d'après un bizarre usage des anciens Romains qui peignaient leurs dieux aux jours solennels.

> Pan...
> Sanguineis ebuli baccis... rubens,

Ici mon ruisseau disparaît sous l'herbe, sous les iris à fleurs jaunes, sous une foule de plantes aquatiques et d'arbres qui aiment la fraîcheur. Il faut faire le tour d'un groupe d'arbres pour le retrouver à un endroit où il se jette dans une sorte de grande mare entourée de saules, de roseaux et d'iris.

Vale.

LETTRE XX.

Une touchante pensée a consacré certaines plantes et certains arbres à ceux qui sont sortis de la vie : le *cyprès* qui élève son feuillage noir comme une pyramide ; le *saule-pleureur* qui enveloppe une tombe de ses rameaux pendants ; le *chèvrefeuille* qui vient dans les cimetières plus beau et plus vigoureux que partout ailleurs, et qui répand une odeur suave, qui semble être l'âme des morts qui s'exhale et monte au ciel ; et la *pervenche* avec son feuillage d'un vert sombre et ses fleurs d'un bleu lapis, si frais et si charmant, et que dans les campagnes on appelle *violette des morts*. Mais il est d'autres fleurs qui se rattachent à certaines joies, à certaines douleurs mortes aussi ; car l'oubli est la mort des choses qui ne vivent plus que dans le cœur.

Ces fleurs reviennent chaque année, à une époque fixe, comme des anniversaires, me redire bien des récits du passé, des espérances mortes et des croyances mortes, dont il ne reste que ce qui reste des morts chéris : une tendre tristesse et une mélancolie qui amollit le cœur,

Ces idées me reviennent en voyant ces wergiss-mein-nicht, ces petites fleurs bleues dont le pied est dans l'eau.

Pour vous, mon ami, pour tout le monde, ce grand tilleul est une tente magnifique, d'un vert transparent ; vous y voyez sautiller des oiseaux, voltiger quelques faunes ou quelques sylvains, papillons qui aiment l'ombre et le silence ; vous respirez la douce odeur de ses fleurs. Mais pour moi, il me semble que le vent qui agite ces feuilles me redise toutes ces choses que j'ai dites et entendues au pied d'un autre tilleul, à une époque déjà bien éloignée ; l'ombre des feuilles de l'arbre et les rayons de soleil qu'elles tamisent forment pour moi des images que je ne revois que là ; cette odeur m'enivre, et trouble ma raison, et me plonge dans des extases et dans des rêves. Les pythonisses voyaient l'avenir au moment de l'inspiration ; moi, je revois le passé, mais non pas comme passé ; je remarche chacun des pas que j'ai faits dans la vie, tout renaît pour moi, avec les couleurs des vêtements, les paroles mêmes qui ont été dites et le son de la voix. Je n'oublie d'aucun instant la moindre circonstance ; en me rappelant un mot, je revois mille détails que je ne savais pas avoir remarqués ; je revois les plis de sa robe et les reflets de ses cheveux ; je revois comment le soleil et l'ombre se jouaient sur son visage, et quelles fleurs s'épanouissaient dans l'herbe, et quelles odeurs s'exhalaient dans l'air, et quel bruit lointain se faisait entendre ; je revois, je respire, j'entends tout cela.

Si mes yeux tombent sur une de ces *ravenelles,* de ces giroflées jaunes qui fleurissent dans les murs, si je respire son parfum balsamique, je deviens la proie d'un enchantement. J'ai vingt ans ; ce n'est plus dans ce jardin-ci que je me trouve ; je monte un escalier de pierres vertes de mousses, dans les fentes duquel fleurissent des *ravenelles,* et mon cœur bat comme si j'allais la trouver au jardin. Ces *liserons,* ces belles cloches, violettes, blanches, roses, panachées, qui grimpent après les treillages et les arbrisseaux, me racontent quel jour nous en avons semés ensemble, et à quelle heure de la journée, et quelle forme avaient en cet instant les nuages blancs sur le ciel bleu, et comment, en nous relevant, comme nous étions baissés pour mettre les graines dans la terre, nos cheveux se touchèrent ; et alors mes cheveux communiquent encore à mon âme un frisson électrique. Et comme, ensuite, tous deux, nous nous levions de bonne heure pour voir *nos* liserons, dont les fleurs se ferment et se flétrissent aussitôt qu'elles sont touchées par le soleil. Je sais encore lequel des liserons a fleuri le premier ; c'était une grande cloche d'un beau bleu sombre, passant au violet par des gradations insensibles à mesure que l'œil approchait du fond de la fleur, qui était blanc. Il y en avait de blancs divisés par une croix rose ou une croix bleuâtre ou violette ; d'autres d'un rose pâle avec une croix plus foncée : quelques-uns rayés de blanc, de rose et de violet.

Et les grandes passe-roses, au port noble et majestueux,

comme celui des peupliers d'Italie. Il y en avait, dans le jardin des tilleuls, une touffe à fleurs jaunes, toujours remplie d'abeilles, de bourdons noirs et orange, et de grosses mouches noires avec des ailes violettes. Il me semble, quand je revois ici des passe-roses jaunes, et les mouches noires à ailes violettes, et les abeilles, et les bourdons bruns et orange, il me semble que ces choses, semblables à celles d'un autre temps, attirent les autres circonstances après elle, comme les grains d'un chapelet.

Fleurissez, fleurissez ! monuments gracieux que j'élève ici à mes chers morts, à tout ce que j'ai cru, à tout ce que j'ai aimé, à tout ce que j'ai espéré, à tout ce qui a fleuri comme vous dans mon âme, à tout ce qui s'est flétri, mais pour toujours, tandis que chaque été vous revenez avec votre éclat, votre jeunesse et votre parfum.

Adieu.

LETTRE XXI.

Les aulnes, des saules de diverses sortes, des peupliers de trois, de quatre espèces, nous séparent d'un petit chemin qui conduit à la mare entourée de roseaux ; là, une eau fraîche et limpide permet de voir jusqu'au fond les petites roches, et le sable et les poissons.

Il y a loin du *roseau*, un des premiers instruments de musique des anciens, au piano, à la flûte, au basson, à la harpe et au violon.

Il est à remarquer cependant que les miracles de la musique doivent être reportés à l'époque où les grands musiciens soufflaient dans les tuyaux d'avoine ou des tiges de roseau, ou tiraient trois cordes tendues sur une écaille de tortue.

Ille ego qui quondam gracili modulatus *avenâ*...
Orpheus viduos sonorâ, solabatur *testudine* amores.

Alors on apaisait la fureur des bêtes les plus farouches; alors on persuadait aux pierres de s'assembler elles-mêmes en muraille et de se cramponner solidement les unes aux autres; alors le son d'une flûte d'avoine endormait Argus.

Aujourd'hui qu'on a inventé et perfectionné tant d'instruments, aujourd'hui qu'on méprise non-seulement les musiciens des siècles passés, mais encore et surtout les musiciens d'hier, aujourd'hui il ne s'agit plus de bâtir des villes, d'apaiser des lions ou d'atteler des dauphins; aujourd'hui on ne peut plus décider les hommes à venir seulement écouter la musique. En effet, à l'Opéra, pour que les gens consentent à être là pendant qu'on souffle dans certains instruments et qu'on frappe sur d'autres, il est nécessaire de leur montrer des danseuses décolletées par en haut et par en bas jusqu'à la ceinture; des danseuses qui n'ont de vêtements que bien juste de quoi rendre la nudité plus indécente; des danseuses plus que nues, car elles montrent aux yeux plus encore que ce que la nature leur a donné. Il faut inventer toutes sortes de moyens et de mensonges pour persuader aux gens que tout le monde y va, sans quoi personne n'y irait.

Dans les concerts, savez-vous combien de bassesses font les pauvres diables qui les donnent, pour obtenir que les gens leur accordent dix francs, sous prétexte d'entendre des morceaux qu'ils entendent soixante fois chaque hiver?... Savez-vous quels tristes gluaux il leur faut tendre, quelles humiliations il leur faut accepter, quelles sottises il leur faut subir!

Midas avait préféré la flûte de Marsyas à la lyre d'Apollon. La flûte de Marsyas se composait de sept tuyaux d'avoine ou de roseau;... la lyre d'Apollon était une écaille de tortue sur laquelle étaient tendues trois ficelles. Apollon se fâcha, et il eut moins tort qu'on ne l'a toujours dit. En effet, les deux instruments devaient être également ennuyeux et parfaitement insupportables; il n'y avait pas de choix à faire, et on pouvait prendre pour de la malveillance la supériorité qu'accordait le roi Midas à l'avoine sur la tortue.

Apollon agit alors comme feraient bien des pianistes, s'ils

l'osaient ; il écorcha son rival et fit naître des oreilles d'âne à son juge.

Le roi Midas cacha ses oreilles comme il put, mais il fut obligé de les confier à son barbier, lequel, ne pouvant plus garder un pareil secret, fit un trou dans la terre, et, quand le secret l'étouffait, il allait en débarrasser son gosier en mettant sa tête dans le trou, et en disant : « Midas, le roi Midas a des oreilles d'âne. » Des roseaux crûrent dans ce trou, et quand ils étaient agités par le vent, au lieu de murmurer simplement comme font les autres, et comme le doivent d'honnêtes roseaux, ils disaient : « Midas, le roi Midas a des oreilles d'âne. »

Après cette vieille histoire, nous n'osons pas parler d'un roseau, sceptre triste et ironique, accompagnant une couronne d'épines.

Le roseau (*calamus*) a été la première plume. Le roseau servait à faire des flèches et des cannes :

> Lethalis arundo. (Vir.)
>
> .... Equitare in arundine longa. (Hor.)

Une sorte de punaise d'un gris verdâtre sort de la vase, quitte l'eau au fond de laquelle elle a vécu jusqu'ici, et s'accroche à une petite branche de roseau ; là, elle enfonce dans l'écorce du roseau deux petites griffes bien acérées qu'elle a à chaque patte ; après quelques moments d'immobilité, vous voyez ses yeux devenir brillants, son dos se fend et se déchire ; puis une tête s'élève par l'ouverture ; après cette tête viennent le corps et les ailes d'une *libellule* ou *demoiselle* ; les ailes sont plissées et informes, le corps est mou et ramassé ; elle attend que l'air au-dehors, que la vie au-dedans, aient tout mis en bon état ; au bout d'une demi-heure, elle se secoue et s'envole, légère, svelte et richement parée des couleurs de l'émeraude, de la turquoise, et pour le moins aussi éclatante.

En effet, j'en vois une foule qui se jouent dans l'air et se posent sur les roseaux ; quelques-unes s'élancent et disparaissent à tire d'aile, mais pour revenir quelques instants après. Elles vivent de proie et dévorent les insectes de l'air, comme elles mangeaient ceux de l'eau sous leur première figure.

Entre tous les insectes ce sont ceux peut-être qui ont le moins de ressemblance d'un sexe à l'autre. D'abord le mâle est plus grand que la femelle, contrairement à ce qu'on remarque dans tous les autres insectes ; ensuite ils ont des vêtements tout à fait différents. En voici de grosses qui sont rayées de jaune et de noir-verdâtre ; leurs mâles sont le plus souvent de couleur ardoisée ; quelques mâles cependant sont jaunes comme leurs femelles. En voici d'autres d'un bleu sombre et luisant, avec des taches noires sur l'extrémité des ailes ; leurs femelles sont d'un beau vert doré.

Leur manière de faire l'amour ne laisse pas que d'être singulière, quoique ce ne soit pas un procédé nouveau pour les hommes. C'est par l'obstination et l'ennui qu'elle cause, c'est par une assiduité presque hostile, que les mâles viennent à bout de séduire la beauté qui captive leur cœur, d'ordinaire de la moitié de septembre à la moitié d'octobre. Nous ne tarderons pas à en voir un exemple ; voici une femelle verte et dorée qui se pose sur un jonc à fleurs roses ; elle reluit coquettement au soleil ; un mâle bleu l'a aperçue. il se précipite sur elle et la saisit à la gorge ; il porte à l'extrémité de son long corps une pince dans laquelle il prend le col de la belle, puis il l'enlève. Jusque-là ce n'est que de la violence et de la brutalité, mais elle ne peut le conduire à grand'chose ; leur conformation à tous deux est telle qu'il ne peut être heureux que du consentement de la femelle ; il ne peut donc que la *forcer* à se donner *volontairement* à lui. Il l'emporte ainsi à travers les airs, et ne la lâche plus qu'elle n'ait consenti à couronner sa flamme.

Les prairies et le bord des étangs sont témoins quelquefois de résistances d'une demi-heure.

Savez-vous ce que c'est qu'une résistance d'une demi-heure pour un insecte qui ne vit qu'un été !

J'ai vu plus d'une fois dans le monde une jeune femme entourée des hommes les plus beaux, les plus spirituels, les plus aimables. finir par se donner à quelque homme vieux et laid que personne ne s'était avisé de craindre. Ces gens-là réussissent par le procédé dont nous venons de parler, par l'ennui, par l'obsession, par l'acharnement; parce qu'ils attendent, un moment, pendant quinze ans; ils sont ennemis de tout amant qui se présente, ils savent au besoin alarmer le mari et épouvanter la femme; ils épient toutes les impressions, tous les regards, toutes les pensées; si cependant on réussit à tromper Argus, ne croyez pas qu'il se laisse couper la tête comme celui de la Fable, Argus devient le confident de l'amour qu'il n'a pas su empêcher. Il met quinze ans à faire le chemin qu'un autre fait en huit jours ou ne fait pas du tout; aussi n'avance-t-il que d'une demi-ligne à la fois, son premier pas visible est le dernier. Et puis, il y a des femmes qui finissent par aimer l'amour d'un homme sans aimer sa personne; elles se croient amoureuses et cèdent au sentiment qu'elles croient éprouver; ce n'est que plus tard qu'un second amour vient leur ouvrir les yeux.

Les eaux et les rivages ont leurs arbres, leurs fleurs et leurs papillons, qui sont les libellules. Il est une autre sorte de libellule ou demoiselle qui, pour vous et pour moi, ressemble singulièrement à celle que nous venons de voir, mais entre lesquelles les naturalistes reconnaissent de grandes différences; ce n'est pas ici que nous les trouverons, elles n'ont pas vécu sous l'eau comme les autres, c'est au contraire dans le sable et sous le soleil le plus ardent qu'elles ont exercé leur premier état; il est plus que probable que nous les rencontrerons dans le cours de notre voyage.

Sur l'eau s'étendent de larges feuilles rondes et luisantes, d'un vert sérieux; sur ces feuilles s'épanouissent de belles roses blanches doubles; c'est le *nénufar;* c'est le lis des étangs. On le voit tenir ses feuilles roulées sous l'eau pendant tout le temps qu'il y a du froid à craindre; mais aussitôt que la belle saison est assurée, il allonge les pétioles de ses feuilles, et elles viennent s'étaler sur la surface de l'eau; les fleurs ne tardent pas à sortir de l'eau en bouton et à s'épanouir; le soir elles replient leurs pétales et reprennent la forme de boutons. Quand la fleur est fécondée, quand elle a passé le temps des amours, elle n'a plus besoin d'air ni de soleil, elle redescend sous l'eau, et ne remonte plus à la surface; c'est là que se forme et que mûrit le fruit, c'est là que les graines qu'il contient seront semées dans la terre du fond de la mare.

Dans un autre coin est le *nénufar* à fleurs jaunes, dont la fleur est simple, mais dont les mœurs sont exactement les mêmes.

On a beaucoup parlé des qualités du *nénufar;* les apothicaires ont longtemps fait avec ses racines un *électuaire de chasteté* fort en réputation. Les moines et les religieuses en font usage dans les couvents. Cependant cette vertu est plus que douteuse, depuis qu'on a remarqué que les paysans de certaine partie de la Suède considèrent la racine du *nénufar* comme alimentaire, et la font entrer dans la composition de leur pain... Or, il y a encore des Suédois, et il en naît tous les jours.

Il est une autre plante qui vit également dans les eaux, mais qui n'est pas dans nos jardins; c'est la *valisnère.* Elle n'a pas, comme le nénufar, l'amante et l'amant réunis dans la même corolle; ils sont sur des fleurs différentes, comme nous l'avons déjà vu à l'égard d'autres plantes; mais ici la séparation paraît plus cruelle et plus invincible; les fleurs femelles sont placées sur un long pédoncule en spirale, au moyen duquel elles viennent s'épanouir comme celles des nénufars à la surface de l'eau, tandis que les fleurs mâles sont retenues au fond et à une grande profondeur par un pédoncule très-court. Mais, à un moment donné, la fleur mâle se détache, monte libre à la surface, prodigue ses caresses aux amantes qui l'attendent et se laisse entraîner par le courant. La fleur femelle fécondée redescend sous l'eau, et va y mûrir et semer le fruit de ses amours.

Ici l'*oponogeton dystachion*, fleur blanche à étamines noires, exhale une douce odeur de vanille de sa corolle qui a l'air d'un coquillage; tandis que le *menyanthe* qui l'avoisine semble fait de plumes blanches, et que le *ponederia corbata* élève fort au-dessus de l'eau ses larges feuilles et ses épis bleus.

Quittons un moment le bord de ma mare pour aller chercher dans quelque autre coin du jardin le *cyclamen* qui a pour ses graines des soins analogues à ceux du *nénufar* et de la *valisnère*. Sa racine est un gros tubercule informe, duquel sortent d'abord des feuilles qui ont la consistance et un peu la forme de celles de certains *lierres,* mais qui sont agréablement panachées de blanc et de vert clair. Ces feuilles forment un cercle à plusieurs rangs, en laissant au milieu d'elles un espace circulaire où la terre est nue ; de cet espace s'élèvent plus tard des boutons de fleurs sur des pédoncules roulés en spirale en forme de tire-bouchons, qui se détendent graduellement et portent à quelques pouces d'élévation des fleurs blanches ou d'un violet rose, dont le centre est incliné vers la terre, et l'extrémité inférieure des pétales dressée en l'air. Quand la fleur est flétrie, quand les pétales sont desséchés, il ne reste plus qu'un ovaire grossi par la fécondation, une petite capsule d'un vert rougeâtre, qui renferme les graines. Le *cyclamen* n'a pas dans l'air la même confiance qu'ont les autres plantes, il resserre sa spirale, et ramène sa capsule dans la terre où les graines mûriront et se trouveront toutes semées.

Loin de là, nous avons vu les *scorsonères,* les *léontodons* livrer au vent leurs graines couronnées d'une aigrette en forme de plume. La plupart des plantes laissent tomber les leurs à leurs pieds. La *balsamine* lance les siennes au loin. Vous connaissez la *balsamine,* ses fleurs rouges ou blanches, couleur de chair ou violettes, ou panachées de blanc ou de violet, ou de blanc et de rouge ; lorsque ses graines sont mûres, elle fend d'elle-même la capsule qui les contient et les lance à quelques pas d'elle ; elles s'échappent ainsi, le plus souvent, sous la main du jardinier qui veut les recueillir.

Vale.

LETTRE XXII.

Nous voici arrivés à un groupe de vieux ormes enveloppés de *lierre* qui se rejoignent par le haut en forme d'ogives et ne laissent pas pénétrer le soleil. Sous cette ombre épaisse cependant fleurissent les *syringa* et les *chèvrefeuilles*; les syringa dont les fleurs blanches ont l'odeur de celles de l'oranger; le chèvrefeuille qui s'est emparé de ceux des arbres qui ont été oubliés par le lierre, et qui élève en s'étendant autour d'eux ses fleurs qui exhalent un parfum si doux; le chèvrefeuille est une des plantes qui se plaisent sur les tombeaux; c'est dans les cimetières que l'on rencontre les plus magnifiques. On sait l'effet que produit sur la pensée l'encens qu'on brûle dans les églises, pendant que l'orgue remplit la voûte du temple de ses voix puissantes. Il est quelque chose de plus religieux, de plus puissant, de plus solennel que les voix harmonieuses de l'orgue: c'est le silence des tombeaux. Il est un parfum plus enivrant, plus religieux que celui de l'encens; c'est celui des chèvrefeuilles qui croissent sur les tombes sur lesquelles l'herbe a poussé épaisse et drue en même temps et moins vite que l'oubli dans le cœur des vivants.

Quand le soir, au coucher du soleil, seul, dans un cimetière, on commence à frissonner au bruit de ses propres pas; quand on respire cette odeur de chèvrefeuille, il semble que tandis que le corps se transforme et devient les fleurs qui couvrent la tombe, et la *pervenche* bleue (la violette des morts), et le chèvrefeuille, il semble que l'âme immortelle s'échappe, s'exhale en parfum céleste et remonte au-dessus des nuages.

Beaucoup de poëtes ont parlé des vers qui dévorent les cadavres; c'est une horrible image, horrible surtout pour ceux qui ont livré à la terre des personnes chéries; ce ver de tombeau a été inventé par les poëtes et n'existe que dans leur imagination; les corps de ceux que nous avons aimés ne sont pas exposés à cette insulte et à cette profanation. Des savants, de vrais savants vous diront qu'il n'est pas vrai que la corruption engendre des vers, il faut que certaines mouches aient pondu des œufs d'où les vers doivent sortir, et ces mouches-là ne savent pas percer la terre au delà d'une certaine profondeur.

La vie est bien changée du jour où on a déposé dans la terre le corps d'une personne aimée ; que de choses vous inquiètent auxquelles vous n'aviez jamais songé ! c'est une image qui ne reste pas toujours à vos côtés, mais qui vous apparaît tout à coup au moment le plus inattendu, et qui vient vous glacer au milieu d'un plaisir ou d'une fête, qui arrête et tue un sourire qui allait fleurir sur les lèvres. Il ne faut pour l'évoquer et la faire apparaître qu'un mot qui était familier au mort, qu'un son, qu'une voix, qu'un air que l'on chante au loin, et dont le vent vous apporte une bouffée ; il ne faut que l'aspect et l'odeur d'une fleur, pour qu'on revoie à l'instant cette triste et chère image, et qu'on ressente au cœur comme une pointe aiguë, la douleur des adieux et de l'éternelle séparation.

De ce jour on a une partie de soi-même dans la tombe, de ce jour on ne se livre plus au monde et à ses distractions qu'en s'échappant et au risque d'être à chaque instant ressaisi et ramené au cimetière.

En effet, on a enterré dans leur tombe tout ce qu'on aimait avec eux ; et les fleurs cultivées ensemble, et les airs chantés ensemble, et les chagrins subis ensemble, et les joies savourées ensemble, toutes choses qui vous rappellent les morts et vous parlent d'eux.

J'avais dans un coin solitaire du jardin trois jacinthes que mon père avait plantées, et que la mort empêcha de voir fleurir. Chaque année, l'époque de la floraison était pour moi une solennité, une fête funèbre et religieuse ; c'était un mélancolique souvenir, qui renaissait et refleurissait tous les ans, et exhalait certaines pensées avec son parfum. Les oignons sont morts aussi, et rien ne vit plus que dans mon cœur.

Mais quel triste privilége a donc l'homme entre tous les êtres créés, de pouvoir ainsi, par le souvenir et la pensée, suivre ceux qu'il a aimés dans la tombe et s'y enfermer vivant avec les morts ! Quel triste privilége ! Et pourtant quel est celui de nous qui voudrait le perdre ? Quel est celui qui voudrait oublier tout à fait?

Vale.

LETTRE XXIII.

Sous les grands ormes voltige un petit oiseau qui a dû placer son nid dans quelque angle de muraille, ou nous le trouverons facilement; c'est le roitelet, non pas le même que celui qui habite un coin de ma vieille maison ; celui-ci est le vrai roitelet, celui qui a le premier reçu le nom, celui qui porte réellement la couronne d'or; l'autre, mon hôte, n'a reçu ce nom qu'ensuite, par analogie, à cause de sa petitesse, et aussi à cause de certaines similitudes ; on l'appelle *roitelet troglodyte.*

Celui-ci, qui comme l'autre s'échapperait à travers les barreaux d'une cage, sans presque y froisser ses plumes, celui-ci est de couleur olivâtre, mais le mâle porte sur la tête une petite huppe d'une couleur aurore éclatante; la femelle a la huppe de couleur citron. Leur nid est doublé de mousse, de toiles d'araignées, et du duvet qui entoure la graine de certaines plantes ; la femelle y pond six œufs d'un blanc rosé et gros comme des pois.

Mais quelle douce et saisissante mélodie semble sortir du feuillage armé de pointes aiguës de ce houx touffu. Une petite fauvette à tête brune y couve ses cinq œufs rougeâtres, tachetés de marron, dans un nid d'herbe et de crin, qu'elle a placé sur une des branches les plus basses. Sur une branche plus élevée, son mâle, qui a la tête noire, chante pour la distraire des ennuis de l'incubation. Il n'interrompt ses chansons que pour aller lui chercher des insectes qu'il lui apporte sur le nid. N'approchons pas, la fauvette n'a pas dans l'homme la même confiance que le roitelet ; elle abandonnerait son nid et ses œufs si elle me voyait plusieurs fois rôder à l'entour.

Çà et là voltigent des papillons nuancés de fauve et de jaune feuille morte; ce sont les sylvains et les faunes, qui ne s'écartent guère des ombrages.

Dans les creux des chênes, les cerfs-volants, les rhinocéros et d'autres scarabées attendent le soir pour voler.

Un grand papillon noir, avec une bordure d'un beau jaune au bas des ailes, s'élève jusqu'au haut des arbres; c'est le *Morio*.

En voici un autre qui frappe votre vue par sa taille et par une magnifique couleur de carmin, avec des bandes noires; vous le poursuivez pour le saisir et le voir de plus près; il s'échappe et vous le perdez de vue; vous le croyez bien loin, car l'éclat de son costume le trahirait aux yeux; vous vous trompez, il est à côté de vous, sur le tronc d'un bouleau; mais ce sont ses ailes inférieures seules qui ont de l'éclat; quand il est poursuivi, il les cache sous les supérieures qui sont grises et se confondent avec l'écorce des arbres sur lesquels il aime à se poser.

Dans l'herbe, sous l'ombre la plus épaisse, fleurissent les *primevères* et quelques *violettes* pâles, et le *muguet* dont la fleur a la forme et l'éclat d'une perle, mais d'une perle parfumée.

Bien des femmes préféreraient le muguet aux perles, mais toutes aiment mieux qu'on leur donne des perles; il y en a bien peu qui soient conduites à cette préférence par un sentiment d'avarice: les femmes sont, je le répète, comme les dieux, qui étaient plus flattés quand on leur sacrifiait les génisses grasses ou quand on leur offrait des ornements d'or massif; ils ne mangeaient point les génisses; ils n'avaient que faire de l'or, mais ces présents plus chers manifestaient de la part de ceux qui les offraient une plus grande vénération.

Encore à l'ombre fleurit l'*arum;* un cornet vert, auquel succèdent un épi de fruits écarlates, et l'*anémone* des bois, une charmante fleur blanche ou légèrement teinte de violet. C'est l'origine d'une anémone que nous retrouverons dans une autre partie du jardin; là, son feuillage forme un beau et riche gazon vert, duquel sortent, en forme de roses simples, les anémones oranges, écarlates ou pourpres, bleues, violettes ou blanches, ou panachées de ces diverses couleurs ; c'est l'aspect le plus riche et le plus magnifique qu'il soit possible d'imaginer.

L'anémone est une des plantes dites plantes d'amateurs.

Il y a des gens sobres de plaisirs qui se concentrent tout entiers dans une seule fleur : il y a des amateurs de tulipes, il n'y a pour eux au monde que les tulipes, les autres fleurs sont de mauvaise herbe ; et encore entre les tulipes, il n'y a que les tulipes à fond blanc, il n'y a que les tulipes à pétales arrondis. L'année commence pour eux le 15 mai et finit le 28 du même mois. Il y a les amateurs de roses, il y a les amateurs d'auricules, il y a les amateurs d'œillets, il y a les amateurs de dahlias, il y a les amateurs de camélias, il y a les amateurs de renoncules, il y a les amateurs d'anémones ! Ce sont les seules fleurs, les autres s'appellent *des bouquets*, et il faut voir de quelle manière on prononce le mot bouquet, de même que pour les chasseurs il y a des animaux qui sont du gibier, et d'autres qui n'en sont pas. Les amateurs de tulipes sont de tous les plus féroces, non pas cependant que les autres soient d'une grande douceur et que je conseille à personne de les approcher sans précautions. Il arrive parfois que les amateurs d'anémones cultivent simultanément les renoncules, mais ils s'exposent à se faire traiter de *fleurichons* par les amateurs plus sévères.

J'ai connu un amateur de tulipes qui, au moment de planter ses tulipes, fait chaque année deux mélanges : l'un de terre franche, de sable et de terreau de feuille, l'autre de terre argileuse, de fumier de pigeon et de terreau animal. Dans la première, qui est favorable aux tulipes, il plante ses oignons ; dans l'autre qui réunit toutes les conditions contraires, il place celles qu'il a reçues en présent ou en échange. S'il pense ses soins insuffisants, il les arrose d'un peu d'eau de savon. Puis à l'époque de la floraison, après vous avoir fait admirer ses plantes, il vous mène devant les autres et vous dit avec un air admirablement patelin : Voici des plantes que des amateurs distingués ont bien voulu m'offrir en échange des miennes.

Pour revenir aux anémones, elles ont été apportées en France des Indes-Orientales, il y a plus de deux cents ans, par M. Bachelier, qui fut dix ans sans en vouloir donner une à personne. Un magistrat alla le voir en robe, et faisant traîner les plis de sa robe sur les anémones en graine, trouva moyen d'en emporter quelques-unes, qui restèrent attachées après la laine.

J'ai ici un livre assez ancien, c'est-à-dire qui date d'une centaine d'années, qui a pour titre :

CATALOGUE DES ANÉMONES A PLUCHE.

J'y trouve surtout ceci de remarquable, et qui peut appuyer singulièrement ce que je vous ai dit dans une autre lettre relativement à la difficulté de s'entendre sur les couleurs ; c'est qu'il est question d'une foule de couleurs et de nuances, dont les noms ne disent absolument plus rien aujourd'hui.

Célidée, blanche, mêlée d'incarnat, sa pluche est *céladon;*
Colombine, est toute couleur *colombine;*
Éristée, est *perciquine;*
Marguerite, est couleur *fiammette:*
Françoise, est *nacarate;*
Syrienne, est *isabelle;*
Augustine, est *rouge mort*, etc.. etc.

La couleur *céladon* est vert blafard ; la couleur *fiammette*, rouge feu ; la couleur *colombine* est gris de lin, lavée de rouge et de violet; la couleur *nacarate* est rouge clair ; la couleur *isabelle* est un mélange de rose, de blanc et de jaune. Je ne sais trop ce que sont le *rouge mort* et la couleur *perciquine*.

Ne parlez pas à un amateur d'anémones d'autre chose que de ses anémones ; si vous lui dites : J'ai un bel œillet, il vous demandera : Quelle espèce d'anémone est-ce ? Ne pensez pas du reste que les amateurs de fleurs aiment les fleurs plus que les savants ; les savants ne reconnaissent pas l'anémone cultivée, ou disent que c'est un monstre, ou ils la dessèchent, la collent sur du papier, et écrivent au-dessous des mots barbares. Les amateurs se contentent d'exiger des anémones des conditions difficiles ; ainsi il y a une sorte de calice vert qui doit être placé juste à un tiers de la fleur, et à deux tiers de la terre, sans cela l'anémone étalera en vain les plus riches couleurs, elle sera honteusement rejetée des plates-bandes et déclarée bouquet. Je vous passe une douzaine de conditions plus ou moins singulières que l'on exige de ces pauvres fleurs.

Voici la *pivoine*, une sorte de rose gigantesque du plus beau rouge. Il n'y a pas d'amateurs de pivoines, si ce n'est de pivoine en arbre, parce que la pivoine en arbre est moins belle peut-être, plus difficile à cultiver, mais plus rare. La pivoine ordinaire, rouge, rose ou blanche, n'est tenue en aucune estime.

Elle est commune!

Merci, mon Dieu! de tout ce que vous avez créé de commun; merci, mon Dieu! du ciel bleu, du soleil, des étoiles, des eaux murmurantes, des ombrages des chênes touffus;

Merci des bluets des champs et de la giroflée des murailles;

Merci des chants de la fauvette et des hymnes du rossignol;

Merci, mon Dieu! des parfums de l'air, des bruissements du vent dans les feuilles;

Merci des nuages colorés par le soleil à son lever ou à son coucher;

Merci, mon Dieu! de l'amour, le sentiment le plus commun de tous;

Merci de toutes les belles choses que votre magnifique bonté a faites communes.

La pivoine a cependant été autrefois célèbre; elle a éloigné les tempêtes, rompu les enchantements, détourné les calamités, elle guérissait aussi un peu l'épilepsie. Son nom *pœnia* venait de Pœon, célèbre médecin, qui l'avait employée pour guérir *Pluton* blessé par *Hercule*. Aussi on ne récoltait pas légèrement la racine de la pivoine; c'était la nuit à une certaine heure et pendant une certaine phase de la lune, et encore fallait-il bien faire attention à ne pas être aperçu par le pic vert; si on était aperçu par le pic vert, on devenait aveugle.

La pivoine n'est plus qu'une belle et splendide fleur méprisée des amateurs, et qu'on ne voit guère que dans les pauvres jardins.

LETTRE XXIV.

Je ne suis pas, mon ami, sans avoir fait aussi quelques voyages ; il y a un temps où j'écrivais en quelques mots, chaque soir, le résumé de mes impressions de la journée.

Voici quelques-unes de ces lignes :

Lille. « Je suis allé à la messe de minuit ; de vieilles femmes
» priaient et se préparaient à faire un souper appelé réveillon ;
» de temps en temps elles tiraient de dessous leurs jupes une
» chaufferette, sur laquelle cuisaient deux ou trois harengs ;
» elles retournaient les harengs et remettaient la chaufferette *à
» sa place* et recommençaient à prier. »

« En *Picardie*, on m'a servi des tartes aux poireaux ; ce serait très-mauvais si on en pouvait manger. »

SUISSE :

« *Lausanne.* Ici j'ai pêché à la ligne dans le lac de Genève ; je n'y ai pas pris de poisson, c'est absolument comme dans les divers fleuves, lacs et rivières, où j'ai essayé la même pêche. Me voilà donc en Suisse. »

Quand je disais : Voilà un bel arbre, ou une eau limpide, ou un beau linceul de neige, ou une verte pelouse, on me disait : « Bah ! vous n'avez pas vu la Suisse ? — Non. — Alors ne parlez ni de gazon, ni de neige, ni d'eaux limpides, ni d'arbres, ni de rien que ce soit au monde. »

Un jour je suis parti pour la Suisse, non pas tant pour voir la Suisse que pour y être allé. Et pour pouvoir parler à mon gré d'arbres, d'herbes, d'eau et de neige.

Je partis donc ; mais ma haine des voyages partit avec moi et m'exposa à de singulières choses ; j'avais de l'argent et du temps pour trois semaines, et je découvris un soir qu'il y avait huit jours que je pêchais des gardons dans le petit lac de Nantua, me croyant en Suisse ; c'était fort beau du reste. J'aimais cette montagne demi-circulaire, couronnée de neige ; au-dessous de la neige, des sapins au feuillage noir, au-dessous des sapins, de beaux peupliers bordaient l'eau et y plongeaient l'ombre de leur cime.

Un jour, comme je regardais des voyageurs arrêtés à la douane, je compris que j'étais encore en France, et je passai la frontière. J'arrivai à Genève, mais en route, j'avais un regret et un remords, dont voici le sujet :

Comme j'étais sur le bateau qui conduit, par la Saône, de Châlon à Lyon, je remarquai une femme accompagnée de deux enfants : le premier avait douze ans, elle tenait le second sur ses bras. Il y avait dans l'aspect de cette femme un mélange de distinction et de malheur qui me toucha au plus haut degré. Son costume n'était pas un costume de voyage, mais un composé hétérogène de diverses pièces de diverses toilettes. Tout cela était fané et d'autant plus triste que l'on voyait que ç'avait été riche et élégant. Elle avait un chapeau vert, mais flétri, avec des fleurs chiffonnées, un manteau de tartan à carreaux rouges et noirs, un gant percé à une main, l'autre, nue, était blanche et distinguée, ses doigts effilés, ses ongles très-soignés, mais pas une bague, pas même une alliance ; c'était la main gauche qui était découverte. J'ai été pauvre, et il m'en est resté un tact merveilleux pour discerner la pauvreté, d'un coup d'œil, à travers les nobles mensonges de la fierté, à travers les touchantes ruses de l'orgueil. L'aîné des enfants était proprement vêtu ; mais ses vêtements, devenus courts et étroits, ses cheveux trop longs et séchés, montraient que sa mère avait de lui tous les soins qui ne demandent pas d'argent. Je ne sais quoi m'attristait auprès de cette femme ; son visage était beau, calme et digne, mais je surpris un regard doucement levé vers le ciel et reporté sur ses deux enfants, une sorte de prière muette et furtive. Il tombait une brume légère, mais froide et désagréable. Toutes les femmes étaient successivement descendues dans les chambres ; quelques hommes seulement restaient sur le pont; puis elle, assise et ses deux enfants. Elle ramena son tartan sur le petit. J'aurais donné tout au monde pour retenir la dernière femme qui descendit dans la cale, car j'avais vu ce qui retenait la pauvre mère sur le pont. Entre son poignet et son gant, j'avais vu passer le bout d'un papier jaune, c'était le billet qu'on lui avait donné en échange du prix de sa place : le mien était rose et désignait la première place, donc elle n'avait pris que les secondes ; sur le pont cela n'était pas visible, mais pour se mettre à l'abri, il fallait descendre dans une cabine où étaient tous les voyageurs des secondes places, des ouvriers et des femmes en fichu. J'adressai du meilleur de mon cœur une prière à Dieu pour que la pluie cessât. Quelques instants après, un rayon de soleil dissipa les nuages ; je crus que j'avais été entendu et exaucé, je remerciai Dieu comme je l'avais prié.

Comme nous laissions alors Trévoux sur la gauche, tous les voyageurs remarquèrent un jardin en terrasse sur la Saône ombragé d'un bouquet d'arbres charmants ; c'étaient des arbres de Judée, dont les fleurs serrées sur les branches formaient à l'œil une épaisse feuillée rose. Un rayon de soleil illuminait cette riante décoration. L'enfant la fit remarquer à la mère. Celle-ci tira du fond de son cœur un sourire pour son enfant, mais ce sourire pâlit et se glaça sur ses lèvres. Mes yeux ne pouvaient se détourner de ces trois êtres, et il semblait qu'une fée malfaisante se plût à me faire voir et deviner une à une toutes les pauvretés qu'ils cachaient. Quelqu'un demanda quelle heure il était ; l'enfant fouilla à sa poche, mon cœur se serra d'espoir et d'attente ; j'aurais donné tout ce que j'avais d'argent pour qu'il en tirât une montre. Dans cet instant d'indécision, il se passa mille choses dans mon esprit. Je me suis peut-être trompé, elle n'a pas de bagues, mais bien des femmes n'en portent pas. Elle n'aime peut-être pas les bijoux. J'ai connu une femme extrêmement riche qui n'en admettait jamais un seul dans sa parure Hélas ! l'enfant ne tira que son mouchoir.

Un homme alors répondit à celui qui avait demandé l'heure. C'était un homme court et plutôt épais que gros. Il paraissait avoir cinquante ans et avait les cheveux gris. Il était vêtu d'une redingote, d'un gilet et d'un pantalon de drap noir. Il était visible que cet homme n'attache aucune idée à nulle couleur et n'a de goût particulier pour aucune ; mais c'est qu'il est riche, et que le noir, lui a-t-on dit, est comme il faut. Ses bottes sont grosses, les sous-pieds de son pantalon ne sont pas cirés, sa tête est enveloppée d'un large col de chemise empesé ; il a du coton dans les oreilles ; lesdites oreilles sont percées, mais il ne porte plus de boucles d'oreilles. Il a un gros diamant a sa chemise et un autre à son doigt ; ses deux mains sont presque toujours dans les poches de son pantalon ; tout en lui dit : bête devenu sot, commun et riche. S'il répond à celui qui lui a demandé l'heure, c'est que cela lui donne une raisonnable occasion de tirer une large montre d'or ornée de gros cachets de cornaline qui lui battent le ventre ; la montre tirée, il la fait sonner à son oreille pour montrer qu'elle est à répétition.

L'enfant s'approcha et regarda la montre, lui, regarda l'enfant, et vit aussi vite que moi les vêtements courts et étroits.

— Eh bien, dit-il d'un ton bourru, tu me reconnaîtras, tu me regardes assez.

Deux autres hommes rirent de la plaisanterie. L'enfant devint rouge comme une cerise. Sa mère l'appela d'une voix douce et triste, puis elle le gronda un peu, puis elle l'embrassa. Elle aimait mieux lui dire qu'il avait tort, que de lui dire qu'il était pauvre.

Je m'approchai du bord comme pour regarder quelque chose. et d'un coup de coude je fis pirouetter le gros homme. Il grommela, je le regardai dans les yeux, il passa sur l'autre bord. J'aurais bien voulu causer avec cette femme, mais je craignais de l'offenser en lui adressant la parole ; peut-être croirait-elle que je suis plus hardi avec elle qu'avec les autres. L'enfant vint s'appuyer sur le bord du bateau, je lui parlai et j'étais timide avec cet enfant de douze ans ; je l'aurais presque remercié de ce qu'il voulait bien me répondre. Je trouvais dans cette pauvreté la chose la plus respectable que j'eusse jamais vue de ma vie. J'aurais bien voulu savoir si la mère me voyait causer avec intérêt avec son enfant, mais je n'osais regarder de son côté. Je jure qu'il n'y avait là aucune pensée personnelle ; j'avais alors dans le cœur et dans la tête plus d'amour pour une autre qu'il n'y en peut raisonnablement tenir — mais j'avais compris comment cette femme avait été blessée de la rusticité de ce malotru. J'espérais effacer cette impression par une impression contraire, et puis je me plaisais tout en répondant aux questions de l'enfant plus hardi avec moi que je ne l'étais avec lui, je me plaisais à suivre la série de pensées que je pouvais faire naître dans le cœur de sa mère. D'abord elle ne croit plus que son enfant soit destiné à être repoussé par tous, parce qu'elle est pauvre ; puis elle pense que ses questions et son langage intéressent un homme d'un âge mûr, et elle se dit : Il aura de l'esprit, ce sera un homme distingué, il sera un jour honoré. Il vint un moment où elle l'appela d'un signe ; elle tira d'une sorte de panier plat caché sous son manteau un morceau de pain et deux pommes qu'elle lui donna. Il est des choses bizarres que peu de personnes peut-être comprendraient ; je n'avais jamais vu cette femme, mais il me semblait reconnaître entre elle et moi un lien mystérieux : il y avait en moi une voix qui lui disait : Tu es malheureuse, je te consolerai ; tu es pauvre, je travaillerai pour toi. Ce n'était pas de l'amour comme je l'ai éprouvé, mais c'était une piété ardente et pleine de tendresse ; peut-être était-ce une autre sorte d'amour : toujours est-il que si elle avait daigné me parler mon ame se serait fondue de joie.

Cependant on arriva. Le jour commençait à baisser, les voyageurs mettaient à part leurs bagages ; elle n'avait qu'un carton qu'elle avait gardé à côté d'elle. Je faisais mille romans. Que vient-elle faire à Lyon ? Y sera-t-elle plus riche, plus heureuse ? Déjà les commissionnaires nous appelaient du quai et nous effraient des hôtels ; ce tumulte, ces voix, tout cela me réveilla comme d'un songe ; je crus voir une sorte de folie dans les sentiments qui s'étaient emparés de moi. C'est singulier comme on devient raisonnable, c'est-à-dire moins grand, moins noble, moins généreux, sitôt qu'on se rapproche des villes et des hommes. Je me décidai cependant à une chose.

Je fis deux parts de mon argent. Je mis d'un côté ce qu'il me fallait pour retourner chez moi sans continuer mon voyage, et de l'autre, ce qui me restait. Mon intention était de le donner à l'enfant, au moment où l'on sortirait du bateau en tumulte et de me sauver, de passer la nuit dans un hôtel et de m'en retourner le lendemain matin. Mais j'allai prendre ma petite malle de cuir quand le bateau fut amarré au quai, et quand je revins, je ne retrouvai plus ni la mère ni les enfants; je les cherchai dans la foule; mais si j'avais mis à ce moment dans mes recherches l'ardeur que j'ai mise plus tard dans mes regrets, je les aurais retrouvés. Mais ce bruit, cette foule, ces voix, tout semblait dissiper chez moi comme une ivresse; il fallait porter ma malle, trouver un hôtel.

Mon Dieu! à quel fil donc tiennent les quelques bonnes ou grandes pensées qu'un homme a dans sa vie, puisqu'elles tombent à de si petits chocs, de si petites choses et de si petits intérêts.

Je continuai ma route et je restai triste et mécontent de moi.

Il m'est resté de ce voyage une autre impression plus triste peut-être en ce qu'elle est haineuse. Comme je suivais à pied le bord du lac de Genève, je trouvai le château de Chillon entre Clarens et Villeneuve, qui est à l'extrémité du lac. On me fit descendre dans un souterrain de quinze pieds au-dessous de la surface de l'eau, et dans lequel il n'entre qu'un peu de lumière par une ouverture qu'on a fort agrandie cependant depuis que ces souterrains ne sont plus une prison.

Là je vis des anneaux de fer attachés à des piliers; et, profondément empreinte dans le roc, chose horrible! la trace des pas d'un prisonnier qui y passa de longues années. Je touchai cet anneau, et lorsqu'il retomba sur le pilier de pierre, il rendit un son lugubre qui retentit dans mon cœur. J'entendais le lac gronder au-dessus de ma tête, je ne pouvais respirer, je me hâtai de remonter pour savourer une bouffée d'air, d'air libre; tout le reste du jour je fus en proie à une sorte de délire, j'éprouvais toutes les sensations du désespoir et de la rage. Il me semblait que mon être s'était comme dédoublé et qu'une moitié était restée dans ce cachot.

Je regrettai amèrement un enfantillage qui m'avait, avec la pointe d'un couteau, fait écrire mon nom sur un des piliers au milieu de cent autres noms, pour que ceux des peintres qui m'ont envoyé en Suisse pussent y trouver une trace et une preuve de mon passage. Je souffrais de savoir mon nom dans cet horrible cachot ; une mauvaise honte me retint, sans quoi je serais retourné l'effacer. Aujourd'hui même que cette impression a perdu presque toute sa force, j'aimerais mieux que mon nom n'y fût pas.

Je restai quelques jours à Lausanne, puis un matin je m'aperçus que j'étais au bout de mon temps et presque au bout de mon argent. Et je revins chez moi.

LETTRE XXV.

DES TORTS QU'UNE OREILLE D'OURS PEUT AVOIR A L'ÉGARD D'UN HOMME.

Une des fleurs reconnues fleurs par les amateurs est l'oreille d'ours ou l'auricule. Heureuses les fleurs qui ont pu éviter les savants et les amateurs, elles n'ont pas reçu de noms ridicules, elles ne sont pas tourmentées, harcelées, soumises aux plus bizarres exigences, elles fleurissent tranquilles.

Les savants exigent que l'auricule soit jaune ; si elle se présente vêtue d'une autre couleur, c'est un monstre, comme les roses doubles.

Les amateurs lui accordent la permission de porter les couleurs qu'elle veut, mais ce n'est qu'une apparence de liberté. J'ai vu une fois un amateur furieux ; on lui avait envoyé des oreilles d'ours de je ne sais quel pays. Il les avait cultivées avec soin ; ils les avait tourmentées selon les usages des amateurs, il les avait privées d'eau, et surtout de soleil et de terre en les mettant dans un pot, et comme j'entrais chez lui il les arrachait une à une et les écrasait sous ses pieds. Je compris à ses paroles entrecoupées que les auricules s'étaient vengées en ne remplissant pas les conditions exigées et qu'il en avait espérées.

Cependant je risquai quelques questions pour m'assurer du fait et en même temps voir ce qu'avaient pu commettre de si horrible ces pauvres fleurs, qui me paraissaient à moi parées des plus riches couleurs et d'une fraîcheur ravissante; il continua son exécution, mais en prononçant à chacune son jugement et sa condamnation motivés avant de l'écraser sous les pieds.

Vous pouvez faire comme moi et en tirer des conséquences instructives : à savoir, quels sont les devoirs de l'auricule à l'égard de l'homme et comment elle s'avise de les transgresser.

Il en prit une du plus beau velours bleu. Sa tige est trop basse, dit-il, et il l'écrasa.

A celle-ci succéda une autre d'un riche velours brun avec un rond blanc au milieu qu'ils appellent œil. Sa tige est trop haute ; écrasée.— Une velours orange : La fleur n'est pas exactement ronde ; écrasée. — Une velours pourpre foncé : Le bouquet n'a que huit fleurs, il doit en avoir douze; écrasée.— Une velours olive : L'œil bave (c'est-à-dire qu'il a une légère teinte de couleur olive); écrasée. — Une velours jaune : L'œil n'a pas le tiers de la circonférence de la fleur, c'est le moins qu'il puisse avoir ; j'ai un ami qui exige qu'il en ait la moitié, je suis indulgent, mais je ne puis admettre celle-ci ; écrasée. — Une velours violet pâle : L'œil n'est pas exactement rond; écrasée. — Une velours violet foncé : Eh ! que faites-vous ici ? votre *clou* dépasse vos *paillettes*, c'est gentil !

Ici j'arrêtai le juge et le bourreau pour demander une explication. Les amateurs d'oreilles d'ours appellent le *pistil*, c'est-à-dire l'organe femelle, le *clou*, et les *étamines*, c'est-à-dire les organes mâles, *paillettes*. Les étamines doivent dépasser le pistil et paraître seules, c'est une chose fort grave quand le contraire arrive. Quels que soient alors la couleur et l'éclat de la fleur, un véritable amateur ne peut la conserver chez lui.

Une centaine de charmantes fleurs furent ainsi sacrifiées à

mes yeux. J'essayai en vain de les sauver en priant qu'on m'en fît cadeau ; ma requête fut rejetée.

— Du tout, je vous en donnerai d'autres. — Mais celles-ci me plaisent beaucoup. — Allons donc, vous plaisantez. — Nullement. — Je ne veux pas qu'il sorte de chez moi de pareilles fleurs ; si on savait que je vous les ai données, on accuserait ma collection ou mon amitié. — Il fut inflexible.

Ne croyez pas, mon bon ami, que j'invente ou que j'exagère rien ; trouvez un amateur d'auricules et lisez-lui ce passage de ma lettre, je vous déclare à l'avance qu'il ne sourira pas, qu'il ne verra là rien de plaisant, qu'il vous dira que son confrère a raison ; peut-être seulement le trouvera-t-il un peu trop indulgent. Du reste, mon ami, c'est un chapitre à ajouter aux droits de l'homme. Vous savez maintenant ce que vous doivent les auricules, et j'espère que vous saurez vous faire respecter.

LETTRE XXVI.

UN VIEUX MUR.

Je ne déteste pas les murs, c'est une bonne et consolante pensée quelquefois que d'être dans une enceinte fermée, seul avec des fleurs, des parfums, des arbres, du ciel, de l'air, du soleil, des étoiles, des souvenirs, des rêveries, et de savoir que personne ne peut vous y venir troubler. J'aime les murs, mais je ne veux pas de murs blancs ; je n'aime que les vieux murs, j'en ai un ici, le long duquel m'amène la suite de mon voyage et qui me plaît particulièrement. Il est précisément assez vieux comme cela ; un peu plus vieux, il faudrait le livrer aux maçons qui y mettraient toutes sortes de pierres blanches. Tel qu'il est, il est gris et noir, et revêtu de vingt espèces de mousses et de lichens. Dans les crevasses de sa crête, s'étend une couronne de giroflées jaunes et de fougères. A son pied verdoient les pariétaires et les orties; de petites fentes servent d'asile aux lézards qui courent sur le mur. Dans les orties vivent plusieurs chenilles qui y font des coques brillantes d'où elles ressortent papillons.

Examinons les orties. Les orties ont les fleurs mâles et les fleurs femelles séparées. Les étamines des mâles se redressent en la saison avec une sorte de soubresaut qui fait jaillir un petit nuage de poussière féconde sur les fleurs femelles. Les poils qui couvrent les orties ont pour base une petite glande où se forme, d'une partie de la séve, un suc caustique; c'est de la même manière que mordent les vipères, quoique les paysans s'obstinent à leur voir un dard.

Il y a des gens qui mangent les jeunes orties cuites comme des épinards, ainsi qu'en fait foi un vers d'*Horace* et un autre de *Perse*. C'était bien la peine d'être les maîtres du monde!

Une des habitantes de l'ortie est une chenille épineuse, d'un noir velouté et piqué de très-petits points blancs. Quand son temps est arrivé, elle se pend par les pieds à une feuille d'ortie. Plus tard, elle devient un magnifique papillon noir et rouge brun avec un œil sur chaque aile, auquel le bleu, le violet, le rouge, le blanc et le jaune donnent l'éclat des yeux qui sont sur les plumes de la queue du paon. Aussi ce papillon est-il appelé *paon de jour*.

Le *Vulcain*, que nous avons déjà rencontré, a vécu chenille sur l'ortie.

Le papillon appelé *tortue* a été précédemment sur l'ortie une chenille rayée de vert et de brun, puis une chrysalide rayée. La *belle dame* est aussi une hôtesse de l'ortie.

Il vient un moment où le vieux mur change d'aspect. Le voici vert et rose, — des rosiers du Bengale le tapissent dans toute sa hauteur, au point de le cacher entièrement. Les roses sont aussi nombreuses que les feuilles; cette palissade de dix pas, n'étale pas moins de mille à douze cents roses épanouies à la fois. Un peintre n'oserait pas en mettre autant sur des rosiers; les arts ont besoin de la vraisemblance, le vrai s'en passe facilement. Ici est un mur de roses roses ; il est un autre coin où s'étend un gazon de roses rouges ; une centaine de rosiers du Bengale, à fleurs pourpres, ont été palissadés sur la terre et la couvrent de feuilles et de fleurs ; mais revenons au pied du vieux mur.

Là le terrain est sablonneux et chaud, l'herbe est rare, on n'y voit point de fleurs : ce n'est cependant pas un désert ; voici dans le sable un petit entonnoir de deux pouces de large et de neuf lignes de profondeur, creusé en spirale ; c'est une trappe faite par un chasseur ; mais, tenez, le voici lui-même qui achève son piège. Le *formica leo* vit de proie ; c'est une sorte de ver jaunâtre qui paraît gris, à cause des travaux auxquels il se livre et qui le couvrent de sable et de poussière ; sa tête est large et aplatie, et terminée par deux cornes qui ont un peu la forme de celles du gros scarabée appelé cerf-volant.

La proie qui lui sert de nourriture est agile ; ce sont des *mouches*, des *fourmis*, des *cloportes*, des *araignées*, et lui ne peut faire que lentement quelques pas à reculons ; ce n'est donc point la chasse à courre à laquelle il se livre, mais la chasse à l'affût. Le voici qui décrit une spirale qui part de la surface du sable pour arriver à la profondeur de quelques lignes ; à chaque pas qu'il fait en reculant, il s'arrête et charge avec une de ses pattes sa tête aplatie ; la tête chargée comme une pelle, il lui donne une secousse et jette hors du trou les quelques grains de terre qu'il porte : c'est un ouvrage long et fatigant ; cependant un quart d'heure suffit pour le faire. Voici le traquenard terminé, le chasseur se poste au fond et s'enfonce dans le sable, et en ne laissant passer que ses deux cornes qu'il écarte autant qu'il lui est possible, et ses yeux qui sont au nombre de douze.

Voyez, mon ami, comme les voyageurs anciens ont été obligés de mentir pour faire croire qu'ils avaient vu des *cyclopes*, c'est-à-dire des gens qui n'ont qu'un œil ; comme il leur a fallu venir de loin pour oser dire qu'ils avaient vu des hommes qui, d'ordinaire, s'appellent *borgnes* dans le pays que l'on habite. Eh bien ! moi, sans sortir d'ici, je rencontre un chasseur qui a douze yeux !

Le *formica-leo* ne bouge pas, on croirait qu'il est mort ou endormi, ses cornes ne trahissent pas le moindre mouvement. Ah! voici du gibier; une *fourmi*, en côtoyant le bord du trou, a fait rouler un grain de sable et est tombée dans le piége à la profondeur d'une demi-ligne; elle remonte, mais le précipice est escarpé, et les grains de sable manquent sous ses pattes, elle perd du terrain, elle est au moins à cinq grains de sable plus bas que tout à l'heure. Cependant un effort l'a servie, elle remonte; alors le *formica-leo*, chargeant sa tête de gravier, lui lance avec violence cette pluie de sable, lui fait perdre l'équilibre, elle glisse, mais elle se cramponne et cherche à remonter; une seconde pluie de sable tombe sur elle et lui fait perdre le peu de terrain qu'elle regagnait; alors le chasseur précipite ses coups, et bientôt la malheureuse fourmi, entraînée à la fin, et par un terrain mobile qui roule sous ses pattes, et par les projectiles qui lui sont lancés sans relâche, finit par tomber au fond de l'entonnoir entre les cornes ouvertes de son ennemi; les deux cornes se resserrent et la percent, en la saisissant, de part en part, puis le chasseur redevient immobile : ses deux cornes sont des trompes au moyen desquelles il suce sa proie en peu de temps, il ne reste de la fourmi que la peau et la tête. Le *formica-leo* ne mange pas les têtes de ses victimes, la tête n'est pas de son goût; il charge ces dépouilles sur la catapulte qui lui sert de tête à lui-même et les lance au dehors, puis il se renferme dans le sable et reprend la position qu'il avait avant l'arrivée de la fourmi.

La place est bonne : voici venir un *cloporte* que le soleil incommode et qui abandonne le mur pour trouver ailleurs quelque fente fraîche et humide où il puisse se cacher; le voici sur le bord de la trappe, il glisse, le *formica-leo* fait jouer son artillerie, le *cloporte* remonte, en vain le chasseur redouble ses coups, le *cloporte* lui échappe.

Un moucheron, à son tour, se laisse tomber dans le piége; mais il ouvre ses ailes et s'échappe, malgré la pluie de sable que lui lance son ennemi. Le *cloporte* en s'échappant a fait à l'entonnoir de fortes avaries; c'est sans doute ce qui, joint au peu de succès des deux dernières chasses, détermine le *formica-leo* à aller tendre ailleurs ses embûches ; il remonte sa spirale et s'en va, toujours à reculons, chercher un affût plus favorable à ses vues.

Mais arrête donc, maladroit ; prends garde ! Il n'est plus temps : il est tombé lourdement dans le trou au fond duquel un autre chasseur, un autre *formica-leo* se tient en embuscade ; celui-ci le saisit, encore étourdi de sa chute, le transperce entre ses cornes, le suce et en fait un excellent repas.

Est-ce l'excès de la faim, ou la colère de voir ainsi un autre chasseur tomber dans son embûche et la dégrader qui le pousse à cet acte de férocité ? ou les *formica-leo* ne voient-ils dans leurs semblables qu'une variété de gibier, et une forme de nourriture ?

Le *formica-leo* n'est pas condamné à ramper toujours ainsi sur la terre ; un soir de juin, après qu'il aura bien dîné, il s'enfoncera sous le sable, plus profondément que de coutume, sans laisser ses cornes dehors.

Là il s'enferme dans une boule, faite de grains de terre appliqués sur une coque de soie, dont le dedans est plus blanc et plus fin que le plus beau satin ; bientôt il devient une sorte de *demoiselle*, qui coupe avec ses dents la coque qui la renferme. Cette mouche, qui a au premier abord beaucoup de l'aspect de ces *libellules* que nous avons rencontrées, et dont la larve vit dans la vase de l'eau, en diffère en plusieurs points. D'abord elle n'a pas la même magnificence dans sa parure ; elle est grise, avec un petit liseré jaunâtre à chaque anneau ; ensuite ses ailes plus larges, sont aussi plus longues que celles des *libellules* des prairies, et au repos, sont placées sur son corps, qu'elles recouvrent entièrement, en forme de toit, tandis que l'autre les tient écartées : je vous parle des différences qui s'offrent à l'œil d'un ignorant, les savants en voient bien d'autres qui existent et d'autres encore qui n'existent pas.

Il est un autre insecte qui, de même que le *myrméléon* ou *fourmi-lion*, ou *formica-leo* (car on lui donne ces trois noms), tend des trappes dans le sable pour y prendre du gibier dont il vit ; c'est la *cicindèle*, un joli scarabée revêtu de velours clair, piqueté de blanc, qui, lorsqu'on le touche, sent à la fois la rose et le musc; son vol est un saut d'une toise, pour lequel il s'aide de ses ailes.

Avant sa transformation, sous sa première figure, la *cicindèle* vit également d'insectes, mais elle n'est pas construite de façon à pouvoir les poursuivre : elle est donc alors obligée de prendre dans des piéges une proie que plus tard elle saura bien atteindre, en fondant dessus comme un oiseau carnassier. Elle creuse dans une terre sablonneuse, un trou étroit, profond quelquefois d'un pied ; elle monte à la surface de la terre, par les mêmes procédés qu'emploient les ramoneurs ; là, elle courbe sa tête et en fait un pont, sur lequel on peut franchir l'abîme de deux lignes de large qu'elle a creusé ; quand un insecte passe sur ce pont, le pont devient une trappe, s'enfonce sous ses pas, et le précipite au fond du trou où il est dévoré.

Beaucoup de poëtes et de philosophes ont surtout reproché à l'homme d'être le seul animal ennemi de son espèce : les poëtes et les philosophes ont eu tort: tous les animaux s'entre-détruisent et s'entre-mangent.

Je ferai à l'homme un autre reproche : c'est qu'il est la seule espèce où l'individu soit son propre ennemi. L'homme se prive lui-même de sommeil, se nourrit d'aliments qui abrégent sa vie, les femmes se serrent dans des corsets, au point d'embarrasser le jeu de leurs organes, et même de déplacer leurs côtes. Les hommes, non contents de deux ou trois besoins réels que la nature leur a imposés, s'en créent chaque jour de nouveaux, et épuisent tout leur génie à inventer de nouveaux moyens d'être pauvres et misérables.

LETTRE XXVII.

Hier, un enfant est entré dans mon jardin, il a entouré de petits bâtons un espace de terre long et large d'un pas ; puis il a cueilli des roses, et les a plantées en enfonçant la queue dans la terre ; il a fait de même d'un très-bel œillet.

Quand je suis rentré, j'ai ressenti un vif mouvement d'impatience, et si l'enfant avait été là, il est probable que je l'aurais grondé sévèrement ; mais il est sorti, heureusement pour lui que j'aurais effrayé, heureusement pour moi qui n'aurais pu guère manquer de dire des sottises.

Ne le voyant pas, j'ai un peu réfléchi, et je me suis rappelé deux choses. — La première est que je fais précisément comme cet enfant : avant d'avoir un jardin à moi, je me promenais librement dans les bois et sur les rivages des fleuves et de la mer ; un jour, j'ai acheté un grand carré de terre que j'ai entouré de pierres en forme de mur, et j'ai planté dedans des arbres et des fleurs enlevés à toutes sortes de terrains. L'enfant pouvait se promener dans tout mon jardin, voir, respirer toutes les fleurs ; il a mieux aimé entourer un petit carré, et y piquer deux ou trois de ces mêmes fleurs, exactement comme moi, seulement cela ne lui a coûté que le temps de le faire, et moi j'ai donné de l'argent. Puis, quand son jardin a été fait, il l'a laissé là, a été s'amuser à autre chose et l'a oublié ; tandis que moi, avec ce carré de terre, j'ai acheté mille et mille soucis.

Si le vent mugit en fureur, autrefois il cassait *un* arbre, et c'était un spectacle pour moi ; aujourd'hui il brise un de *mes* arbres, et c'est une crainte avant, un regret et une perte après.

J'aimais *les* vieux murs ruinés tombant en poudre, et servant de retraite aux lézards ; aujourd'hui j'ai bien envie de faire réparer *mon* mur dont quelques pierres se sont détachées.

La seconde chose que je me suis rappelée, c'est que j'ai fait autrefois, étant enfant, dans le jardin d'un autre, précisément ce que cet enfant a fait hier dans le mien.

Nous étions alors tout petits, mon frère et moi, et l'on nous envoyait le matin à une sorte d'école, non pas, je suppose, pour que nous apprissions quelque chose, non pour que nous fussions à l'école, mais pour que nous ne fussions pas à la maison, où probablement nous faisions plus de bruit qu'on ne le souhaitait.

Le maître d'école ou de pension, je ne sais plus quel titre il se donnait, était comme les autres ; c'était un honnête restaurateur, qui remplaçait le beurre qu'il ne mettait pas dans la soupe des élèves par de l'instruction qu'il était censé leur donner. Le plan de ces maisons, où l'on annonce toujours que l'on forme le cœur et l'esprit de la jeunesse, est toujours invariablement établi sur ce problème à résoudre : trouver un moyen de vendre de la soupe le plus avantageusement possible. Le problème se résout à la manière des possesseurs de *cafés* qui s'en posent un à peu près analogue : trouver le moyen de vendre quinze ou vingt sous ce que les gens auraient meilleur chez eux et sans se déranger pour quatre ou cinq. Les cafés ont les journaux, les maîtres de pension, ces autres gargotiers, ont le latin.

Celui-ci, qu'on appelait M. Roncin, était un gros homme qu'on ne voyait jamais : c'était le seul moyen qu'il eût trouvé de se faire considérer. Madame Roncin faisait la cuisine avec l'aide d'une servante. L'autre cuisine, le latin, était faite par deux ou trois pauvres diables mal nourris, et plus mal payés. Il fallait qu'ils coûtassent moins cher à l'établissement que n'eût coûté le beurre qu'on aurait dû ajouter à la soupe, si l'on avait dirigé un restaurant d'un autre genre.

A bien dire, c'était la servante qui était la véritable maîtresse de la maison. M. Roncin était une sorte d'enseigne, et madame Roncin, qui dirigeait tout, ne décidait rien qu'en conseil avec Marianne par devant les fourneaux.

Comme nous étions au nombre des plus petits, nous étions enfermés, pendant six heures de la journée, dans ce qu'on appelle la classe de français. Nous y passions le temps de notre mieux ; nous y faisions des poules et des bateaux en papier ; nous jouions des billes à pair ou non pair. Quand le maître nous surprenait, il *confisquait* nos billes, jetait nos poules et nos bateaux, et nous mettait à genoux dans quelque coin de la classe ; puis il nous faisait apprendre et réciter quelque chose qui commence ainsi : *La grammaire est l'art de parler et d'écrire correctement*, etc., ce à quoi nous ne comprenions rien, et lui pas grand'chose. C'était un pauvre vieil homme bien maigre, qui mettait à cela le plus grand sérieux du monde.

Il y avait dans la journée deux heures à peu près consacrées à ce que l'on appelait la récréation. Pendant ces deux heures, on nous lâchait dans une grande cour où il y avait trois ou quatre vieux arbres qui avaient résisté au temps et aux écoliers. Quelle joie et quels cris, et quel tumulte ! Comme nous sautions, comme nous étions heureux ! Il advint un jour, à je ne sais lequel d'entre nous, d'imaginer de faire un jardin ; il bêcheta, avec son couteau, dans un coin, un carré grand comme une table, y traça des allées de quatre pouces de large, mit du sable dans les allées, et planta dans les plates-bandes quelques menus branches avec leurs feuilles arrachées aux grands arbres, et aussi une tige coupée d'une giroflée qui avait fleuri d'elle-même dans le mur. Les jardins devinrent à la mode. Ceux qui, comme nous, étaient *externes*, c'est-à-dire ne venaient que le matin et s'en retournaient le soir, apportaient chaque jour des branches de fleurs coupées et des graines de toutes sortes. Les fleurs étaient fanées au bout d'une heure, les graines étaient oubliées et remplacées par d'autres quinze jours avant de germer dans la terre.

Nous venions, mon frère et moi, le matin, avec un petit panier dans lequel on mettait nos provisions de la journée, des tartines avec quelques fruits destinés à un repas que nous faisions au milieu du jour. Nous étions humiliés par le voisinage d'un jardin qui éclipsait entièrement le nôtre. Le possesseur de ce jardin y avait, comme dans le nôtre, planté des pois. Les siens étaient beaucoup plus beaux que les nôtres. Peut-être les avait-il moins souvent sortis de terre pour voir s'ils germaient.

Un jour le diable nous inspira un moyen de ne plus ressentir l'envie, mais de l'inspirer à nos camarades. Mon père avait un voisin ; tous deux possédaient chacun la moitié d'un grand jardin, et n'étaient séparés que par une allée. Ce voisin avait de magnifiques jacinthes et en était fort curieux. Il nous vint à l'esprit de mettre ces jacinthes dans notre jardin de la pension. Le soir, je sors un instant de la maison, je vais à la plate-bande des jacinthes ; je tremblais un peu ; j'en prends une par la tige : je tire pour la rompre, l'oignon suit la tige. Je ne tenais pas à l'oignon que je ne trouvais pas beau, et dont je ne connaissais pas l'utilité. Néanmoins je me réserve de le séparer plus tard et de le jeter, mais au loin, pour qu'il ne me dénonce pas ; mais je n'ai pas le temps. Je prends une seconde jacinthe, puis une troisième ; je les cache dans la cave ; je rentre, mon frère sort après moi. Nisus et Euryale ne firent pas un plus grand carnage dans le camp des Rutules. Le matin, jamais nous ne nous étions levés ni d'aussi bonne heure, ni d'aussi bonne grâce pour aller à l'école. Nous rangeons huit à dix oignons au fond de notre panier et trois ou quatre dont la hampe de fleurs était venue sans l'oignon ; puis nous étalons nos tartines par-dessus.

C'étaient de tristes inclinations, direz-vous, mon ami ; mais je vous affirmerai cependant que, ni mon frère ni moi, nous n'avons suivi pour cela la carrière du vol.

Il en est arrivé de même à *saint Augustin*, qui vola comme nous étant enfant, et qui le raconte lui-même dans ses Confessions avec une sorte de contrition narquoise et spirituelle.

« Il y avait, *dit-il*, un poirier près de notre vigne, chargé de fruits ; une nuit, après avoir, comme de coutume, rôdé, par les rues, nous nous en allâmes, une troupe de fripons et moi, pour cueillir ces poires ; ce que nous fîmes, et Dieu m'est témoin que si nous en goûtâmes une, ce fut simplement pour faire une chose défendue. Mon Dieu ! je vous ouvre ce cœur que vous avez retiré de l'abîme ; vous pouvez y lire que je n'étais poussé à ce larcin que par la méchanceté. En effet, mon Dieu, ces poires étaient belles, mais ce n'est pas leur beauté qui m'engageait à les dérober, car j'en avais de meilleures chez nous, et je ne les pris absolument que pour les prendre ; et s'il entra quelques morceaux de ces fruits dans ma bouche, vous savez, mon Dieu, qu'ils n'étaient sucrés que par ma malice. »

LETTRE XXVII.

Je n'ai pas, comme saint Augustin, la consolation d'avoir été puni de mon crime par le crime lui-même. Si ses poires n'étaient pas sucrées, je dois avouer que les jacinthes étaient belles. Ma punition est arrivée tard ; elle n'est arrivée qu'hier, mais elle est arrivée.

Les jacinthes étaient belles, et nous jouissions d'avance de l'admiration et de l'envie qu'elles exciteraient à la récréation. Nous allâmes tout droit à l'école, conduits par le jardinier, sans nous arrêter comme de coutume aux vitres des marchands. Là, comme nous savions que les jacinthes se volaient, nous ne voulûmes pas mettre notre panier dans le coin où l'on mettait les paniers des autres enfants ; nous gardâmes le nôtre et le plaçâmes dans la classe, sous le banc, entre nos jambes. Il nous semblait que cette maudite classe ne finirait jamais pour amener le moment où nous pourrions enfin planter nos jacinthes. Tout à coup on ouvre la porte de la classe ; c'est madame Roncin qui entre ; elle nous appelle tous deux d'une voix mielleuse : « On dit que vous avez apporté de belles fleurs pour votre jardin. Voyons-les. »

Nous voici comme le corbeau de La Fontaine, dont je vous ai parlé dans une lettre précédente ; nous prenons notre panier et le livrons à l'admiration de madame Roncin. Madame Roncin ôte d'abord les tartines et les met sur la table du vieux père Poquet ; puis ensuite elle tire une à une les jacinthes et les range auprès des tartines. A ce moment, je levai les yeux et je vis, collés contre les vitres de la porte de la classe, deux figures ! deux formidables figures ! celle de M***, le propriétaire des jacinthes, et celle du jardinier que mon père envoyait nous chercher pour nous faire à la maison expier notre forfait. Je ne vous ferai pas, mon ami, le détail des reproches qui nous furent faits et des punitions qui nous furent infligées le lendemain en revenant à la pension. Il nous fallut mettre notre panier à la cuisine, où madame Roncin et sa servante faisaient le déjeuner. Toutes deux nous appelèrent *petits voleurs*. D'abord nous pleurâmes un peu ; mais mon frère me dit :

— Dis donc, Stéphen, as-tu vu ?

— Oui. Et toi ?

Ce que nous avions vu, c'est que sur un des fourneaux étaient, dans deux pots, deux des plus belles jacinthes que madame Roncin s'était, je ne sais comment, appropriées.

J'avais bien vite oublié et les jacinthes et mon crime, mais je me suis hier rappelé l'un et l'autre. Mes belles roses que j'attendais depuis dix mois ! mes diamants à moi ! mes chères fleurs ! j'allais, chaque matin, depuis qu'elles étaient fleuries, leur dire un bonjour dès les premières lueurs ; je regardais si elles ne souffraient en rien, si aucun insecte n'en rongeait les boutons, je les regardais et je respirais leur parfum, et je me sentais riche et presque insolent. Et ce maudit enfant me les a inhumainement arrachées de leur tige et piquées dans *son jardin* où elles sont mortes en quelques heures. Et mon œillet ! un bel œillet flamand ; blanc avec des bandes violettes ; un œillet que j'avais la veille refusé opiniâtrement à une femme qui le demandait. C'est alors que j'ai compris tout ce que j'avais dû faire de chagrin à ce pauvre voisin, à l'homme aux jacinthes.

Il m'a semblé subir une de ces vengeances, comme Didon en annonce une au parjure Énée.

Exoriare aliquis nostris ex ossibus ultor...

Cet enfant n'était pas né alors qui aujourd'hui tire de moi de justes peines.

En effet, ce sont nos enfants qui nous rendront la peine et les ennuis que nous avons coûté à nos pères. De même, ne leur demandons pas la tendresse que nous leur portons, ce n'est pas à nous qu'ils la doivent et qu'ils la rendront, c'est aux enfants qu'ils auront plus tard, et dont ils se plaindront injustement, alors, comme nous nous plaignons d'eux et comme nos pères se sont plaints de nous.

« On ne se rappelle le respect et la reconnaissance que l'on doit à ses parents que pour l'exiger de ses enfants. »

LETTRE XXVIII.

Il est une famille de plantes vénéneuses dans laquelle on remarque la *jusquiame*, le *datura stramonium* et le *tabac*.

Le *tabac* est peut-être un peu moins vénéneux que le *datura*; mais il l'est plus que la *jusquiame*, qui est un poison violent.

Voici un pied de tabac qui est une aussi belle plante qu'on en puisse voir ; elle s'élève à six pieds de hauteur, et du sein de larges feuilles d'un beau vert, fait sortir des bouquets de fleurs roses, d'une forme gracieuse et élégante.

Pendant longtemps le tabac a fleuri solitaire et ignoré dans quelques coins de l'Amérique. Les sauvages auxquels nous avons donné de l'eau-de-vie, nous ont donné en échange le tabac, dont la fumée les enivrait dans les grandes circonstances. C'est par cet aimable échange de poisons qu'ont commencé les relations entre les deux mondes.

Les premiers qui jugèrent devoir se mettre la poudre du tabac dans le nez furent bafoués d'abord, puis un peu persécutés. *Jacques I*er, roi d'Angleterre, fit contre ceux qui prenaient du tabac, un livre appelé *Miso-capnos*. Peu d'années après, le pape *Urbain VIII* excommunia les personnes qui prenaient du tabac dans les églises. L'impératrice *Élisabeth* crut devoir ajouter à la peine de l'excommunication contre ceux qui, pendant l'office divin, se bourraient le nez de cette poudre noire ; elle autorisa les bedeaux à confisquer les tabatières à leur profit. *Amurat IV* défendit l'usage du tabac sous peine d'avoir le nez coupé.

Une plante utile n'eût pas résisté à de pareilles attaques.

Si, avant cette invention, un homme s'était trouvé qui dît : Cherchons un moyen de faire entrer dans les coffres de l'État un *impôt volontaire* de plusieurs millions par an ; il s'agit de vendre aux gens quelque chose dont tout le monde se serve, quelque chose dont on ne puisse pas se passer. Il y a, en Amérique, une plante essentiellement vénéneuse ; si vous exprimez de son feuillage une huile empyreumatique, une seule goutte fait périr un animal dans d'horribles convulsions. Offrons cette plante en vente, hachée en morceaux ou réduite en poudre ; nous la vendrons très-cher ; nous dirons aux gens de se fourrer la poudre dans le nez.

— Vous les y forcerez par une loi ?

— Nullement, je vous ai parlé d'un impôt volontaire. Pour celui qui sera haché, nous leur dirons d'en respirer et d'en avaler un peu la fumée.

— Mais ils mourront ?

— Non, ils seront un peu pâles ; ils auront des maux d'estomac, des vertiges, quelquefois des coliques et des vomissements de sang, quelques douleurs de poitrine, voilà tout. D'ailleurs, voyez-vous, on a dit : *L'habitude est une seconde nature ;* on n'a pas dit assez : l'homme est comme ce couteau auquel on avait changé successivement trois fois la lame et deux fois le manche ; il n'y a plus pour l'homme de nature, il n'y a que les habitudes. Les gens d'ailleurs feront comme *Mithridate,* roi de Pont, qui s'était habitué à prendre du poison.

La première fois qu'on fumera du tabac, on aura des maux de cœur, des nausées, des vertiges, des coliques, des sueurs froides ; mais cela diminuera un peu ; et, avec le temps, on s'y accoutumera au point de n'éprouver plus ces accidents que de temps à autre, et seulement quand on fumera de mauvais tabac, ou du tabac trop fort, ou quand on sera mal disposé, ou dans cinq ou six autres cas.

Ceux qui le prendront en poudre éternueront, sentiront un peu mauvais, perdront l'odorat, et établiront dans leur nez une sorte de vésicatoire perpétuel.

— Ah ça, cela sent donc bien bon ?

— Non, au contraire, cela sent très-mauvais. Je dis donc que nous vendrons cela très-cher, que nous nous en réserverons le monopole.

— Mon bon ami, aurait-on dit à l'homme assez insensé pour tenir un pareil langage, personne ne vous disputera le privilége de vendre une denrée qui n'aura pas d'acheteurs. Il y aurait de meilleures chances d'ouvrir une boutique et d'écrire dessus :

Ici on vend des coups de pied.

Ou :

Un tel vend des coups de baton en gros et en détail.

Vous trouveriez plus de consommateurs que pour votre herbe vénéneuse.

Eh bien ! c'est le second interlocuteur qui aurait eu tort ; la spéculation du tabac a parfaitement réussi. Les rois de France n'ont pas fait des satires contre le tabac, ils n'ont pas fait couper les nez, ils n'ont pas confisqué les tabatières. Loin de là, ils ont vendu du tabac, ils ont établi un impôt sur les nez, et ils ont donné des tabatières aux poëtes avec leur portrait dessus et des diamants alentour. Ce petit commerce leur rapporte je ne sais combien de millions chaque année.

Fagon, médecin de Louis XIV, devait soutenir une thèse contre le tabac dans les écoles ; — malade, il se fit remplacer par un confrère qui lut la thèse, — tout en prisant énormément.

Le poëte Santeuil est mort presque subitement après avoir bu un verre de vin dans lequel on avait mis du tabac.

La pomme de terre a eu bien plus de peine à s'établir que le tabac, et a encore des adversaires.

Mon bon ami, me direz-vous ici, vous êtes un étrange prédicateur ; je gage presque que vous avez fumé aujourd'hui dans cette longue pipe en cerisier, ornée d'un si gros bouquin d'ambre, qui est si orgueilleusement accrochée au mur de votre cabinet. — Je dois l'avouer, je fume, mon ami, j'ai pris cette habitude avec les pêcheurs et les marins, et aussi pour une raison. Il m'arrivait fréquemment autrefois de me trouver avec des gens qui m'ennuyaient ; je voulais bien être là pendant qu'ils parlaient, mais je ne voulais pas leur parler ; je n'avais absolument rien à leur dire ; je trouvais commode et poli de les faire fumer et de fumer ; ils parlaient moins et je ne parlais pas du tout. Du reste, mon ami, je fume quelquefois ; je suis aussi quelquefois des mois entiers sans décrocher ma pipe ; je ne fume pas dans mon jardin ; je ne veux pas mêler l'odeur du tabac aux parfums de mes fleurs.

Quelles charmantes voyageuses que toutes ces fleurs rassemblées de toutes les parties du monde ! Le *tabac* vient de l'Amérique ; la *reine-marguerite* vient de la Chine ; l'*héliotrope*, du Pérou ; la *belle-du-jour*, du Portugal ; le *laurier-rose*, de la Grèce ; les *azaleas* sont originaires des Indes ; la *tulipe*, de l'Asie.

Je ferais une assez belle histoire des voyages que j'ai manqué de faire. J'ai failli aller en Grèce pour voir les lauriers-roses sauvages et incultes fleurir, le pied dans les eaux de l'Eurotas. J'ai appris depuis qu'il y en avait dans le midi de la France et je n'y suis pas allé.

Il y a des choses que l'on fait tout à fait ou que l'on ne fait pas du tout. L'excès de la chose vous donne un excès de résolution ; et pour faire le tour du monde, c'est avoir fait un quart du chemin, que d'avoir descendu son escalier.

LETTRE XXIX.

Il y aurait à faire un singulier dictionnaire :
Ce serait de prendre l'un après l'autre chaque mot de la langue, et de dire de quelles infamies, de quelles lâchetés, de quels crimes, de quelles sottises il a été le prétexte pour les hommes. Les mots les plus respectables, les plus sacrés seraient, sans contredit, ceux qui fourniraient les articles les plus longs.

Le nom de Dieu ferait bien des volumes.

Celui de liberté ne permettrait pas non plus d'être bien concis.

Il n'est pas non plus un mot, quelque insignifiant qu'il puisse paraître au premier aspect, qui, s'il a réussi, grâce à son peu de sonorité, à ne pas faire de grand crime ni de grosse sottise, n'ait au moins servi à dire quelques absurdités ; les savants et les grammairiens sont là pour combler les lacunes.

En cherchant bien, même, on trouverait que chaque lettre isolément a servi de sujet au moins à quelques saugrenuités ; on sait l'histoire de deux maîtres d'école, auxquels un roi fit couper les oreilles parce qu'ils refusaient d'adopter deux lettres ajoutées à l'alphabet par ce prince aussi cruel qu'ils étaient bêtes. On sait qu'il y a deux cents volumes écrits, plusieurs conciles tenus, de longues persécutions faites et subies, de morts et de tortures pour une diphthongue ajoutée ou retranchée au *Credo*. On sait les disputes et les haines soulevées à propos de la prononciation réelle de la lettre *k*.

La lettre *a*, qui commence tout dictionnaire, n'est-elle pas la troisième personne du verbe *avoir*; *avoir* n'est-il pas la racine d'*avarice*? Combien faudrait-il de volumes pour dire les lâchetés et les crimes commis pour avoir !

Si vous ne voulez vous occuper que des sottises, vous trouverez tout d'abord ce mensonge que les hommes se font à eux-mêmes, pour se cacher la brièveté de la vie et le ridicule de leurs efforts, de leurs travaux, de leurs ambitions. « Il *a* trente ans » pour dire au contraire qu'il y a trente ans qu'on n'a plus ; trente ans qu'on a dépensés du nombre mystérieux qui nous a été donné, etc.

En suivant les mots un à un, vous ne tarderiez pas à arriver au mot *abeille*. On ferait un gros volume rien que des sottises que les hommes ont dites au sujet des abeilles; c'est en songeant aux abeilles que m'est venue l'idée de ce dictionnaire, qu'il faudrait intituler : DICTIONNAIRE *misanthropique* ou HISTOIRE *par ordre alphabétique des sottises et des méchancetés* DE L'HOMME.

Il y a cependant une part à faire : beaucoup des sottises dites sur les abeilles ne l'ont pas été par les modernes, parce que les anciens avaient abusé de leur position pour les dire avant eux.

Les modernes n'ont pu que les répéter et les enseigner dans les colléges, comme ils font encore aujourd'hui. Vous avez, mon ami, passé dix ans, comme moi, comme tout le monde, à apprendre le latin. Pendant cinq ou six ans, il a été pour vous question de Virgile, et toujours avec un sentiment d'admiration sans bornes et sans restriction ; pendant six années, c'est-à-dire selon les usages des colléges, pendant six professeurs. Jamais un seul professeur s'est-il avisé de vous faire remarquer que les Bucoliques sont parsemées d'obscénités révoltantes, de basses et ridicules adulations, que les Géorgiques sont tachées d'idées fausses et d'opinions erronées. Il est bien question de cela! des idées, des sentiments ! il faut apprendre des mots.

Il m'est venu l'autre jour un homme heureux au possible. Vous savez, mon ami, comme je respecte tous les bonheurs ; vous savez quels détours je fais dans la campagne pour ne pas déranger un oiseau qui becquète une graine, pour ne pas réveiller un paysan qui dort sous un arbre. J'ai écouté le récit du bonheur de cet homme. Il fait donner de l'éducation à son fils ; non pas une éducation qui apprenne à se contenter de peu, à être ferme et courageux, à être fort et indépendant. Non, il lui fait apprendre le latin. — Je fais bien des sacrifices, me dit-il, mais j'en suis largement récompensé, mon fils est surprenant pour son âge. Je veux que vous le voyiez. Je n'ai pas osé refuser, et il m'a envoyé le petit bonhomme.

Il est entré et m'a salué avec une aisance et un aplomb que je n'ai jamais pu atteindre de ma vie, si ce n'est quand je me trouve vis-à-vis de gens qui me sont hostiles, parce qu'alors ma timidité meurt de peur de devenir une lâcheté.

Je l'ai trouvé maigre et pâle ; il n'a ni cette pétulance ni cette fraîcheur de pêche de l'enfance ; rien n'est en fleur chez lui, ni son âme ni ses joues ; il n'a que treize ans ; je l'ai du premier abord trouvé en effet surprenant pour son âge.

J'étais au jardin, j'ai continué à me promener avec lui. Comme nous passions dans un endroit qui est coupé dans le gazon par un ruisseau de deux pieds de large, il m'a quitté et est allé trouver un petit pont pour le franchir, j'ai été presque honteux devant cet enfant d'avoir tout d'abord sauté par-dessus. Comme nous arrivions près du gazon de violettes sur lequel est une ruche : — Ah ! ah ! dit-il :

> Aerii mellis cœlestia dona.

— Oui, repris-je, c'est une ruche. Connaissez-vous les abeilles ? C'est une étude pleine d'intérêt.

— Certes, je les connais, répliqua-t-il.

> Mores et studia et populos et prælia dicam.

« Je peux dire et ce peuple et ses mœurs, et ses travaux et ses combats. »

— Vrai ? Eh bien ! je ne suis pas aussi avancé que vous ; il y a encore sur ce sujet bien des choses que je cherche à savoir, sans trop espérer d'y parvenir.

— N'avez-vous pas lu Virgile ?

— Si fait, mon jeune ami ; mais il y a bien longtemps.

— Eh bien ! c'est dans Virgile que j'ai appris à connaître les abeilles ; et dans ce moment, précisément nous traduisons le quatrième livre des Géorgiques.

— Faites-moi part de ce que vous savez, je vous prie ; peut-être cela servira à éclaircir quelque point resté douteux pour moi.

— Volontiers, Monsieur. « Les abeilles sont gouvernées par *un roi*. Plusieurs prétendants se disputent d'ordinaire leurs suffrages ; mais l'un, qui est leur véritable roi, est facile à reconnaître à des signes certains. L'un est beau et majestueux[*], couvert d'une cuirasse d'or ; l'autre, qui n'est qu'un usurpateur et un tyran[**], est horrible à voir. Il est lâche et paresseux et a

---

[*] Alter erit maculis auro squalentibus ardens,
.... Hic melior insignis et ore.
Et nitidis clarus squammis.   (Virg.)

[**] .... Ille horridus alter,
Desidiam latamque trahens inglorius alvum.   (Virg.)

un gros ventre, en un mot, il mérite la mort. Il est tué par les partisans du vrai roi.

J'écoutais avec attention ces notions complétement fausses, citées avec un aplomb admirable par le jeune savant.

— Je me rappelle avoir lu cela, lui dis-je, dans les Géorgiques de Virgile; mais je suis fâché de n'avoir pas ici le livre, j'y aurais eu recours pour une circonstance qui m'embarrasse : j'ai perdu une partie de mes abeilles, et je crois me rappeler que Virgile indique un moyen sûr de les reproduire.

— Rien n'est si simple, Monsieur. Vous prenez un jeune taureau* un taureau de deux ans; vous le tuez et vous l'enfermez dans une cabane où vous le laissez se corrompre. Au printemps suivant, dès que les prairies s'émaillent de leurs premières fleurs, vous voyez naître de cette corruption des vers qui ne tardent pas à devenir des abeilles.

— Ah! mais c'est bien commode.

— Ce n'est pas ainsi, du reste, que naissent naturellement les abeilles.

— Je le crois.

— Elles ne sont pas soumises aux douleurs de l'enfantement**.

— Oh! tant mieux.

— Elles trouvent leurs petits sur les fleurs et les herbes odoriférantes***.

— Voyez un peu!

— C'est surtout sur le *Cerinthé* que naissent les *rois*.

— Qu'est-ce que le Cerinthé?

— C'est un substantif de la troisième déclinaison.

---

* Tum vitulus bina curvans jam cornua fronte
  Quæritur....
      Plagisque perempto
  Tunsa per integram solvuntur viscera pellem....
    Etc., etc.   (VIRG., *Géorgiq.*, lib. IV.)
** Non fœtus nixibus edunt.
*** Verum ipsæ foliis natos et suavibus herbis
  Ore legunt.

— N'est-ce que cela?

— C'est probablement un arbre ou une plante.

— On ne vous l'a pas montré?

— Non. Comment voulez-vous qu'on nous montre des plantes en classe ?

— Eh bien, moi, je vais vous la montrer. Le nom de *Cerinthe* est composé de deux mots grecs et veut dire fleur à cire. C'est cette jolie plante au feuillage touffu de couleur glauque, couverte de petits épis jaunes, on l'appelle en français *Mélinet*, c'est-à-dire fleur à miel.

— Monsieur, je vous remercie infiniment.

— Il y a de quoi, mon jeune ami, car c'est la seule chose vraie qu'on vous ait apprise sur les abeilles.

— Quoi, Monsieur, tout ce que je viens de vous dire...

— Tout ce que vous venez de me dire, ou plutôt de me réciter, est un tissu de contes d'autant plus ridicules, qu'ils sont beaucoup moins merveilleux que la vérité.

A ce moment le père entra, je lui fis part de l'erreur dans laquelle on jetait son fils, et je lui dis : Votre fils est intelligent, mais on le dirige mal. C'est fort joli de bien dire ; mais le style est un vêtement, il faut un corps dessous. En même temps qu'on fait lire aux enfants les vers harmonieux de Virgile, on devrait rectifier les idées fausses qu'ils habillent magnifiquement. Vous devriez, vous, faire lire à votre fils quelques bons ouvrages sur les abeilles, cela l'intéresserait beaucoup et l'empêcherait de prendre pour argent comptant le quatrième livre des Géorgiques. — Monsieur, me dit le père, je ne veux pas le déranger de ses études.

Vale.

LETTRE XXX.

Belles études, apprendre des mots, toujours des mots, rien que des mots; parler des choses sans savoir les choses; dire correctement des sottises! Voilà l'emploi de toute la jeunesse.

Pendant que nous y sommes, mon ami, je veux vous dire celles des absurdités bien établies sur le compte des abeilles qui me reviendront à la mémoire.

Aristote avance qu'une abeille adopte une fleur et ne recueille son miel que sur les fleurs de la même espèce.

Le même *Aristote;* que lorsqu'il fait du vent, l'abeille se leste en portant des grains de sable entre ses pattes.

Le même *Aristote;* que les abeilles *sans roi*, ne font que de la cire et pas de miel. Qu'elles chassent de la ruche les plus gourmandes, les plus paresseuses, etc.

Pline ajoute, probablement après une étude plus approfondie du code pénal des abeilles, que dans ces cas de récidive et d'obstination dans les vices susdits, elles sont punies de diverses peines, et même de la mort dans certaines circonstances.

L'un et l'autre ont fait de longs éloges, copiés cent fois par les modernes, de leur justice, de leur bravoure, de leur pudeur, de leur loyauté, de leur science politique et de leur habileté dans le gouvernement.

On ne s'est pas contenté du taureau de Virgile. On a conseillé de remplacer le taureau pourri par un lion, parce qu'alors les abeilles sont plus fortes et plus courageuses. Même en 1735, les pères de Trévoux prenaient chaudement contre Réaumur la défense de deux jésuites, qui avaient encore écrit que les insectes venaient de putréfaction. Après avoir dit que les abeilles trouvaient leurs petits tout faits sur des fleurs et sur des feuilles, on a un peu changé, et on a dit que ces jeunes abeilles naissaient de la corruption du miel.

On a prétendu que la reine des abeilles (obstinément appelée roi), n'avait pas d'aiguillon. Plusieurs devises ont même été faites sur ce sujet. — Louis XII, entrant dans Gênes, parut en habit blanc semé d'abeilles d'or, avec ces mots : *Rex non utitur aculeo* : Le roi n'a pas d'aiguillon. Le pape Urbain VIII portait des abeilles dans ses armes ; on mit au-dessous ce vers latin :

> Gallis mella dabunt, Hispanis spicula figent.

« Le miel pour la France, l'aiguillon pour l'Espagne. »
Un Espagnol répondit :

> Spicula si figent, emorientur apes.

« Quand l'abeille pique, elle laisse dans la blessure et son dard et sa vie. »
Le pape fit répandre ce distique :

> Cunctis mella dabunt, nulli sua spicula figent,
> Spicula nam princeps figere nescit apum.

« Elles auront du miel pour tous et des blessures pour personne, car le roi des abeilles n'a pas d'aiguillon. »

C'était bien la peine que dès avant Pline, le philosophe Aristomachus ait passé cinquante-huit ans à regarder les abeilles, et qu'un autre philosophe, Hyliscus, se soit retiré dans un désert pour ne voir que des ruches !

On a dit et on croit encore en bien des endroits, que les abeilles ne piquent pas la laine, et qu'avec des gants de laine on peut les manier impunément, ce qui est vrai ; — mais seulement quand les gants de laine sont plus épais que la longueur de l'aiguillon, auquel cas, vous pourrez les faire de l'étoffe que vous voudrez. — On a dit que les abeilles couvent leurs œufs comme les poules. — Encore aujourd'hui, dans les campagnes, s'il meurt quelqu'un dans la maison, on met un crêpe aux ruches, sans cela les abeilles *se piquent* de ce manque d'égard et de ce qu'on a l'air de les traiter comme des étrangères qui ne seraient pas de la famille. On vous dira encore, tant que vous voudrez l'entendre, que, faute de songer à ce soin de politesse, un tel et un tel ont perdu toutes leurs abeilles, qui n'ont pas voulu vivre avec des mal-appris et s'en sont allées. — Écoutez encore, il ne faut pas jurer auprès des abeilles. Si vous achetez un essaim, ne vous avisez pas de le marchander, les abeilles ne resteraient pas chez vous, — elles ne peuvent souffrir les voleurs ; je crois que cette aversion se borne aux voleurs de leur miel. — Ces vertueuses mouches aiment les hommes vertueux, savent les reconnaître et ont pour le vice et les vicieux des haines vigoureuses. Il n'est pas prudent de s'approcher d'elles avec quelque méfait sur la conscience ; elles ont horreur des libertins, mais le crime qu'elles pardonnent le moins est le crime d'adultère ; elles le punissent avec une rigueur inouïe.

Il est évident que si ces mouches étaient plus nombreuses et plus grosses, elles suffiraient pour faire régner la vertu sur la terre, et qu'elles remplaceraient très-avantageusement les juges, les gendarmes et les geôliers.

Toutes ces niaiseries, je le répète, ont surtout ceci de méprisable qu'elles n'ont été imaginées que pour prêter aux abeilles un merveilleux qui est loin d'atteindre à la vérité.

Nous nous contenterons, mon ami, dans le voyage que nous allons faire autour de ma ruche, des choses que nous verrons de nos deux yeux.

Quel concours aux abords de la ruche ! Jamais place publique d'une grande ville n'a été témoin d'une pareille agitation. Des abeilles sortent en toute hâte et s'envolent au loin pour chercher des provisions, tandis que d'autres rentrent chargées. Il faut voir d'abord ce que les abeilles vont ainsi chercher dans la campagne, d'abord sur certains arbres, sur les sapins, sur les ifs, sur les bouleaux, etc., une sorte de résine appelée *propolis*. Ensuite, dans les fleurs, le *pollen* ou la poussière fécondante dont elles feront de la cire ; puis, dans le *nectaire*, un suc qui deviendra le miel.

Celle-ci apporte les matériaux pour la cire ; après s'être roulée dans le pollen des fleurs, elle a, avec ses dernières pattes faites en cuiller et armées de poils rudes comme ceux d'une brosse, rassemblé en petites pelotes les grains de *pollen* qui sont restés après les poils dont son corps est couvert. Si les *anthères* de la fleur ne sont pas encore ouverts et tiennent le pollen renfermé, elle a su les ouvrir avec ses petites dents et le faire sortir. En voilà cinq ou six dont les palettes sont bien chargées. Quelques-unes ont trouvé leur fardeau dans une seule fleur, et il est facile de reconnaître dans quelle fleur, quelque éloignée qu'elle soit de la ruche. La poussière que porte celle-ci est blanche, l'abeille s'est vautrée dans quelque *mauve*, tandis que sa compagne, chargée de poussière brune, a été butiner sur des *tulipes*. Ce pollen jaune orangé vient de la fleur d'un *melon*, etc., etc.

Quelques-unes des arrivantes entrent dans la ruche : quelques autres livrent leurs provisions à d'autres abeilles qui les reçoivent à la porte, et, aussitôt débarrassées de leur fardeau, elles reprennent leur vol. Dans la ruche, on n'est pas moins occupé que dehors : celles-ci font avec la cire les alvéoles hexagones dans lesquels d'autres viennent dégorger du miel. D'autres alvéoles sont tenus vides : ceux-là sont les nids que doivent occuper les jeunes abeilles.

La ruche est peuplée de trois sortes de mouches : d'abord une femelle, c'est la reine ; — des mâles appelés faux-bourdons, au nombre de six à sept cents, — et huit ou dix mille ouvrières, sans sexe, qui conséquemment ne se multiplient pas, attendu qu'elles ont fort à faire et qu'elles n'ont pas le temps de s'amuser. D'ailleurs la reine, au milieu de son harem de bourdons, suffit à la reproduction de l'espèce : elle pond au moins six mille œufs par an. De ces œufs, les uns produiront des femelles semblables à elle ; les autres des mâles, les autres en plus grand nombre des ouvrières sans sexe. — Pendant qu'elle se livre probablement dans les ténèbres entre les gâteaux d'alvéoles déjà faits, aux caresses de ses odalisques mâles, toutes les ouvrières s'occupent des berceaux et de la nourriture de la nombreuse famille qu'elle ne tardera pas à mettre au monde.

Il vient un moment où les ouvrières font une grande opération. La reine a été suffisamment aimée, des soins plus sérieux doivent l'occuper; on fait un massacre général des mâles désormais inutiles et devenus un simple encombrement, et on porte leurs cadavres dehors. — La reine commence à pondre, suivie d'un cortége de mouches ouvrières; elle se promène sur les cellules. Quand, après avoir examiné l'intérieur d'une de ces cellules, elle la trouve à son gré, elle y dépose un œuf et se remet en marche. Pendant ce temps, les ouvrières qui l'entourent la lèchent, la nettoyent et lui offrent du miel au bout de leur petite trompe. Toutes les cellules ne sont pas de la même grandeur ; quelques-unes, de la même forme que les cellules ordinaires destinées à serrer les provisions, et à servir de nid aux œufs d'où doivent sortir les abeilles ordinaires, sont plus grandes d'un neuvième que celles-ci ; elles seront les berceaux des mâles. — D'autres d'une forme différente, d'une forme arrondie et oblongue, sont destinées à renfermer des œufs qui deviendront des femelles semblables à la reine.

Les abeilles apportent une admirable économie dans l'emploi de la cire. Quelques savants géomètres ont plus d'une fois cherché quelle serait la forme à donner à des cellules qui employât le moins de cire possible, et ils sont arrivés, pour résultat de leur problème, à la forme adoptée par les abeilles. Eh bien, quand il s'agit d'une de ces cellules royales, elles renoncent à toute économie : une seule de ces cellules emploie autant de cire que cent cinquante cellules ordinaires. La reine choisit pour déposer ses œufs celle de ces trois sortes de cellules qu'elle juge convenable. Ceux des alvéoles qui contiennent la provision de miel sont fermés hermétiquement avec des couvercles de cire : ceux où sont placés les œufs sont découverts : ces œufs sont d'un blanc bleuâtre. Deux jours après, de cet œuf sort un ver; plusieurs fois par jour une abeille ouvrière vient lui apporter à manger. Souvent une abeille passe sur plusieurs cellules avant de s'arrêter : c'est qu'elle a trouvé les vers suffisamment approvisionnés. A mesure que ces vers grandissent, leur nourriture, l'espèce de bouillie qu'on leur donne devient plus substantielle et est composée autrement. Une pâtée toute différente de goût est donnée aux vers qui doivent devenir des reines fécondes. Au bout de six jours, les vers vont se transformer, on ne leur apporte plus de nourriture : les ouvrières les enferment dans leur loge en y adaptant un couvercle de cire. Le ver ainsi renfermé tapisse sa demeure d'une tenture de soie extrêmement fine, puis subit deux transformations. A la seconde, il est une mouche parfaite.

La mouche ouvre le couvercle avec ses dents et sort de l'alvéole. Deux ou trois mouches ouvrières l'accueillent, la lèchent et lui présentent du miel au bout de leur trompe. Pendant ce temps, d'autres abeilles nettoyent la cellule qui vient d'être abandonnée, en ôtent les dépouilles du ver qu'il a quittées comme des vêtements, et les portent dehors de la ruche ; elles enlèvent également les petites parcelles de cire qui ont pu tomber dans l'alvéole lorsque le couvercle a été percé. D'autres mouches arrachent ce qui reste de ce couvercle. En un mot, on remet les cellules en état de recevoir un nouvel œuf ou de devenir un magasin à miel. — La jeune abeille entre de suite en fonctions ; deux heures après sa naissance, vous ne la reconnaîtriez entre les autres qu'à sa couleur qui est grisâtre, tandis que les autres deviennent rousses en vieillissant. Aussitôt que ses ailes sont bien lisses, deux ou trois vieilles la promènent dans la ruche et lui montrent les portes ; elle sort, elle s'envole et ne revient qu'avec ses pattes chargées de cire. Mais il ne naît pas ainsi qu'une abeille à la fois, plus de cent sortent de leurs cellules le même jour ; aussi, au bout de quelques semaines, la ruche est-elle fort peuplée.

Un matin, vous remarquez une sorte de révolution. L'activité qui régnait autour de la ruche a subitement disparu. Quelques mouches à peine sortent et rentrent légèrement chargées. Une colonie va se séparer de la ruche-mère, et aller chercher d'autres pénates. Vers dix heures du matin, par un soleil ardent, on entend un grand bourdonnement dans la ruche ; quelques mouches sortent en tumulte, elles précèdent la jeune reine. Celle-ci paraît bientôt ; elle est beaucoup plus longue et plus grosse que les ouvrières ; ses ailes ne vont guère qu'à moitié de son corps ; ses dernières pattes ne sont pas creusées en cuiller; elle n'a besoin ni de voyager au loin, ni d'apporter de la cire; elle ne doit pas travailler. — Son rôle à elle est d'être littéralement la mère de son peuple ; — déjà, à peine âgée de six jours, elle a connu l'hymen : un de ses frères bourdons, né en même temps qu'elle, a su toucher son cœur entre les gâteaux de cire.

Non loin de là, les premières abeilles sorties vont s'entasser en grosses grappes autour d'une branche ; la reine vient au milieu d'elles : alors toutes les abeilles répandues en l'air viennent s'abattre autour d'elle. La plupart sont de jeunes ouvrières qui suivent la fortune de leur royale sœur; quelques vieilles, cependant, d'un caractère plus inquiet, sortent avec la colonie et abandonnent la métropole. Là, elles restent rassemblées pendant plus d'un quart d'heure, quelquefois beaucoup plus longtemps ; puis elles se remettent en route pour chercher un établissement plus commode. C'est alors, pendant ces moments d'hésitation et d'immobilité, qu'on fait tomber facilement l'essaim entier dans une ruche où, se trouvant commodément installées, elles restent volontiers, et, dès le lendemain, commencent leurs travaux. Si par hasard on n'avait pris qu'une partie de l'essaim, et que la reine ne fût pas du nombre des captives, aucune des mouches ne travaillerait; il ne se ferait ni cire ni miel dans la ruche. Le mobile qui donne tant d'ardeur aux ouvrières, est la certitude d'avoir parmi elles une mère féconde, dont il faut nourrir et élever la jeune famille.

En général, les bourdons sont restés, sinon tous, du moins presque tous, dans l'ancienne ruche. Les autres jeunes reines sont massacrées et leurs cadavres traînés dehors. Il arrive quelquefois, qu'au moment de la sortie de l'essaim, deux jeunes mères prétendent à la fois à la souveraineté de la nouvelle colonie. En effet, il en naît quelquefois une vingtaine dans une seule ruche. S'il sort deux reines en même temps, l'essaim se partage, mais inégalement ; chacune des deux reines va s'établir, avec ses partisans, sur une branche différente.

Notre jeune lauréat vous a dit, d'après Virgile, ce qu'on pensait autrefois de ces deux *rois*. Si l'un était le modèle de toutes les vertus, l'autre n'était qu'un effronté coquin. Le premier était tout doré ; le second, mal mis, avait un gros ventre.

Un auteur plus moderne, qui a écrit sur les abeilles, en français, s'explique dans des termes analogues. Il appelle le faux *roi* le tyran.

« Sa couleur triste, son ventre gros, ses jambes scabreuses
» et ses gestes languissants, sont signes d'envie, d'avarice,
» d'ambition, de gourmandise, de lâcheté, de paresse, etc. »

Certes, jamais monarque n'a été aussi maltraité ; les tyrans de tragédie sont les plus patients, sans contredit, et les plus débonnaires d'entre les hommes. Chaque personnage de la pièce leur débite ses deux cents vers d'invectives sans qu'il les interrompe : et s'il finit par s'écrier :

Holà ! gardes à moi !

C'est quand l'autre a épuisé son vocabulaire, sans lui couper court un hémistiche, ni lui déranger une rime. Ce pauvre tyran des mouches n'est pas plus mal mené. Il est heureux pour lui que cet écrivain n'ait pas su que *Béelzébuth* veut dire roi des mouches, il ne lui aurait pas épargné ce nom. Mais ce n'est pas tout.

« Le tyran sort de la ruche et s'éloigne du roi légitime comme
» un traître ; une partie du peuple se révolte et se va brancher
» avec lui, où elle se perdrait, ne fût-ce que, reconnaissant leur
» faute, elles l'effacent en s'allant remettre auprès du vrai roi.
» Le tyran, se voyant abandonné, va se joindre au gros de l'es-
» saim. Mais ces vertueuses bestioles, qui se piquent pour ce
» qui touche l'honneur de leur chef, conjurent la ruine de ce
» brouillon ; elles lui courent sus, le déchirent, le foulent aux
» pieds, de sorte que le lendemain on le trouve mort, étranglé
» sous la ruche, avec quelques-uns de ses complices. »

Il est évident que, dans le cas où deux jeunes mères sortent ensemble de l'ancienne ruche, les abeilles doivent choisir ; mais il est difficile de savoir ce qui fixe leur choix. Je ne pense pas que ce soit précisément l'or que les poëtes ont vu sur son corsage, et qui doit se traduire en prose par une couleur rousse. Rien n'établit que les abeilles attachent à l'or le même prix que nous.

Le coq de La Fontaine préférait le moindre grain de mil à un ducaton qu'il avait trouvé. Je ne sais pourquoi La Fontaine semble le blâmer par le rapprochement du second apologue.

Je ne m'aperçois pas que les oiseaux jaunes jouissent d'une grande considération parmi les autres oiseaux. Le roitelet, ainsi appelé par les hommes parce qu'il a sur la tête une huppe orange, ne paraît pas avoir réussi à faire reconnaître sa royauté parmi les autres habitants de l'air. Mais cependant les poëtes et les autres ne se sont trompés que dans l'explication qu'ils ont voulu donner de la préférence de l'essaim pour l'une des deux jeunes reines. Il est vrai qu'en général les jeunes abeilles, en ce cas, se décident pour la plus rousse des deux abeilles mères. Il est vrai que celle qui est abandonnée d'abord, et ensuite mise à mort, est d'une couleur plus sombre; mais il ne faut pas attribuer ces deux sorts si différents aux vertus si variées de la première, aux vices si hideux de la seconde, — pas même à ce qu'elle a un gros ventre. — Je vous ai déjà dit, mon ami, que les jeunes abeilles sont brunes et qu'elles deviennent rousses en vieillissant. Je vous ai dit aussi qu'elles avaient en naissant le ventre plus gros qu'il ne le sera par la suite. La préférence des abeilles est simplement pour celle des deux reines qui est la plus âgée, et qui, par conséquent, a été fécondée par quelque bourdon avant le départ de la ruche, parce que, celle-là seule leur promet avec certitude ce qui est la seule cause de leurs travaux, le seul mobile de leur zèle. Les crime de la reine sont tout simplement la jeunesse et la virginité.

Ignoscenda quidem, scirent si ignoscere...

Crimes pardonnables, si la politique savait pardonner.

Si on la tue, si toutes celles qui sont nées en même temps sont massacrées dans l'ancienne ruche, c'est que les abeilles ne sont pas progressives, et n'ont pas encore imaginé le gouvernement constitutionnel et la pondération des pouvoirs qui, si elle n'était pas une chimère, n'arriverait dans son plus haut point de perfection, qu'à l'immobilité.

Du reste, on a présenté avec raison le gouvernement des abeilles comme le modèle de la meilleure monarchie qui puisse exister; mais on a eu tort de leur prêter des lois et un code, des juges, des avocats, des gendarmes.

Ce qui fait l'excellence de ce gouvernement, c'est que les abeilles n'ont rien de tout cela, et c'est qu'elles n'en ont pas besoin, parce que chacune a son rôle à jouer et ne songe pas à en jouer un autre ; parce que les ouvrières ne rêvent pas de devenir bourdons, et que les bourdons n'intriguent pas pour passer reines.

Tandis que les sociétés humaines seront toujours remplies de perturbations et de misères, elles sont un concert où chaque instrument veut se faire entendre par-dessus les autres, et où aucun ne veut se renfermer dans sa partie, ce qui doit produire, et produit en effet, un immense charivari.

LETTRE XXXI.

Il est malheureux que je n'aie plus là mon jeune savant. Il y a dans une églogue de Virgile, la troisième, si je ne me trompe, des énigmes que se proposent deux bergers ; l'un dit à l'autre :

> Dic quibus in terris...
> Tres pateat cœli spatium non ampliùs ulnas.

A quoi l'autre répond sans deviner l'énigme :

> Dic quibus in terris inscripti nomina regum
> Nascuntur flores.

« Dis-moi dans quel pays naissent des fleurs sur lesquelles sont écrits les noms des rois. »

Les commentateurs de Virgile et les professeurs, après eux, se chargent d'expliquer ces deux énigmes. Le mot de la première, disent-ils, est un puits dans le fond duquel on voit la réflexion du ciel.

Tres non ampliùs ulnas.

Ce pourrait être également une lucarne ou une cheminée, surtout de la façon dont étaient faites les cheminées des anciens ; mais les commentateurs et les professeurs ont décidé que c'était un puits. Pour la seconde, les commentateurs et les professeurs ne sont pas tous du même avis. Les uns disent qu'il s'agit de la fleur d'hyacinthe. Laissons-les parler eux-mêmes :

« Ajax, fils de Télamon et d'Hésione, un des plus vaillants capitaines des Grecs, après Achille, s'étant un jour joint au combat avec le preux Hector des Troyens, la nuit les sépara, où ils se firent des présents respectivement l'un à l'autre qui leur furent malencontreux : car Hector fut traîné mort par Achille du baudrier que lui avait donné Ajax ; et Ajax se tua de l'épée qu'Hector lui avait aussi donnée, parce qu'étant entré en débat avec Ulysse pour les armes d'Achille défunt, ce prince d'Ithaque les avait emportées par le jugement des Grecs, et son bon conseil avait été préféré au courage de l'autre, dont cet Ajax entra en telle furie qu'il la déchargeait par le meurtre de toutes les bêtes qu'il rencontrait, s'imaginant que c'étaient les princes Grégeois et Ulysse. Mais ayant aperçu son erreur, il se transperça le corps de son épée, dont le sang qui fit naître cette fleur, autrefois teinte de celui d'Hyacinthe, laquelle porte encore empreintes les deux premières lettres de son nom, *ai*. »

Mais Ovide raconte que la fleur d'hyacinthe est formée du sang d'un jeune homme aimé d'Apollon, que ce Dieu tua par mégarde, en jouant avec lui au disque. Et que cette fleur porte l'épitaphe du jeune homme, *IA*, c'est-à-dire hyacinthes, ou *AI*, c'est-à-dire *hélas !*

Je déclare que, avec la meilleure volonté du monde, c'est-à-dire tout prêt à admettre que *ia* veut dire hyacinthe, ou que *ai* veut dire *hélas*! je n'ai jamais pu trouver ces deux lettres dans aucune hyacinthe. Il est vrai de dire que je n'y ai pas trouvé davantage *AIA*. Je peux même presque dire que je l'ai trouvé moins encore, puisque je cherchais une lettre de plus, et que je n'ai rien trouvé du tout. Ce n'est donc point *la fleur sur laquelle sont écrits les noms des rois*; et d'ailleurs quand il y aurait *IA* ou *AI*, ou *AIA*, ce ne serait pas Ajax, puisque la fleur appartient déjà à Hyacinthe, et que réellement on serait un peu trop gêné à deux dans une fleur.

Aussi, d'autres commentateurs ont dit que ce n'est nullement en hyacinthe qu'a été changé Ajax, mais en *pied-d'alouette-delphinium*, fleur sur laquelle, ajoute-t-il, on lit les lettres *AIA*, et que les botanistes appellent en conséquence *delphinium Ajacis, delphinium* d'Ajax.

A la bonne heure, on ne saurait trop corriger les erreurs et rétablir la vérité altérée. Il est évident qu'il n'y a pas *AIA* sur les hyacinthes. Cherchons donc dans les fleurs des *delphinium*. Je déclare derechef que, disposé à traduire *AIA* par tout ce qu'on voudra, par *fils de Télamon*, s'il plaît aux commentateurs, j'ai cherché scrupuleusement dans les fleurs de pied-d'alouette de diverses variétés, et que je n'ai pu y trouver une seule des trois lettres indiquées, lues et annoncées par les savants.

Je me rappelle avec admiration, qu'un jour un professeur en robe noire, du haut d'une chaire, et avec une de ces mines refrognées sur lesquelles il est écrit *pédant* bien plus net que *Ajax* sur les delphinium, nous expliquait ces billevesées de son air le plus grave et le plus majestueux, et que je fus sévèrement puni pour m'être laissé surprendre à faire des petits canards de papier sous lesquels j'attachais des mouches qui les faisaient marcher, ce qui fut traité d'occupations futiles et d'enfantillage, par opposition aux choses importantes dont il était question en classe, c'est-à-dire à l'énigme du puits et à celle du pied-d'alouette. Encore aujourd'hui je maintiens que mes petits canards étaient un joujou plus ingénieux que celui du professeur, et que, en fait de futilités, celles qui amusent ont un immense avantage sur les autres, quelque sérieusement et prétentieusement qu'elles puissent être débitées.

Je pardonne volontiers cet oubli aux *delphinium*, en reconnaissance de la magnifique nuance de bleu qu'étalent les fleurs de quelques-unes de leurs variétés.

Les *delphinium* vivaces à fleurs simples, et surtout celui à fleurs doubles, sont du plus beau bleu qu'on puisse voir, et d'un bleu plus beau qu'il n'est possible de l'imaginer avant de les avoir vus.

On a également prêté aux delphiniums la puissance de consolider les plaies : c'est, sans aucun doute, au même delphinium qui a été autrefois Ajax, qu'il faut attribuer cette vertu. Les autres ne l'ont en aucune façon ; mais je ne m'aviserai jamais de demander autre chose à une fleur qui est d'un si beau bleu.

LETTRE XXXII.

Quand j'admire certaines fleurs produites par des oignons, et quand je pense aux choses que les hommes de tous les temps et de tous les pays ont adorées et adorent encore, je n'ai pas le courage de trouver les Égyptiens fort déraisonnables dans leur culte pour les oignons.

Voici un dieu que l'on m'envoie : c'est un morceau de bois dégrossi, c'est un dieu indien. Je ne crois pas qu'il gagne beaucoup à la comparaison avec une jacinthe ou une tulipe.

Mais sans parler des dieux de bois ou de pierre, sans parler des amulettes pour détourner les sorts, ni de mille autres billevesées pareilles, ne voyons-nous pas les hommes adorer l'argent ? Et qu'on ne vienne pas objecter que l'on n'adore pas l'argent, mais les plaisirs dont il est le représentant, mais tout ce qu'on peut se procurer en échange de l'argent. Je répondrai qu'il n'est personne qui ne connaisse quelque homme riche, insolent, laid, bête et avare, que tout le monde écoute parler quand il lui plait de dire une sottise; que l'on reçoit avec empressement dans les maisons où il veut bien se présenter, dont on ne contredit l'opinion, si toutefois on s'avise de le faire, qu'avec les plus grands ménagements et toutes sortes de précautions. On n'a pas même l'excuse de l'avarice ou de l'avidité dans les hommages que l'on rend à cet homme; il a fait ses preuves, on sait que l'on n'en a rien à espérer, il ne donnera rien. — Non, c'est son argent auquel il sert de sacoche que l'on admire, que l'on adore, et auquel on rend tous ces hommages ou plutôt toutes ces bassesses.

On adore la gloire, mais surtout la gloire militaire, qui consiste à tuer sans haine, sans motif, le plus grand nombre possible d'hommes nés sous un autre ciel, et cela dans des conditions tellement singulières, que, si demain ce pays se soumet après avoir été suffisamment ravagé, il devient un crime puni par les lois, par l'horreur et par le mépris universels, de tuer un seul de ses habitants qu'il était si glorieux de massacrer hier.

Les places! Vous voyez des gens assez riches pour vivre dans l'abondance, dans le calme et dans les plaisirs, rechercher avec empressement une sorte de domesticité, d'un certain ordre appelé *place*, et se croire heureux et redevable au ciel de ferventes actions de grâces, s'ils sont assez favorisés pour réussir à obtenir une de ces places qui leur assigne un costume obligé, un séjour forcé, des occupations nécessaires, des soins indispensables, une sujétion de toutes les heures, une responsabilité incessante en échange de la douce liberté!

Vous avez encore les titres! L'homme qui a obtenu l'autorisation de mettre devant son nom trois ou quatre certaines lettres, devient à l'instant une sorte d'idole que l'on adore et qui s'adore elle-même.

Et le rouge, l'amour du rouge, l'adoration du rouge, le rouge aimé des sauvages et des enfants, le rouge, cette couleur bruyante.

Que ne fait-on pas pour avoir le droit de mettre à son habit un morceau de ruban rouge, et surtout si, après l'avoir quelque temps attaché d'un simple nœud, les chefs de l'État vous autorisent à le nouer d'une rosette? Vous vous sentez un autre homme, vous êtes Dieu et vous croyez en vous!

— O mes beaux oignons de *jacinthe*, mes beaux oignons de *tulipe*, mes beaux oignons de *tubéreuse* et de *jonquille!*

O mes beaux oignons de *scilles* et de *pancratium!*

Mes beaux oignons de *crocus* et de *safran!*

Mes beaux oignons de *tigridies*, de *glaïeuls d'amaryllis!*

Mes beaux oignons aux couleurs douces ou brillantes, pures ou harmonieuses, mes beaux oignons aux suaves et enivrants parfums!

Mes beaux oignons, comme vous me remplacez tout cela, et comme vous êtes de plus grands Dieux que toutes ces idoles!

Mes beaux oignons, ayez pitié d'eux!

La fleur du *narcisse* a été autrefois, disent les poëtes anciens, un jeune homme, fils du fleuve Céphise, qui mourut d'amour pour ses propres attraits.

Je n'ai jamais trouvé le moindre charme à ces fables qui mettent des hommes en tout. J'aime les femmes sous les arbres; mais je ne les aime pas dans les arbres comme sont les hamadryades. Toutes ces métamorphoses d'hommes et de femmes en arbres et en fleurs, sont à mes yeux de froides et insipides imaginations. Les arbres et les fleurs ont leur existence et leurs charmes particuliers, dont un, qui n'est pas peut-être le moins grand souvent, est de fuir au milieu d'eux et d'oublier les hommes.

Lucien se plaint de ces fables.

« Lorsque, dit-il, j'entendais dire, dans ma jeunesse, que, le long de l'Eridan, il y avait les arbres d'où découlait de l'ambre, et que cet ambre était les larmes des sœurs de Phaéton, qui avaient été changées en peupliers et qui pleuraient encore son infortune, j'avais grand désir de voir tout cela; mais comme je naviguais depuis sur ce fleuve, ne voyant aucun de ces arbres sur ses bords, je demandai aux matelots quand nous arriverions en ces lieux qui sont si fameux chez les poëtes, ils se prirent à rire de mon ignorance, et s'étonnèrent qu'on débitât de pareilles impostures ; ils ne connaissaient ni Phaëton ni ses sœurs, et me dirent que s'il y avait en leur pays des arbres qui produisissent une résine si précieuse, ils ne s'amuseraient pas à tirer la rame. Cela me rendit tout honteux de m'être ainsi laissé tromper par les poëtes, et je regrettais ces choses comme si je les eusse perdues.

» Je croyais aussi entendre chanter des cygnes le long de ce fleuve, ayant appris que le roi de Ligurie, ami de Phaëton, changé en cygne à sa mort, avait conservé un chant mélodieux ; mais cela ne se trouva pas plus véritable que le reste. Et comme je m'en enquérais aux mêmes gens, ils me dirent qu'on rencontrait bien quelquefois des cygnes sur l'Éridan, mais que leur chant ou plutôt leur cri n'était pas plus agréable que celui des autres oiseaux aquatiques. »

Revenons au *Narcisse*.

Tout le monde est d'accord que c'est du *Narcisse* des poëtes qu'il faut entendre celui qui a été autrefois le fils du fleuve Céphise.

Ce narcisse est blanc avec une petite couronne intérieure jaune et rouge d'un effet ravissant.

Virgile dit que le narcisse est rouge :

> Pro purpureo narcisso.

Mais Ovide qui raconte la métamorphose, le dit jaune entouré de feuilles blanches, ce qui se rapporte assez bien au narcisse que nous connaissons.

> Croceum.... florem
> ..... Foliis medium cingentibus albis.

On tressait en l'honneur des dieux infernaux des couronnes de narcisses que l'on plaçait sur la tête des morts.

Longtemps avant ce narcisse, fleurit aux bois qui n'ont pas encore d'ombre, le narcisse jaune en même temps que les premières violettes, ou plutôt un peu auparavant.

Une sorte de mouche, fort ressemblante au bourdon, creuse la terre à un certain moment de l'année au pied d'une touffe de narcisses ; quand, par une galerie souterraine, elle a atteint l'oignon, au moyen d'une tarière, elle y dépose un œuf, après quoi elle ressort du souterrain et reprend sa volée. De cet œuf sortira un ver qui se nourrira de l'oignon jusqu'à ce qu'il devienne une mouche semblable à celle qui l'est venue pondre.

Je ne sais si les Égyptiens connaissaient cette mouche et s'ils avaient une horreur suffisante pour un insecte impie qui à la fois mange un dieu et s'en fait une retraite et un asile.

Vale.

LETTRE XXXIII.

Nous avons vu un papillon que nous avons pris pour un paquet de feuilles sèches. Il y a des *mantes* qui semblent une branche avec deux feuilles vertes ; voici une petite plante qui s'élève dans l'herbe de cinq à six pouces ; sa tige est surmontée d'une fleur de lilas.

Mais quel est cet insecte qui, la tête enfoncée dans le nectaire de la fleur, semble s'y repaître avec tant d'application qu'il en est immobile ?

N'ayez pas peur de l'effaroucher, il ne s'envolera pas, il ne s'en ira pas, si ce n'est dans un mois lorsqu'il se fanera, car cet insecte est une fleur, car il n'est que la partie inférieure de ces trois pétales lilas qui le surmontent. La forme, la couleur, tout est parfaitement imité, c'est le même mélange de jaune et de brun. Vous n'oseriez le toucher par la crainte d'en être piqué.

Cette fleur qui est presque une mouche, cet insecte qui fleurit et vient d'une graine au lieu de venir d'un œuf, cette fleur qu'il semble entendre bourdonner et sur laquelle les abeilles ne se posent pas, la croyant sans cesse occupée par une mouche; cette mouche s'appelle *ophrys-mouche*.

Nous trouvons sur une branche de pêches une sorte de tubérosité qui semble être une gale de l'arbre produite par les piqûres de quelque insecte.

C'est un insecte parfaitement vivant. D'abord ç'a été comme une tache plate et à peu près ronde qui se promenait sur les feuilles.

Les branches alors auraient été pour elle d'une trop difficile digestion; elle est tombée à l'automne avec les feuilles. Alors elle a eu à faire un grand voyage, car jusque-là ses promenades sur les feuilles s'étaient bornées à parcourir en cinq mois une surface à peu près égale à celle d'une pièce de cinq sous.

Maintenant qu'elle a acquis de la force et qu'elle est bien grosse comme un grain de millet, elle doit quitter la feuille sèche et tombée, et remonter après l'arbre jusqu'à ce qu'elle rencontre une petite branche de l'année précédente.

Elle a cinq mois pour faire ce voyage, cela peut s'exécuter, mais il ne faut pas s'amuser en route.

Le voyage fini, elle s'en reposera le reste de sa vie; elle se cramponnera sur une jeune branche, et non-seulement elle ne la quittera plus, mais encore elle ne quittera plus le point de la branche sur lequel elle s'est établie. Elle grossit, c'est sa mission, c'est son devoir. Quand elle est devenue grosse comme une lentille, il survient on ne sait d'où une petite mouche d'un rouge foncé avec deux ailes longues deux fois comme son corps; ces ailes sont d'un blanc opaque et ornées sur le côté extérieur d'une bande d'un riche carmin. Ces petites mouches sont les mâles des tubérosités animées appelées *gallinsectes*.

C'est parmi ces insectes que l'on peut voir poussé jusqu'au plus haut degré ce que les Romains exigeaient des femmes :

Lanam fecit, domum servavit.

Elle a filé de la laine, elle est restée dans sa maison.

Pendant que le mâle, petit, coquet, richement paré de pourpre, vole au hasard, la femelle à peine vivante, prise pour une galle de l'arbre, pour le gonflement d'une feuille ou d'une branche, reste immobile et attend son époux. Ledit époux qui est singulièrement petit, relativement à la gallinsecte, se promène sur elle, la parcourt en tous sens, car elle est pour lui un terrain assez vaste ; il l'examine du nord au sud, de l'est à l'ouest ; ce n'est que lorsqu'il est fatigué de parcourir l'objet aimé qu'il risque positivement l'aveu de sa flamme, après quoi il fait encore un ou deux tours de son amante, puis il s'envole. L'épouse, de ce moment, ne songe plus qu'à la nombreuse famille qu'elle doit mettre au jour, — deux mille enfants environ, — elle commence à pondre et les œufs viennent tous enveloppés dans une sorte de coton : *Lanam fecit.*

Alors la gallinsecte change de forme, son ventre s'aplatit et vient en s'amaigrissant rejoindre son dos ; ce qui établit sous elle un espace creux où sont ses œufs. Son dos durcit, le ventre et le dos sont tout à fait confondus, la gallinsecte se dessèche et meurt, et devient une maison pour ses petits.

Ceci est mieux que le *domum servavit,* elle ne reste pas à la maison, elle devient la maison !

Au bout de douze jours les jeunes gallinsectes, tant celles qui doivent devenir des taches rondes que celles qui seront des petites mouches brunes, sentent le besoin de quitter la maison et la mère, qui sont pour elle une seule et même chose. Les petites gallinsectes que les yeux ne pourraient alors distinguer sans le secours de la loupe, veulent donc sortir de cette chambre qui a été leur mère ; la nature a prévu ce besoin et elle a en conséquence laissé une fenêtre à cette mère, fenêtre par laquelle les jeunes gallinsectes s'échappent et vont chercher les feuilles où nous les avons prises en commençant ce récit.

Beaucoup de savants ont longtemps pris les gallinsectes pour des galles, c'est-à-dire pour des excroissances formées par la piqûre dans laquelle certains insectes déposent leurs œufs dans l'épaisseur de certaines feuilles et de certaines branches.

Quelques insectes semblent partager l'erreur des savants. Les ichneumons pondent leurs œufs dans le corps de la gallinsecte, et les jeunes inchneumons en sortent plus tard, mais non pas comme les propres enfants qui s'échappent par l'issue légale ; ils pratiquent des trous dans cette mère devenue immeuble, et naissent avec *effraction*.

La graine d'écarlate de Pologne, le kermès et la cochenille qui servent à teindre en rouge, sont des gallinsectes.

Je brûle, mon ami, de savoir quel récit vous opposerez à celui-ci, vous qui êtes allé si loin ; je vous défie même d'oser un mensonge aussi extraordinaire que cette vérité que je vous fais voir. J'ai beau me rappeler tous les voyages que j'ai lus, j'y vois toujours les grandes nouveautés que voici : Les femmes se mettent des anneaux dans le nez, au lieu de se les mettre aux oreilles comme les nôtres ; elles mettent sur leur tête des plumes de perroquet au lieu de plumes d'autruches. Elles sont un peu nues par en bas, ce qui paraît indécent aux Européennes, qui ne montrent à nu que la moitié supérieure du corps.

Les hommes sont fiers d'un grain ou de deux grains de girofle qu'on leur permet de porter pour leurs belles actions. Nous en rions comme des fous, nous autres Européens. Des clous de girofle ! bon Dieu ! se faire casser les bras et les jambes pour des clous de girofle. Réellement les sauvages sont bien drôles. A la bonne heure, nous, quand nous nous exposons au feu et au sabre, nous savons ce que nous faisons, nous qui sommes blancs, nous qui sommes éclairés et civilisés. Ah bien ! que l'on vienne nous offrir des clous de girofle, on serait bien reçu. Non, non, on nous permet de porter à une boutonnière de notre habit un petit morceau de ruban rouge ; plus tard nous le nouons en rosette, mais tout le monde n'arrive pas là.

Il y a encore, mon ami, une grande différence que j'ai vue dans les voyages entre les hommes des différents pays sur lesquels j'ai lu des relations. En France, par exemple, la plupart des hommes sont tout prêts à tout faire pour de l'or, pour des louis. Avec ces pièces rondes, vous achetez tout, et même ce qui ne devrait ni se vendre ni s'acheter. En Angleterre, ce n'est plus cela ; voyez ce que c'est que de voyager ! on achète tout pour des guinées et des souverains. En Espagne, au contraire, c'est avec des réales; en Italie avec des ducats; dans certaines îles de l'Amérique, on vous vend les mêmes choses, mais pour certains coquillages, tandis que sur la côte d'Afrique c'est pour de la poudre d'or. Il est vrai que c'est toujours pour de la monnaie, et que les denrées que l'on vend sont les mêmes, puisque c'est *tout*, sans aucune exception.

Vale.

LETTRE XXXIV.

Je ne sais si vous avez remarqué comme moi la puissance secourable que les petites choses tirent de leur petitesse même; peut-être ensuite n'avez-vous pas eu autant que moi d'occasions de vous reconnaître vaincu par elles.

Dans le combat entre David et Goliath, les chances étaient pour David.

Pour connaître toute sa force, l'homme a besoin d'avoir à combattre quelque chose d'un peu impossible à vaincre.

Les petites choses font tout et défont tout, elles passent à travers tout et au-dessus de tout; on n'est jamais assez fortifié contre elles et elles finissent toujours par vous atteindre.

Les gens qui écrivent l'histoire s'évertuent en vain à trouver de grandes causes aux événements, et à prouver la préméditation des tuiles qui tombent sur la tête du monde. Il y a une foule de petites habitudes contre lesquelles on ne lutte qu'avec un immense désavantage, et sur lesquelles je n'ai jamais vu remporter la victoire. Le cardinal de Retz, arrière-grand-oncle du coadjuteur, tint trois ans ses chevaux, ses chiens et ses équipages de chasse à Noisy, près de Versailles, en disant tous les jours : j'y irai demain — il n'y alla jamais.

Il y a près d'ici une mare profonde dans laquelle il y a, dit-on, des anguilles : vous souvient-il que nous avons passé un mois à nous dire tous les soirs : il faudra cependant tendre une ligne dans cette mare. Nous passions devant quatre fois par jour, et vous savez que vous êtes parti sans en rien faire, et que je n'y ai plus pensé depuis.

Il y a quinze ans que je ne puis réussir à faire une expérience assez curieuse dont vous avez peut-être entendu parler : c'est à propos de la *fraxinelle.*

La *fraxinelle* est une belle plante que je rencontre dans un coin du jardin ; du sein d'un feuillage touffu et luisant, elle élève un grand épi de fleurs roses ou blanches, suivant la variété.

J'ai toujours entendu dire que des vésicules qui la couvrent s'échappe une sorte de gaz ou d'huile volatile, que ce gaz produit autour d'elle une sorte d'atmosphère inflammable qui prend feu quand on en approche une bougie au moment des grandes chaleurs, et forme autour de la plante une auréole lumineuse qui ne lui nuit en rien.

Je me suis toujours proposé de m'assurer par mes propres yeux de la vérité de cette assertion ; j'en ai toujours laissé échapper l'occasion, je tâcherai d'y penser ce soir.

La *nigelle de Damas* est une fleur d'un beau bleu pâle, qui s'épanouit toute enveloppée d'un feuillage vert, découpé aussi finement que des cheveux, ce qui lui a fait donner le nom de *cheveux de Vénus ;* c'est une plante charmante qui se multiplie à l'infini dans les jardins où il y en a eu une fois. Les Orientaux font un grand usage de ses semences pour toute espèce d'assaisonnement.

Quand arrive la saison des amours, l'épouse, entourée de plus d'une douzaine d'époux, entre ces belles courtines de soie bleue et de gaze verte, vous paraîtrait devoir être un peu embarrassée : elle est plus haute qu'eux, leurs caresses ne semblent pas pouvoir l'atteindre. Triste grandeur, ennuyeuse élévation ! Mais l'amour est ingénieux.

Les fleurs de la *rue* sont à peu près dans la même position, mais elles n'ont cependant à triompher que d'une difficulté ; les étamines, les amants, ne sont qu'abaissés et éloignés de l'amante, ils se redressent vers elle et retombent ensuite.

La petite nymphe qui habite la *nigelle* a moins de dignité. D'ailleurs, elle pourrait attendre toujours, et verrait ses amants se flétrir et succomber sans qu'ils aient pu lui témoigner autre chose qu'un amour respectueux : ce n'est pas leur position, mais leur taille, qui les empêche d'arriver à elle.

Cette nymphe est comme les autres nymphes ; elle veut bien s'enfuir ; mais elle veut être vue et un peu poursuivie.

Elle attendrait bien si l'on pouvait venir, mais elle sait que sa superbe indifférence serait prise au mot.

A la cour, les princesses font inviter les hommes à danser, tandis que ceux-ci invitent les autres femmes. Les reines et les impératrices qui se sont permis d'avoir des amants, ont dû descendre les quelques marches de leur trône que l'amour n'osait franchir.

C'est ce que fait la nymphe de la nigelle.

Ses amants empressés s'élèvent en vain vers elle, ils n'arrivent qu'aux deux tiers des cinq pointes qui la terminent. D'abord elle paraît ne se point soucier de leurs efforts ; c'est qu'elle sait que le moment des noces n'est point arrivé. Les *anthères*, ces petites masses qui portent le *pollen*, deviennent d'un jaune pâle de vertes qu'elles étaient. Il faut croire qu'elle les trouve ainsi plus beaux ou plus touchants, car, à ce moment, elle abaisse ses cinq bras vers ses amants.

Puis son riche vêtement bleu se flétrit et tombe, et en même temps disparaissent les amants. Seul au milieu de sa chevelure verte, l'ovaire grossit et se gonfle, et devient une sorte de capsule d'un vert brun dans laquelle sont renfermées les graines qui doivent reproduire la plante.

Au sommet d'une haute tige qui s'élance d'un feuillage également fort découpé, se balance un long épi de fleurs d'un bleu violet en forme de casque.

C'est l'*aconit* qui naquit, dit-on, de l'écume de Cerbère.

C'était un poison fort usité chez les anciens ; on s'en servait pour empoisonner les flèches, et les femmes et les maris fati-

LETTRE XXXIV.

gués l'un de l'autre s'en offraient dans toutes sortes de mets.

Il paraît cependant que c'était un poison un peu vulgaire et dont ne se servaient pas les personnes d'un certain rang, — ainsi qu'est aujourd'hui l'arsenic, qui a remplacé le divorce depuis quelques années. — L'empereur Claude, quand il fut question de lui faire échanger la couronne contre une apothéose, fut empoisonné avec des champignons, ce qui les fit appeler à Rome un mets des dieux.

Nous parlions tout à l'heure de cette plante infecte qu'on appelle *la rue*; elle me revient à l'esprit en parlant de poison. En effet, *la rue* a passé longtemps pour un antidote très-puissant, et on assure que le fameux contre-poison de Mithridate, roi de Pont, ne se composait pas d'autre chose que de vingt feuilles de *rue* broyées avec deux noix sèches, deux figues et un peu de sel.

La rue entre dans la composition du fameux vinaigre des quatre voleurs.

On dit que quatre voleurs, du temps de la peste de Marseille, avaient imaginé ce vinaigre anti-pestilentiel, au moyen duquel ils parcouraient sans danger les maisons, en s'emparant de tout ce qui était à leur convenance.

Peut-être les quatre voleurs n'ont-ils fait dans tout cela qu'imaginer l'histoire qui leur a fait vendre le vinaigre fort cher.

On a fait également contre la peste un vinaigre d'œillets, mais quelle que soit l'efficacité qu'on attribue à ce vinaigre, je crois qu'il vaudrait mieux n'y pas mettre d'œillet que de n'y pas mettre de vinaigre.

L'œillet est une des fleurs réputées fleurs par les amateurs. J'ai vu, dans un vieux livre, un magnifique éloge de l'œillet : c'est là que j'ai appris la recette du vinaigre d'œillet contre la peste.

Dans ce livre, on loue l'œillet de ce qu'il n'a pas d'épines comme la rose. « L'eau distillée d'œillets est un remède excellent, ajoute l'auteur, contre le mal caduc, mais si on en compose de la conserve, c'est la vie et les délices du genre humain. »

L'auteur du livre donne des recettes pour faire fleurir des œillets bleus ou verts, ce qui n'est pas vrai.

Il fait de la manière dont il soigne les œillets un tableau magnifique ; il ne les met pas dans des pots de terre, il ne soutient pas leurs branches par des morceaux d'osier, il les met dans des caisses d'ivoire, et attache leurs tiges sur des baguettes noires auxquelles il les accouple au moyen d'anneaux d'argent.

Les amateurs dont j'ai vu les collections d'œillets sont loin de les entourer d'un luxe pareil. Sur chacun des petits bâtons d'osier qui servent de tuteur aux œillets, ils placent des vieilles pipes cassées et des ergots de mouton. Je vous assure que c'est au premier abord une fort laide collection. Ces vieilles pipes et ces ergots de mouton ne sont pas mis là seulement pour l'ornement, peut-être même n'entre-t-il dans la raison qui les a fait ainsi placer aucune idée de parure et d'élégance. Le grand ennemi des œillets est le *forficulaire*, plus connu sous le nom de *perce-oreille*. Les pipes et les ergots son des piéges, des abris qu'on lui offre et où on le surprend sans défiance.

Vale.

LETTRE XXXV.

Une chose me préoccupe depuis quelque temps ; je vous ai parlé de cette maison couverte de chaume, de ce chaume couvert de mousse, de cette crête du toit couronné d'iris qu'on aperçoit d'un certain endroit de mon jardin. Depuis quelques jours je la vois toujours fermée ; j'ai demandé à mon domestique :

« Est-ce que le bûcheron n'habite plus là-haut ?

— Non, Monsieur, il est parti il y a deux mois. Il est devenu riche, il a fait un héritage, 600 livres de rente ; il est allé demeurer à la ville.

Il est devenu riche !

C'est-à-dire qu'avec ses 600 livres de rente il a été louer à la ville une petite pièce sans air et sans soleil, d'où l'on ne voit ni le ciel, ni les arbres, ni la verdure, où l'on respire un air nauséabond, où l'on est entouré pour tout point de vue d'un papier d'un jaune sale, enjolivé d'arabesques chocolat.

Il est devenu riche !

Il est devenu riche ! c'est-à-dire qu'il n'a pu garder son chien qu'il avait depuis si longtemps, parce que cela gênait les autres locataires de la maison.

Il loge dans une sorte de boîte carrée ; il a des gens à droite et à gauche, dessus et dessous.

Il a quitté sa belle chaumière et ses beaux arbres et son soleil, et ses tapis d'herbe si verte et le chant des oiseaux, et l'odeur des chênes. Il est devenu riche !

Il est devenu riche ! Le pauvre homme !

Vale.

LETTRE XXXVI.

Le fenouil élève à cinq ou six pieds ses tiges chargées d'une verdure semblable à des plumes d'autruche.

Pline prétend que les serpents recherchent singulièrement cette plante, et qu'ils ont de bonnes raisons pour cela. Elle les rajeunit et rend la vivacité à leurs yeux émoussés, ce qui est pour eux d'une grande importance, si l'on croit, comme le racontent certains naturalistes, que le serpent fascine du regard divers reptiles et même des oiseaux, et les force à venir jusque sur lui par une puissance magnétique invincible.

Les médecins ont pendant longtemps appliqué sur les blessures faites par les chiens enragés la racine du fenouil broyée avec du miel. Au bout de trois ou quatre cents ans, on s'est aperçu que cela n'avait jamais guéri personne.

Aussi belle dans son port et répandant une odeur beaucoup

plus agréable, l'angélique s'élève sur le bord des ruisseaux. L'angélique sert d'asile et de nourriture à la fois à la chenille du beau papillon appelé *Machaon*.

Le soleil a disparu derrière les grands arbres, déjà depuis quelques instants, si bien que je n'aurais pas reconnu le fenouil et l'angélique, si je ne les avais déjà vus bien des fois. Le temps est chaud et lourd : voici une belle occasion de vérifier le phénomène de la *fraxinelle*.

« Varaï, apporte-moi une bougie.

— Monsieur, c'est qu'on frappe à la porte du jardin.

— Donne-moi la bougie, et va ouvrir.

— Monsieur, voilà deux fois que j'allume la bougie et deux fois que le vent l'éteint. Entendez-vous comme on frappe ?

En effet, on frappait à rompre la porte.

— Varaï, va ouvrir. Un homme se présente que je ne reconnais pas d'abord.

— Eh ! bonjour, mon cher Stéphen, comme il y a longtemps que je ne t'ai vu ; je vais à..., et je n'ai pas voulu me trouver ainsi près de ton ermitage sans venir y passer quelques jours avec toi.

Seulement alors je reconnais Edmond. Vous savez, mon cher ami, ou vous ne savez pas de quel Edmond je veux parler. Peut-être auriez-vous besoin comme moi de l'avoir devant les yeux pour vous rappeler qu'il existe. Jamais il ne m'a tutoyé de sa vie. Je me souviens qu'une fois il m'a emprunté quelques louis dont il ne m'a jamais reparlé. Cependant il donne sa valise à mon domestique, et lui dit :

— Chose... comment vous appelez-vous ? Payez le cocher et donnez-lui pour boire. Ah ! par exemple, Stéphen, je ne comprends pas comment tu ne fais pas arranger le chemin qui conduit ici, si tant est qu'on puisse appeler ça chemin ; il y a de quoi se rompre le cou. Heureusement que je n'ai pas mes chevaux ici. Je les aurais laissés en haut de la côte. As-tu dîné ?

Il y avait déjà quelque temps que je cherchais à me remettre de la stupeur où m'avait plongé cette arrivée ou plutôt cette invasion, et je cherchais à composer une phrase qui ne renfermât ni *tu* ni *vous,* ne voulant pas que ledit Edmond me forçât à le tutoyer, ne voulant pas non plus lui faire l'offense de ne le tutoyer pas après qu'il s'était servi à mon égard de cette façon de parler, ce qui me semblait équivaloir à l'action de ne pas donner la main à quelqu'un qui vous tendrait la sienne, insulte qui ne peut être expliquée que par un profond ressentiment. Je crus avoir trouvé une phrase.

— Oui, mais je n'ai pas soupé.

— Ah! tu soupes? Eh mais, ce n'est pas trop sauvage; je crois que tu vaux mieux que ta réputation. Je meurs de faim.

Je fais signe à Varaï de tout préparer pour le souper, et nous entrons dans la salle à manger. Le couvert est mis. Edmond se verse successivement deux verres de vin.

— Qu'est-ce que ce vin-là?

— Du vin de Bordeaux.

— Tu aimes le vin de Bordeaux? Est-ce que tu n'as pas de vin de Bourgogne?

Vous avouerai-je, mon ami, que je me sentis rougir en avouant humblement que je n'avais qu'une seule espèce de vin. Et... il faut tout dire, je fus bien près de prendre un prétexte, de dire que mon marchand m'avait manqué de parole, ou toute autre banalité à l'usage des gens qui sont dans le même cas que moi.

— Pourquoi ta salle à manger est-elle de cette sombre couleur de bois? J'en ai une qui est charmante; elle est toute en stuc blanc.

— Ce doit être fort beau.

— C'est magnifique. Sur un dressoir en acajou sont des cristaux de Bohême de la plus grande richesse.

A ce moment, j'entendis dans le jardin un bruit semblable à celui que fait une laie suivie de ses marcassins, lorsqu'elle débusque d'un fourré.

— Qu'est-ce qu'on entend dans le jardin?

— Ah! mon Dieu! s'écrie Edmond, je gage que c'est Phanor.

— Qu'est-ce que Phanor?

— Un *pointer* superbe, un chien anglais.

— Mais il ravage mon jardin!

Je me lève en toute hâte. Edmond me suit après avoir fini de manger ce qu'il avait sur son assiette, en disant à demi-voix : « C'est étonnant, ordinairement il ne marche que dans les allées. » Au jardin, nous entendons une course effrénée à travers des massifs de fleurs : un chat sort le premier ; il est suivi, à peu de distance, par un grand chien qu'Edmond appelle inutilement ; le chat pénètre dans un autre massif, Phanor y entre presque en même temps que lui.

— Cela ne m'étonne plus, dit Edmond, il ne peut pas souffrir les chats. Phanor, Phanor, ici !

Le chat a franchi un mur ; Phanor reste au pied de la muraille. Enfin il revient à la voix de son maître ; mais comme il voit qu'il va être battu, il recule et s'enfuit.

— Au nom du ciel, Edmond, prenez votre chien, il va briser mes plus beaux rosiers.

— Phanor, ici !

— Mais vous lui montrez votre canne, il ne viendra pas.

— Il faudra bien qu'il vienne. Phanor, ici ; ici, Phanor !

— Ne le menacez plus et appelez-le.

— Il faut bien que je le corrige. Ici, Phanor !

— Mais vous le corrigerez quand vous le tiendrez.

— Non, non ; il faut qu'il vienne tout en voyant la canne. Oh ! moi, je ne passe rien aux chiens. Phanor, ici Phanor !

Le chien fait quelques pas pour revenir à son maître ; mais, à l'aspect du bâton, il prend encore la fuite. Il vient un moment où Edmond entre dans une telle fureur, qu'il lance sa canne au chien qui se sauve. La canne brise la tête d'un lis en fleur. Edmond poursuit le chien absolument comme le chien poursuivait le chat il y a quelques instants. Tous deux marchent à l'envi à travers mes plus belles plantes. Enfin Varaï arrête le chien au passage et le saisit. Edmond se précipite sur un arbre et en arrache une branche.

Grand Dieu ! mon *cerisier de la Toussaint* qui donne des cerises au mois d'octobre !

Il bat son chien avec la plus belle branche de mon cerisier.

« Ah ! maître Phanor, je vous apprendrai à dévaster les jardins. »

Le mal est fait, et il est irréparable; je demande la grâce de Phanor, ne serait-ce que pour ne plus l'entendre crier. D'ailleurs, la branche de cerisier s'est rompue sur le dos du chien, et Dieu sait à quel arbre Edmond va s'adresser pour remplacer son arme. Voyons, Edmond, ne le battez plus, le mal est fait; d'ailleurs, il y en a peut-être moins que vous ne le pensez.

— Ce n'est pas tant pour quelques *mauvais bouquets* qu'il a bousculés, mon cher Stéphen; c'est parce qu'il m'a désobéi que je veux le corriger.

— Ah! je vous en prie, Edmond, ne le lâchez plus.

— Laisse, laisse, je veux voir s'il sera plus obéissant.

— Je vous demande en grâce de ne plus faire l'expérience.

— Phanor, ici! Tu vas voir qu'il obéira à présent. Ici, Phanor! Eh bien, Phanor, ici! ici, ici, Phanor!

Phanor prend de nouveau la fuite; Edmond le poursuit derechef, et la course recommence à travers mes arbustes et mes fleurs.

— Varaï, ramasse la canne de ce monsieur, et tiens-la lui prête au moment où il voudra battre son chien, pour qu'il n'en emprunte plus une à mes arbres.

Mais Varaï est plus ingénieux que moi; il a été ouvrir la porte du jardin, et Phanor, au moment où il passe devant, suivi de près par son maître, l'aperçoit, fait une pointe et disparaît dans la campagne. Edmond rentre dans la salle à manger.

« C'est étonnant, dit-il, un chien qui obéit au moindre signe... Allons, allons, c'est égal, reprenons notre souper; tu verras comme je te le remettrai au pas. Dis donc, tu devrais envoyer quelqu'un à la recherche de Phanor; j'ai peur qu'il ne se perde dans ce pays de loups où il n'est jamais venu.

— Mon pauvre Edmond, Varaï est à lui seul tous mes domestiques, et s'il va chercher Phanor, nous ne souperons pas. On s'en occupera un peu plus tard.

— Ah! diable, pourvu qu'il ne se perde pas! »

Nous nous remettons à manger. Comme Varaï venait de me donner du vin et de l'eau, il fit la même offre à Edmond. « Du tout, du tout, homme de couleur, je ne bois jamais d'eau.

> Tous les méchants sont buveurs d'eau,
> C'est bien prouvé par le déluge.

Donne-moi un peu d'omelette ; c'est de l'omelette aux herbes. Sais-tu comment j'aime l'omelette ? Ce qui est bon là, vraiment bon là, c'est une omelette aux truffes : voilà ce que j'appelle une omelette ! Ton argenterie n'est pas mal : je me suis donné par ces derniers temps un joli service en vermeil : on ne peut plus avoir que du vermeil aujourd'hui, les portiers mangent dans l'argent. »

Tout le souper se passe ainsi. Edmond finit par me dire qu'il est fatigué, et demande qu'on le conduise à sa chambre. Varaï ne tarde pas à revenir, parce que M. Edmond veut qu'on lui donne une seconde bougie, attendu qu'il a l'habitude d'en laisser brûler une la nuit ; il ne peut pas souffrir l'obscurité. Puis M. Edmond veut qu'on lui bassine son lit ; puis il lui faut de l'eau sucrée pour la nuit, et une couverture de plus, et un second oreiller ; puis il faut boucher la cheminée, il viendrait de l'air. Enfin il se couche ; moi je me couche aussi, car Varaï a voulu me faire des questions, peut-être même des observations sur ce Monsieur ; cela aurait augmenté ma mauvaise humeur.

Il vient passer quelques jours, qu'entend-il par quelques jours ? Comment n'ai-je pas eu l'idée de dire tout de suite que j'étais obligé de partir demain pour un voyage. Maintenant il n'est plus temps.

Le chien est rentré ; on le met au chenil ; il passe la nuit à hurler de cette façon horrible et lamentable qui fait frissonner l'homme le plus intrépide.

Le matin, on va annoncer le déjeuner à Edmond, mais il ne se lève pas si tôt que cela ; on retarde le déjeuner d'une heure. Je lui demande s'il a entendu son chien.

« Ah oui, dit-il, *ce pauvre Phanor* ; c'est qu'il ne connaît pas la maison. Dans deux ou trois jours il ne criera plus. Dis donc, moricaud, qu'est-ce que tu lui as donné à manger ?

— De la pâtée comme à tous les chiens.

— Ta, ta, ta, moricaud, tu n'y es pas du tout ; il faut lui

faire de la soupe un peu grasse, entends-tu. Ce pauvre Phanor n'est pas accoutumé à la pâtée ; c'est bon pour les chiens nègres, la pâtée. »

Nous allons au jardin; on nous donne des pipes; il daigne remarquer une grande pipe en cerisier, avec son bouquin d'ambre gros comme un œuf, et il dit : « J'en ai une dont le bouquin est deux fois gros comme celui-ci. Ton jardin est gentil, Stéphen; ça n'est pas grand, mais c'est gentil. Ah! ça, ça t'amuse donc, de cultiver comme ça des bouquets? Pauvre garçon! Du reste, j'ai un oncle qui est précisément comme cela. Ah! par exemple, il a un beau jardin, un étang, des bois; il faudra que je redresse un peu Phanor. Mon oncle ne rirait pas, s'il allait faire chez lui ce qu'il a fait hier soir ici en arrivant. »

En disant cela, il cueille une rose et la met à sa boutonnière.

« Ah! mon Dieu! qu'est-ce que tu fais?

— Comment, qu'est-ce que je fais : je cueille une mauvaise rose pour la mettre à ma boutonnière.

— Une mauvaise rose! c'est la dernière que donnera ce rosier de l'année, la plus belle des roses blanches, *madame Hardy*. J'avais espéré la voir encore cinq ou six jours, je n'en reverrai plus que dans un an.

— Tu es pis que mon oncle; on ne touchera plus à tes roses. Ah! ça, qu'est-ce qu'on fait ici? A quoi s'amuse-t-on?

— On ne s'amuse pas.

— Ça m'est égal, je lirai, je me promènerai. Tu n'as plus on cheval?

— Non.

— C'est dommage. »

Voilà où nous en sommes, mon cher ami. Je ne sais quand cela va finir; je cherche un moyen de me débarrasser d'Edmond; il ne me dit même pas quand il s'en ira.

Mais qu'entends-je, mon Dieu! deux coups de fusil dans le jardin, je vais vite voir ce qui se passe.

Vale.

LETTRE XXXVII.

Ces coups de fusil que j'entendais n'étaient autre chose que mon ami Edmond qui chassait dans mon jardin, et qui venait de tuer un beau merle. Ce merle était de son vivant le chef de ma musique; je fus plus triste que je ne l'ose dire quand je le vis par terre, ses belles plumes noires souillées de sang. Tous les soins que j'avais pris depuis plusieurs années pour que les oiseaux trouvassent dans mon jardin un asile sûr et tranquille, étaient perdus par ce coup de fusil ; bien plus, ce n'avait été qu'une sorte de perfidie et un guet--apens. En effet, partout aux alentours on a coupé les arbres, partout on prend les oiseaux aux piéges ou on les tue à coup de fusil.

Ici seulement je leur ai conservé de grands arbres et des buissons touffus, ici j'ai multiplié les sorbiers et les houx au fruit de corail, les aubépines aux baies de grenat, les sureaux et les hyèbles qui ont des ombelles de grains noirs, le buisson ardent des épis de baies couleur de feu, les lierres dont les fuits verts noircissent à la gelée, les lauriers-thyms dont les fruits sont d'un bleu sombre, les azeroliers couverts de petites pommes rouges ; pour qu'ils trouvent tout l'hiver de la nourriture en abondance.

— En certaines parties de mon ruisseau, je ne lui ai donné que peu de profondeur, pour qu'ils puissent s'y baigner sans danger.

Et comme tous ces soins m'ont été richement payés ! L'hiver, les rouges-gorges viennent demeurer dans ma serre et entrent jusque dans ma maison. L'été, les fauvettes font leurs nids dans les buissons, et les roitelets dans les angles des murailles. Tous se laissent approcher et voir, tous voltigent autour de moi sans s'envoler, tous remplissent mon jardin d'une musique enchanteresse.

Au lieu d'être assis, pressé dans une salle de théâtre sans air, pour entendre pour la centième fois le même ténor avec sa même tunique couleur abricot et ses mêmes bottes chocolat, chanter le même air accompagné des mêmes cris d'admiration de gens qui veulent faire partie du spectacle, j'avais trois opéras par jour.

Le matin, au point du jour, les *pinçons* gazouillaient sur les plus hautes branches des arbres, tandis que les fleurs ouvraient leurs corolles, tandis que le soleil levant colorait le ciel de rose et de safran. A midi, sous l'ardeur des rayons brûlants, le mâle de la *fauvette*, caché sous l'ombre des tilleuls, élevait sa voix mélodieuse, tandis que sa femelle couvait ses œufs dans son petit nid de crin et d'herbe.

Mais le soir, lorsque tout dormait, lorsque les étoiles scintillaient au ciel, lorsque la lune brillait à travers les arbres, lorsque les *énothères,* de leurs corolles jaunes, exhalent un suave parfum, lorsque les *lucioles* luisaient dans l'herbe, le *rossignol* élevait sa voix pleine et solennelle, et chantait dans la nuit son hymne religieux et amoureux en même temps.

Et cet Edmond vient d'un coup de fusil d'alarmer, de renverser peut-être tous mes musiciens, de démentir ma longue et soigneuse hospitalité, qui n'est plus qu'une trahison, puisque, sans elle peut-être, sans la confiance qu'elle lui avait inspirée, mon pauvre merle ne se serait pas laissé approcher de si près et ne lui aurait pas offert une victime aussi facile.

Que ne donnerais-je pas pour faire comprendre à tous mes oiseaux, à tous mes hôtes mélodieux, que je n'ai ni fait ce bruit, ni commis ce meurtre; pour leur faire comprendre qu'ils peuvent revenir, que je ne suis pas un traître, qu'ils retrouveront ici la paix et l'ombre, qu'ils peuvent sans défiance revenir manger cet hiver les baies des arbres.

Comment réparer tout cela!

Et ce pinçon, qui hier encore est venu jusque sur ma fenêtre; il n'y voudra plus revenir, il s'éloignera de moi et de ma maison, l'année prochaine, il ne fera plus son nid dans ce gros orme où il le construisait chaque année.

J'arrive auprès d'Edmond, je le supplie de suspendre sa chasse, il rit et se moque de moi; je suis obligé de dire que *je ne veux pas* qu'on tire des coups de fusil chez moi. Edmond me répond que j'abuse de ce que je suis chez moi. Il me semble que c'est lui qui en abuse. Néanmoins ce reproche m'a fait mal : je le laisse au jardin, et je vais m'enfermer dans mon cabinet. Je me demande alors à moi-même si réellement c'est lui qui a tort, si l'hospitalité n'impose pas des devoirs difficiles, il est vrai, mais sacrés, et si je les ai remplis. Je cherche quels sont les devoirs de l'hospitalité. Après un mûr examen, je me rends cette justice à moi-même, que, sauf de lui laver les pieds, comme faisaient les Hébreux, j'ai accompli, à son égard, et de la façon la plus scrupuleuse, toutes les lois de l'hospitalité. Mais ce reproche me fait mal ; il a tort, mais il croit que *j'abuse de ce que je suis chez moi ;* j'ai presque envie d'aller lui demander pardon. *Vale.*

LETTRE XXXVIII.

Il y a des choses qui m'ont réellement étonné dans les récits que m'a faits un voyageur qui a été en Chine. C'est que, dans la langue chinoise, le même mot *yé,* qui à Canton veut dire *deux,* ne signifie qu'un à Pékin.

Vous pensez combien a dû me paraître extraordinaire d'apprendre qu'il y a des hommes qui se rasent la tête, en gardant seulement un petit bouquet de cheveux : moi, qui vois ici les rues pleines de gens qui ne se font raser que le menton, en se laissant des bouquets de barbe au-dessus et au-dessous de la bouche ou sur les joues ; de même que je m'étonne d'apprendre que les femmes indiennes se percent le nez pour y suspendre des bijoux, tandis que nos femmes sont arrivées, à force de civilisation, à se percer les oreilles pour le même usage.

Il m'a dit que l'empereur s'habillait de jaune, ce qui m'a paru singulier à moi, qui ai vu ici le roi s'habiller de bleu ou de vert.

Les mères chinoises torturent les pieds de leurs filles pour les empêcher de croître : c'est un supplice que nos femmes s'infligent elles-mêmes, avec la seule différence qu'elles arrivent à des résultats un peu moins monstrueux. On ne sait pas tout ce qu'une femme française souffre de tortures et avec quel courage elle les endure pour diminuer son pied d'une ligne et demie. Le Romain qui brûla sa main au-dessus d'un brasier, aurait pâli si on l'avait mis à une semblable épreuve.

Les *lettrés,* les savants, laissent croître l'ongle de leur petit doigt, ce que nous ne faisons plus, mais ce qu'on faisait en France du temps de Louis XIV, et ce qui était de bel air, ainsi que l'a dit Molière :

> Est-ce par l'ongle long qu'il porte au petit doigt?

Il est vrai que ce n'est pas tout ce que m'apprit le voyageur des merveilles qu'il avait vues en Chine, et dont je veux vous dire quelques-unes, quoique j'ignore si vous n'êtes pas en ce moment au milieu desdites merveilles.

Il paraîtrait qu'en Chine les mariages ont pour base l'intérêt et l'argent, que les marchands tâchent de vendre les choses au-dessus de leur valeur, que l'on voit des avares, des paresseux, des ambitieux et des voleurs.

Notre voyageur a également remarqué que l'empereur, pour marque de sa satisfaction, donne quelquefois à ceux qu'il veut favoriser une sorte de gilet jaune ou une plume de paon, tandis que chez nous la faveur du maître se manifeste par un morceau de ruban rouge ou le droit d'écrire devant son nom les deux lettres DE. Il prétend que, dans quelques provinces, des gouverneurs corrompus vendent des honneurs et des emplois. Il parle de ministres prévaricateurs et avides, de riches pleins de hauteur et de vanité.

Il assure qu'il y a une gazette à Pékin dans laquelle on trouve des récits exagérés et même des assertions mensongères.

Si je ne me trompe, le voyageur me disait que parmi les Chinois il n'était pas rare d'en voir quelques-uns manquer à leurs promesses ou altérer la vérité.

Quelques-uns sont joueurs, quelques autres sont débauchés

Parmi les femmes, il y en a plus de laides que de jolies; parmi les hommes, plus de sots que de spirituels.

On y mange du bœuf, du mouton, du riz.

Parmi les arbres et les plantes qu'il a vus, il m'a cité des *tilleuls*, des *lauriers-roses*, des *camélias*, des *pivoines*, des *mauves* et un *magnolia* dont les fleurs précèdent les feuilles. Pour ce qui est de ce dernier point, je ne sens pas un désir extrêmement vif d'aller voir ce *magnolia* en Chine, attendu qu'il est venu depuis longtemps me voir en France et que j'en ai trois pieds dans mon jardin; mais cependant il faut dire qu'en Chine je l'entendrais appeler *you lan*, tandis qu'ici, moi, je l'appelle *magnolia précoce*, et les savants *præcox*.

Vous voyez si cela vaut la peine d'être antipodes.

Les savants, puisque je viens de les rencontrer, peuple plus singulier que les Chinois, paraissent se servir du latin et du grec moins pour s'entendre entre eux que pour ne pas être entendus des autres, ou du moins le second but est généralement atteint avec plus de succès que le premier.

Il y a longtemps que je médite timidement de faire aux savants une seule et modeste question, et chaque fois que j'ai été près de la risquer, le respect et la vénération m'ont arrêté et intimidé. — Voici ma question :

En quoi serait-il plus criminel de donner aux mots français une terminaison latine ou grecque, qu'une terminaison française aux mots grecs et latins ? Quelle différence existe-t-il entre ces deux opérations ?

Si j'obtiens que les savants me fassent à ces deux questions la seule réponse raisonnable, à savoir que l'un n'est pas plus criminel que l'autre et que les deux opérations sont entièrement identiques, je demanderai accessoirement pourquoi lesdits savants n'appellent pas un cabriolet *cabrioletus*, un mouton *moutonus*, et un hêtre *hetrus* ?

Pourquoi, au lieu de dire qu'une plante est polysperme, ils ne disent pas qu'elle a *plusieuras semenças* ?

Pourquoi tel arbre est désigné par eux sous le surnom de microphylle au lieu de petitofeuillé ?

S'ils me disent que petitofeuillé, plusieuras semenças, cabrioletus, etc., sont d'affreux barbarismes, je leur dirai que polysperme et microphylle sont des mots grecs auxquels on a donné une terminaison française, comme petitofeuillé est un mot français auquel on donnerait une terminaison grecque, ainsi qu'à *plusieuras semenças* une terminaison latine, leur déclarant qu'il m'est impossible de saisir la différence qui existe entre ces deux procédés également barbares, également ridicules.

Je comprends parfaitement que les ouvrages de science soient écrits dans une langue commune et généralement apprise comme le latin et le grec, pour qu'ils ne soient pas restreints à un pays ; mais, quand on les écrit en langue vulgaire, je ne vois pas pourquoi on va emprunter à des langues étrangères des mots qui existent dans celle qu'on emploie.

Ainsi, pourquoi appeler le *lupin* à feuilles étroites *lupin microphylle*, puisque microphylle, barbarisme grec et barbarisme français, ne veut pas dire autre chose que — à feuilles étroites ? Pourquoi appeler une sorte d'acacia *inerme*, au lieu de l'appeler sans épines, qui a le même sens et n'a que le défaut d'être plus clair ? Pourquoi dites-vous que la pâquerette est *humifuse*, au lieu de dire qu'elle est étalée sur la terre ? Pourquoi dites-vous que l'orme a la feuille *scabre* pour dire qu'il a la feuille rude, etc.?

Pourquoi ce mélange inutile et bizarre de ces trois langues malheureuses ? Adpotez-en une, parlez-la, écrivez-la, et n'empruntez aux autres que les mots qui manquent à celle que vous aurez adoptée.

Ne faites pas de la science d'horribles épines dont vous entourez les plus belles et les plus gracieuses choses.

Vale.

LETTRE XXXIX.

Il est de belles villageoises auxquelles j'ai donne un asile chez moi. — La *molène*, de ses larges feuilles recouvertes d'un duvet blanc, élève sur le bord des chemins sa haute tige terminée par un épi de fleurs jaunes ; elle nourrit cinq ou six lépidoptères (*vulgò* papillons) et scarabées différents.

Il y a une grande quantité de plantes qui semblent quitter les champs pour venir ainsi sur les bords des chemins, curieuses ou coquettes qu'elles sont ; il est rare qu'on les voie ailleurs.

Près de la *molène* fleurit au soleil la *vipérine*, dont les tiges bigarrées de vert et de brun se chargent de petits épis qui en forment un très-grand par leur position. Ces petits épis ont à la fois des fleurs bleues à leur base et des boutons roses à leur extrémité.

C'est ainsi sur le bord des chemins que la *digitale* élance son beau rameau de fleurs roses tigrées de blanc en dedans et pendantes d'un seul côté de la tige à quatre ou cinq pieds de haut, mais seulement sur le bord des chemins qui sont sur la lisière des bois, dont elle aime l'ombre et la fraîcheur.

Toute belle qu'elle est, la digitale est une plante dangereuse, elle exerce sur l'homme une singulière influence; elle ralentit la circulation du sang; aucun animal ne l'attaque.

J'ai rassemblé chez moi ces nymphes des champs et des bois, et chaque année elles fleurissent plus grandes et plus belles.

Une plante qui, dans les jardins, est ordinairement d'un pourpre tellement sombre qu'elle paraît noire et piquetée de points blancs, est appelée scabieuse ou fleur de veuve. Dans son état sauvage, elle est d'un joli lilas qui ne lui permettrait guère de se dire qu'en demi-deuil.

Les femmes en effet, ont imaginé d'admettre, comme couleur de deuil, la couleur la plus fraîche et la plus charmante, le lilas; c'est le deuil d'un chagrin bien avancé, c'est la transition du gris au rose.

L'invention du lilas pour deuil est une invention analogue à celle de la sarcelle, de la macreuse et de la poule d'eau comme nourrriture maigre de carême; c'est un de ces nombreux accommodements qui se font tous les jours avec le ciel comme avec les douleurs légales.

La scabieuse a eu autrefois une fort belle position dans le monde; elle a guéri radicalement plusieurs maladies plus que désagréables, entre lesquelles il faut compter la gale.

Le diable, disait-on, furieux de ce que cette plante précieuse venait ainsi entraver les opérations de quelques-uns de ses ministres, se plaisait à mordre l'extrémité de sa racine dans l'espoir de la faire périr; et aux incrédules on montrait pour preuve cette racine toujours coupée, à son extrémité, du moins dans une des variétés de la scabieuse. Mais on pense bien que la scabieuse, qui guérissait si bien les autres, n'était pas embarrassée pour se guérir elle-même.

Il paraît qu'aujourd'hui la scabieuse est étrangement déchue, qu'elle ne guérit plus rien, et qu'elle sert seulement d'asile à trois ou quatre insectes ; du moins on trouve ces deux jugements portés sur elle dans les livres de l'ancienne et de la nouvelle médecine.

Depuis ce matin, le ciel est caché par d'épais nuages, l'air est lourd et on respire difficilement.

Les oiseaux ne chantent pas, les abeilles n'ont pas dépassé les murs du jardin ; les fleurs à demi-fanées semblent languir sur leurs tiges ; quelques hirondelles volent en rasant la terre.

Un éclair a sillonné un nuage noir et a été suivi d'un bruit sourd et lointain.

Bientôt les lueurs ont été plus fréquentes, les coups de tonnerre plus rapprochés : puis les nuages ont crevé, et la pluie est tombée par torrents.

Alors l'air rafraîchi a délicieusement dilaté les poumons ; les chèvrefeuilles ont exhalé leurs plus suaves parfums ; la terre elle-même a répandu une odeur délicieuse ; la pluie a cessé et le soleil est venu donner tous les feux du diamant aux gouttes suspendues aux feuilles des arbres.

Pardon, belles gouttes de pluie, de vous comparer à des diamants !

Les oiseaux ont chanté, les fleurs ont repris leur éclat et ont relevé la tête. Tout est rajeuni, frais, riant, heureux, embaumé.

LETTRE XL.

APRÈS LA PLUIE.

La pluie d'hier au soir humecte encore la terre ; je veux m'occuper de deux peuples auxquels vous ne verrez rien de semblable dans vos courses lointaines.

Ces deux peuples aiment la pluie et en profitent pour se livrer aux plaisirs de la promenade ; ces peuples sont hermaphrodites : chaque individu peut être à la fois et un amant entreprenant et une amante timide ; mais ces deux cœurs réunis ne peuvent soupirer l'un pour l'autre; il faut qu'un autre individu vienne apporter à la fois une amante à l'amant, à la maîtresse un amant, et qu'à tous deux ils fassent ce qu'on appelle vulgairement une partie carrée.

Je veux parler des colimaçons et des vers de terre.

Les colimaçons se rencontrent sous les feuilles des arbres : se plaire, s'aimer, se le dire, est pour eux la chose la plus facile et la plus simple.

Mais je ne sais par quelle dépravation les vers qui habitent la terre et qui y passent toute leur vie, veulent le jour et l'air pour y parler d'amour.

De deux trous voisins, deux vers sortent à moitié et se rejoignent sur la partie du terrain comprise entre les deux trous : là, si le moindre bruit vient troubler cet heureux *tête-à-tête*, où les quatre amants, représentés par deux individus, semblent ne faire qu'un, aussi rapide que le regard, chacun rentre dans son trou qu'il n'a pas abandonné.

Par quel instinct merveilleux ces deux vers percent-ils séparément et en même temps, de l'intérieur à la surface, deux trous sans communication qui se trouvent précisément à la distance convenable pour qu'ils puissent se joindre en ne risquant hors du trou que le tiers de leur corps?

Quel excès de libertinage les pousse à quitter le sein de la terre, où ils vivent cachés à tous les yeux, pour venir ainsi dévoiler au grand jour les sentiments secrets de leur cœur?

Du reste, je ne sais pourquoi ils se séparent si promptement, et pourquoi ils sont si vifs à rentrer dans leurs retraites. Que peut-on leur faire? Vous les coupez en deux, cela leur est bien égal; un ver coupé en deux devient deux vers en quelques jours.

La nature, par un bizarre caprice, s'est divertie à assaisonner l'amour de voluptés toutes particulières pour les êtres qui, par leur aspect, semblent le moins faits pour de pareilles sensations.

Les colimaçons et les lombrics réunissent à la fois toutes les joies de l'amant qui obtient et de l'amante qui accorde, de l'enivrement de la victoire et de la douce confusion de la défaite.

Cette faveur de la nature semble être un parti pris à l'égard des animaux les plus hideux. Le crapaud en est un exemple bien frappant.

On a fait des millions de vers et des milliers de sermons, de comédies, d'élégies, que sais-je, sur la rapidité avec laquelle s'enfuient les délices de l'amour, on n'a rien trouvé d'assez fugitif dans la nature pour le comparer à ce bonheur. Eh bien, quand deux crapauds, mâle et femelle, s'aiment, et que, cédant à l'ardeur de leur passion, ils se font un mutuel aveu de leur flamme, ce doux *instant*, si cela peut garder ce nom, ne dure pas moins de trente à quarante jours.

A la bonne heure, cela vaut la peine de s'en mêler.

Entre les parfums qui se répandent après la pluie, il faut compter l'odeur qu'exhale la fève de ses fleurs blanches tachées de noir. On prétend dans les campagnes qu'il n'est pas prudent de passer auprès d'un champ de fèves en fleurs et que leur odeur trouble le cerveau.

Il y a un vieux vers latin qui le dit :

<blockquote>Cum faba florescit, stultorum copia crescit.</blockquote>

Il me semble curieux de chercher à me rappeler quels accès de folie j'ai pu avoir dans ma vie à l'époque de la floraison des fèves. Cela me sera d'autant plus facile que, pendant bien longtemps, j'ai écrit tous les soirs les impressions de la journée, c'est le seul moyen de m'expliquer bien des actions et bien des pensées.

Juin.— « Quel bonheur ! j'ai réussi. Ce bon M. Desloges a consenti à prendre mon billet de 300 francs, en échange duquel il m'a donné une montre et 25 francs en argent. J'ai revendu la montre 40 francs, me voici sauvé, je pourrai envoyer le bouquet et me trouver au théâtre. »

Les fèves étaient en fleurs.

Juin.— « Est-il donc vrai que l'âge refroidit ainsi les cœurs ! et l'aveuglement de l'esprit est-il, chez quelques personnes, le résultat des années, et est-ce là ce qu'on appelle de l'expérience ?

» Voici un vieil ami qui vient de me sermoner pendant trois heures. Il prétend que j'ai tort de faire dépendre mon bonheur, mon avenir et ma vie, d'une femme et de ses caprices. Je lui ai répondu que celle que j'aime n'est pas une femme, mais un ange, et que le caprice était au-dessous de son esprit et de son cœur. Je n'ai pas tardé à renoncer à lui faire partager ma conviction. Il est des sentiments que tout le monde ne peut pas comprendre, et l'homme est facilement porté à déclarer que ce qu'il ne voit pas n'existe pas, que ce qu'il ne pense pas est une sottise.

» Mais, je puis le dire, il ne s'est élevé dans mon esprit ni un doute ni une crainte, tous les hommes réunis viendraient me dire : elle te trompe, elle t'oublie, elle trahit ses promesses, je ne lui demanderais même pas à elle de me rassurer.

» Non, non, je suis sûr d'elle et de son amour. Je ne me pardonnerais pas un moment d'inquiétude, ce serait offenser le ciel qui me l'a fait rencontrer, et qui a mis entre ses mains le bonheur de ma vie. Elle m'attend, elle m'aime. Au moment où j'écris ces notes, elle pense à moi.

» Les hommes, l'envie, le sort, ne peuvent mettre à mon bonheur que des retards.

» Je crois en elle sans restriction ; j'irais à l'autre extrémité du monde, qu'au retour, après de longues années, je craindrais de la trouver morte ; mais je ne m'adresserai pas une seule fois cette question, est-elle fidèle ? m'aime-t-elle encore ? »

Les fèves étaient en fleur.

Juin. — « Quelle maladie noire et triste est-ce donc que la misanthropie ? et quels longs et décourageants livres elle inspire. J'ai des amis, de vrais amis, sur lesquels je puis compter comme sur moi-même. Ils me l'ont dit et je les crois.

» Comme la vie est une riante et douce chose, que de plaisirs elle donne, que de bonheur elle promet !

» C'est une route charmante sur laquelle on veut à la fois et marcher pour interroger les brumes de l'horizon que voilent des choses désirées, et s'arrêter pour ne pas quitter les arbres chargés de fleurs dont elle est bordée.

» Comme mon âme a été doucement émue des protestations d'amitié qu'ils m'ont faites, en sortant de ce dîner qui s'est prolongé assez tard ! leur bras, leur épée, leur bourse, tout est à mon service. Certes, je n'abuserai pas de ces offres généreuses, mais cela me donne bien, du courage et de la confiance de voir que j'ai une place à moi dans de pareils cœurs. »

Les fèves étaient en fleur.

Juin. — « Je viens de lire le discours d'un homme d'état, qui se plaint d'être arraché aux douces habitudes de la vie privée et aux joies modestes du foyer domestique. Mais, dit-il, mon pays me réclame et je dois me dévouer à ses intérêts ; je reparais sur la brèche, prêt à lui sacrifier ce qui me reste de jours, etc., etc.

» O pasteurs des peuples, que ne suivez-vous toujours un si noble exemple ! »

Les fèves étaient en fleur.

Juin. — « Hier soir, je suis arrivé exténué, mais si heureux.

» J'avais fait dix-huit lieues à pied, mais je savais que je la verrais un instant de loin au théâtre. Il y aurait eu cent lieues, j'aurais été bien fatigué, mais je suis sûr que je serais arrivé la même chose et arrivé à temps, quelques obstacles qui se trouvent entre elle et moi. Je ne sais pas toujours comment je les franchirai, mais ce que je sais, c'est qu'ils seront franchis, c'est que nous serons réunis, c'est qu'elle est à moi comme je suis à elle. »

Les fèves étaient en fleur.

Mais ne continuons pas cette froide plaisanterie. Non, ce n'est pas de la folie que d'être sous l'empire des plus beaux, des plus nobles sentiments ; ce n'est pas de la folie que de se sentir grand, fort, invincible ; ce n'est pas de la folie que d'avoir le cœur bon, honnête et généreux ; ce n'est pas de la folie que de croire ; ce n'est pas de la folie que de se dévouer ; ce n'est pas de la folie que de vivre ainsi hors de la vie réelle.

Non, non, cette froide sagesse qui juge si sévèrement tout ce qu'elle ne peut plus faire ; cette sagesse qui ne naît que de la mort de tant de grandes, de nobles et de douces choses; cette sagesse qui n'arrive qu'avec les infirmités, et qui les décore de tant de beaux noms ;

Qui appelle le délabrement de l'estomac et la perte de l'appétit, sobriété ;

Le refroidissement du cœur et la stagnation du sang, retour à la raison.

L'impuissance envieuse, dédain des choses futiles :

Cette sagesse serait la plus grande, la plus triste des folies, si elle n'était le commencement de la mort du cœur et des sens.

Vale.

LETTRE XLI.

Il est des moments où je m'accuse d'une grande inquiétude d'esprit et d'une remarquable propension au vagabondage, quand je vois tout le chemin que j'ai déjà fait dans mon jardin pour voir de nouvelles choses, quand il y en a tant sur lesquelles je passe sans y laisser tomber un regard.

Comme j'allais aujourd'hui me mettre en route, pour reprendre mon voyage d'une touffe de *lin* à laquelle je m'étais arrêté hier, je me suis aperçu qu'il y avait sur le bras de mon vieux fauteuil, de la vie, des mœurs, des ruses, de l'industrie, en un mot toutes les choses que l'on va explorer au loin.

De petits papillons très-agréablement nuancés de gris que l'on voit voler le soir dans les appartements, n'ont pas, de même que les autres papillons, toujours joui de ce vol capricieux, de cette légèreté charmante ; ils ont été des chenilles comme les autres, mais ces chenilles ne se sont nourries pendant leur vie ni de feuilles, ni de fleurs, et au moment de se transformer elles ne se sont pas filé un linceul de soie.

Ce sont de très-petites chenilles qui ont seize jambes, et qu'il est assez difficile de voir, quoiqu'on ne voie que trop les traces de leur passage, sur les étoffes de laine et sur les fourrures, où elles se font un large chemin, relativement à leur grosseur, où elles ravagent et détruisent sans relâche.

Pendant l'été, ces petits papillons gris qui voltigent dans les maisons, déposent des œufs blancs, sur quelque tenture, de petites chenilles sortent de leurs œufs, et s'occupent tout de suite de se nourrir et de s'habiller. L'étoffe sur laquelle elles sont nées leur offre à la fois des vêtements et de la nourriture, elles arrachent des brins de laine et s'en font un fourreau, qu'elles allongent et élargissent à mesure qu'elles croissent. Quand le vêtement est convenable, elles continuent à arracher des brins de laine, mais pour les manger.

Une de ces petites chenilles que l'on appelle teigne est-elle sur du drap rouge, son fourreau sera rouge ; c'est ce qui arrive sur le bras de mon fauteuil en velours de laine ; si elle est sur quelque tapisserie de diverses couleurs, ces couleurs se reconnaîtront également sur son vêtement. Ceci qui semble tellement nécessaire, qu'il paraît inutile de le dire, n'est cependant pas sans exception. Il arrive quelquefois qu'une teigne placée sur le drap rouge se fait un habit blanc, qu'une autre née sur du drap gris se fasse un vêtement bleu ou rouge.

Mais si vous regardez ces étoffes à la loupe, vous verrez dans le drap rouge des poils blancs, dans le drap gris des poils de toutes couleurs, dont il a plu à la teigne, par des raisons que j'ignore, de faire un choix exclusif.

Soit qu'elle préfère certaine couleur pour son vêtement, soit qu'elle aime mieux les autres pour sa nourriture, je n'ai pu trouver aucun indice qui me fasse décider si la coquetterie chez cet insecte l'emporte sur la gourmandise.

Cependant il faut dire qu'en cas de disette, la teigne mange son habit et paraît le trouver un mets délicieux : d'autres trouvent sur les fourrures de quoi satisfaire ces deux besoins impérieux, jusqu'au moment où elles vont se cacher dans quelque coin où elles attendent, dans une mort apparente, le moment de devenir papillons.

Je croirais facilement que les teignes étaient inconnues des anciens, si je m'en rapportais aux gens qui disent que l'on voyait encore, cinq cents ans après sa mort, les habits de Servius Tullius.

Mais Pline donne un moyen de se préserver des teignes, qui prouve que les meubles des grands hommes qui nous font faire dans notre enfance tant de thèmes, de versions et de pensums, n'en étaient pas plus à l'abri que mon vieux fauteuil.

Il prétend très-sérieusement, qu'un habit mis quelques instants sur un cercueil, n'est jamais attaqué par les teignes.

Quelques savants plus modernes n'ont pas cru devoir ajouter

foi à la recette de Pline, mais ils ont conseillé d'envelopper les étoffes que l'on veut préserver dans une peau de lion, pensant, sans doute, que ces petits insectes avaient pris au sérieux la royauté que l'homme a concédée au lion, et qu'ils respecteraient ce monarque même vaincu, dépouillé et devenu tapis.

C'est une expérience qui ne réussit pas plus aux lions qu'aux autres monarques. Les teignes mangent les étoffes dans une peau de lion absolument avec la même assurance que l'on a cassé le testament de Louis XIV.

Mais il est bien vrai que je suis un coureur comme vous : si je suis resté tout ce temps sur mon fauteuil, c'est que le ciel était gris et triste. Mais un rayon de soleil vient de déchirer les nuages, et je vais au jardin voir cette petite touffe de lin auprès de laquelle j'avais terminé hier mon étape.

On m'a montré un homme que de crédule on avait rendu complétement fou. On lui avait d'abord dit innocemment, en lui montrant un paysan qui tenait du lin : Voici un homme qui sème des chemises. Il avait souri. On lui avait affirmé sérieusement et avec raison, que de cette graine sortirait une plante qui, au moyen de préparations, deviendrait de la toile excellente, et que de cette toile on ferait des chemises. Cette idée n'était pas entrée dans son cerveau sans y causer un peu de tumulte, et les gens qui l'entouraient s'étaient amusés à lui donner sur le règne végétal les idées les plus bizarres.

Un jour, on lui dit qu'il y avait au jardin du Roi un saucissonnier de toute beauté.

— Qu'est-ce qu'un saucissonnier? avait-il demandé. — Parbleu! un saucissonnier, belle question; qu'est-ce qu'un abricotier? — C'est l'arbre qui produit les abricots. — Eh bien? — Eh bien! — Eh bien, le saucissonnier est l'arbre qui produit des saucissons.— Comment, comment, mais ce sont les charcutiers qui font les saucissons. — Je sais bien que les charcutiers font des saucissons, vous n'avez pas, mon bon ami, l'intention de nous l'apprendre: les charcutiers font des saucissons, c'est vrai, mais quels saucissons?

C'est comme la petite Eulalie qui demeure sur votre carré,

elle fait des fleurs; mais en étoffes. Vous étonnez-vous pour cela parce qu'Eulalie fait des roses, que les rosiers en produisent aussi ? Eulalie fait des fleurs artificielles.

— Quoi ! les charcutiers font donc des saucissons factices?

— Comme vous dites, mon bien bon ami; mais les saucissons des charcutiers sont comme les roses d'Eulalie, ce qu'est à la nature, ce qu'est le faux au vrai. Si vous aviez mangé le fruit du saucissonnier, vous ne voudriez plus toucher du bout des dents cette grossière imitation que vous avez mangée jusqu'ici.

— Ah! ça, vraiment, est-ce qu'il y a des saucissonniers ?

A cette marque d'incrédulité chancelante, les amis ne daignèrent répondre qu'en haussant les épaules, et continuèrent à causer entre eux du saucissonnier, sans paraître vouloir admettre plus longtemps l'incrédulité dans leur conversation.

— Est-ce la variété à l'ail qui est au jardin du Roi? demanda l'un.

— Oui, répondit l'autre.

— Ah! c'est la plus rare.

— Mais l'arbre a peu de fruits cette année. Vous savez que le saucissonnier est originaire de pays chauds, et les hivers d'ici le font beaucoup souffrir; une partie des fleurs a été gelée par les gelées tardives.

— C'est dommage qu'on n'en puisse pas avoir un, on convaincrait monsieur l'esprit fort.

— J'en pourrais avoir un facilement parce que je suis très-lié avec le jardinier en chef; mais je ne tiens pas du tout à le convaincre; je hais ces grands esprits dédaigneux des croyances du vulgaire, qui croient produire beaucoup d'effet en n'ajoutant foi à rien, qui semblent prendre les hommes pour des niais, au milieu desquels ils font une brillante et unique exception.

— Mais, dit notre homme, je ne demande pas mieux que de croire, quand on m'aura donné des preuves.

— Des preuves ! Ne vous ai-je pas déjà prouvé qu'on semait des chemises et qu'on les récoltait. Ne savez-vous pas que le coton vient sur le cotonnier, que le sucre est le produit d'un roseau. Mais vous ne croyez peut-être pas tout cela?

— Mille pardons, je le crois.

— Vous révoquez en doute, j'en suis sûr, que le chenevis est de la graine de corde, comme le tabac est de la graine d'idées qu'on se sème dans le cerveau par le nez. Comme vous ne croyez peut-être pas que les pêches viennent sur des pêchers, vous aimez mieux, sans doute, croire que ce sont aussi les charcutiers qui font les pêches?

— Je ne dis pas cela.

— Vous ne croyez pas non plus que les rosiers produisent des roses, vous pensez que toutes les roses sont faites par mademoiselle Eulalie, n'est-ce pas?

— Non pas, je sais très-bien...

— Vous ne savez rien du tout. Savez-vous que la poudre à canon est de la graine de mort? Savez-vous que les pommes viennent des arbres? Mais vous n'en croirez rien sans preuve, de même que pour les bretelles qui viennent sur le bretellier des Indes.

— Oh! ça, je ne savais pas. Comment les bretelles viennent sur un arbre comme les pommes sur les pommiers?

— Je ne dis pas que ce soit un arbre pareil au pommier, au contraire, c'est un figuier qu'on appelle *ficus elastica*, parce qu'en dépeçant les bretelles qu'il produit, on en tire la gomme élastique.

— Ah! c'est différent, je croyais que vous parliez des bretelles avec des élastiques en métal.

— Vous croyez toujours comme cela. Ces élastiques de métal sont des élastiques artificielles, une imitation malheureuse du *ficus elastica* ou bretellier des Indes, comme les roses de mademoiselle Eulalie, comme les saucissons des charcutiers.

— Allons, prouvez-lui que les bretelles viennent sur le bretellier.

— Je le veux bien. Tenez, ouvrons un ouvrage de botanique.

Ficus. — *Ficus religiosa*. Ce n'est pas cela.

Ficus bengalensis. Non plus.

Ficus virens, ficus scabra, ficus mauritana. Ce n'est pas encore cela.

Ficus populifolia, ficus ulmifolia. Non plus.

Ficus laurifolia, ficus citrifolia, ficus crassi nervia, ficus ferruginea, ficus racemosa.

Ficus phytolaccæfolia, ficus glaucophylla, ficus scandens.

Ficus rubiginosa, ficus macrophylla, ficus nympheæfolia.

Non. Ah! voici :

Ficus elastica.

Eh bien, le *ficus elastica* existe-t-il, oui ou non? répondez. Savez-vous lire? qu'est-ce qu'il y a là?

— *Ficus elastica.*

— Eh bien! croyez-vous que les Indes existent? Si vous ne croyez pas que les Indes existent, il faut le dire, on va vous les faire voir sur une carte; d'ailleurs vous connaissez les poules-d'Inde et les marrons-d'Inde.

Maintenant, voici des bretelles provenues du *ficus elastica*, elles ne valent rien, elles ont poussé en serre-chaude au Jardin des Plantes. Il n'y a de bonnes que celles qu'on apporte de l'Inde tous les ans, c'est comme les ananas; tous les fruits étrangers ne sont bons que dans le pays. On dit que la récolte a été excellente cette année, les bretelliers sont chargés.

Eh bien, me croyez-vous maintenant? Avez-vous assez de preuves comme cela?

— Oui, quand on me donne des raisons.

— C'est comme le saucissonnier ; est-ce plus étonnant que le bretellier ou *ficus elastica*? Si vous ne voulez croire qu'à ce que vous avez vu, vous ne croirez pas à grand'chose, mon bon ami.

Le lendemain, on apporte au déjeuner un cervelas à l'ail.

— Eh bien! tenez, voulez-vous des preuves, en voici.

On goûte le cervelas.

— Croyez-vous que les charcutiers soient capables d'en faire de pareils.

Rien n'est beau que le vrai, le vrai seul est aimable.

Et encore celui-ci n'est pas ce qu'il pourrait être ; d'abord il n'est pas venu dans son pays natal, ensuite il n'est pas tout à fait mûr, mais tel qu'il est, c'est encore bien autre chose que ceux qu'imitent grossièrement les charcutiers.

— Mais enfin c'est bien étonnant !

— Qu'y a-t-il d'étonnant ? Vous savez bien que l'ail vient dans la terre. La nature n'a-t-elle pas produit les porcs, c'est-à-dire que vous admettez que la nature ait produit les deux éléments avec lesquels les charcutiers font leur mauvaise charge de saucisson à l'ail, et vous ne voulez pas qu'elle ait pu réunir ces éléments en un seul et même fruit ?

N'a-t-elle pas donné à certains arums l'odeur d'un gigot pourri ?

N'a-t-elle pas donné aux *budleïa* la couleur et l'odeur des étamines du safran ?

N'a-t-elle pas ? Mais il vous faut des preuves, Monsieur ne croit rien sans preuves. En vérité, mon bon ami, il faut dire la vérité, vous devenez insociable, il n'y a plus avec vous de conversation possible, plus d'épanchements d'amitié, tout prend l'air d'un théorème, il vous faut des preuves de tout. Bientôt quand on vous dira qu'il fait du soleil ou qu'il pleut, vous demanderez la preuve. Eh bien, je ne sais vraiment pas comment vous la donner, etc.

Ce galimathias, débité avec aplomb, par cinq ou six hommes, à l'encontre de ce pauvre diable qu'on accusait sans cesse d'incrédulité, de voltérianisme, qu'on appelait esprit fort, ou M. Arouet, finit par lui troubler complétement la cervelle.

Vale.

LETTRE XLII.

J'en suis encore à ma touffe de lin.

Le lin a une tige haute d'un pied, grêle et d'une couleur glauque ; chaque matin il ouvre des fleurs d'un joli bleu pâle qui tombent sous l'ardeur du soleil, et qui sont, le lendemain, remplacées par d'autres.

Quelques assez gros livres ont été écrits à propos de cette question importante : Les habits des prêtres égyptiens et ceux des initiés aux mystères d'Isis étaient-ils réellement en lin ou en coton ?

Les voyageurs ont jeté sur le sujet les lumières que voici :

Osbeck (*Voyage aux Indes*) dit que le lin est inconnu en Égypte.

Olivier (*Mémoire sur l'Égypte*) dit qu'on y en cultive d'immenses quantités.

La science, grâce aux voyageurs, est juste sur ce point aussi avancée qu'un habitant de la place Saint-Sulpice qui ne serait jamais allé que jusqu'au Luxembourg.

Tout à l'heure j'ai écrit ou prononcé le nom de *budléia*, car il me semble toujours, dans mes lettres sans apprêt, écrites du premier jet, que je cause tranquillement au coin du feu.

J'ai connu deux amateurs de fleurs, qui étaient animés dans leur culture d'une noble et touchante émulation.

Le plaisir de l'un, en recevant une nouvelle fleur, n'était pas de voir la fleur, de suivre les progrès de sa végétation, d'admirer l'éclat de ses couleurs, de respirer son parfum, le plaisir, le vrai plaisir, c'est de la montrer à l'autre et de la lui voir tristement envier.

Heureux de posséder la plante, on était bien plus heureux encore de ce que l'autre ne la possédait pas.

Une amitié fondée sur de pareilles bases pouvait durer longtemps, mais ne pouvait se mettre à l'abri de quelques orages.

Il vint une année où l'un de nos deux horticulteurs prit un air plus réservé que de coutume ; il semblait un ballon près de crever, tant il était gonflé de joie mal concentrée, de vanité dangereusement raréfiée.

L'autre affecta un air modeste, un air perpétuellement admiratif pour les *gains* et les *diamants* de son rival.

Pour qui les connaissait tous deux, c'était un signe certain que chacun d'eux attendait la floraison de quelque chose de désagréable pour son ami, l'épanouissement de quelque chagrin à lui faire : chacun faisait à l'autre des concessions extraordinaires. On ne se résigne pas volontiers à perdre un ami auquel on est sûr d'inspirer bientôt tant d'envie.

Le plus jeune, M. Ollbruck, vint demander pardon à M. Rémond d'une plaisanterie de *mauvais goût* qu'il lui avait faite l'année précédente.

Voici quelle était cette plaisanterie :

Cette année-là, après s'être invités réciproquement à visiter successivement leurs jacinthes, leurs tulipes, leurs anémones, leurs auricules, leurs roses, leurs œillets, en un mot les fleurs réputées fleurs, nous l'avons déjà dit, comme certains animaux sont exclusivement par les chasseurs appelés gibier, aucun n'avait remporté sur l'autre le moindre avantage. Vainqueur pour les jacinthes, M. Rémond avait été vaincu pour les tulipes, avait repris sa revanche à l'endroit des auricules, mais l'équilibre s'était rétabli à la floraison des renoncules.

Mais, au mois de juin, M. Rémond mena M. Ollbruck dans un coin de son jardin, où s'étalait majestueusement une sorte de grand et large chardon à feuilles tachetées de blanc, qu'on appelle chardon-marie.

C'était réellement une plante d'une grande magnificence et que je soigne particulièrement dans mon jardin : mais cela ne pouvait avoir aucun succès aux yeux d'un amateur éclairé comme M. Ollbruck. On ne cultive pas des chardons, et, quelque beau que soit un chardon, c'est un chardon.

M. Rémond n'en eût pas fait grand cas chez son voisin, mais chez lui c'était, disait-il, une plante admirable.

M. Ollbruck lui demanda pourquoi il ne faisait pas une collection d'orties et une collection de mourons comme une collection de chardons. Ils se séparèrent assez piqués. Et M. Ollbruck, prenant quelque temps après le premier prétexte venu pour écrire à son rival et ami, écrivit sur l'adresse :

A Monsieur
Monsieur Rémond, orties-culteur.

C'est de cette facétie que M. Ollbruck vint demander à M. Rémond un pardon que M. Rémond accorda avec empressement. Et chacun des deux commença à jouer le rôle de son caractère.

M. Rémond se frottait les mains et disait : Ah ! ah ! mon gaillard, ce n'est pas un chardon cette fois-ci, c'est une bonne et belle chose, c'est quelque chose d'inconnu, quelque chose que vous n'avez jamais vu ; je crois que vous ne vous rebifferez guère cette année.

M. Ollbruck, au contraire, disait : Vous n'aurez pas de peine à me battre, car je n'ai vraiment rien : ah ! si... mais une bagatelle, un rien, qui ne me déplaît pas, mais que vous ne daignerez peut-être pas regarder, et peut-être aurez-vous raison, car j'ai peut-être tort d'aimer cela.

Et M. Rémond, qui connaissait son homme, se disait: Il paraît qu'il a quelque chose de très-bien, c'est sa manière ; mais c'est égal, tant mieux même : s'il a quelque chose de très-bien, j'aime mieux que ce soit cette année où je suis *gardé* que toute autre.

— Mon bon monsieur Rémond, vint dire un matin M. Ollbruck, si je ne craignais de vous déranger, je vous prierais de venir voir la petite chose en question.

— Ah ! vous voilà, mon cher Ollbruck, enchanté de vous voir, nous irons visiter mon triomphe demain matin ; je suis curieux de voir la figure que vous ferez.

— Mon bon monsieur Rémond, j'irai m'humilier devant vos magnificences quand vous voudrez ; mais ce que j'ai à vous montrer est si peu de chose que j'ai peur que d'un instant à l'autre cela ne vaille pas la peine d'arrêter vos regards.

— Le gaillard est bien sûr de son fait, pensa Rémond tout bas ; puis il ajouta tout haut : Écoutez, Ollbruck, je vous avertis d'une chose, c'est que ma plante, toute éclatante qu'elle vous paraîtra, n'est pas en beauté, elle a souffert de l'hiver dernier.

— C'est comme la mienne, monsieur Rémond, l'hiver l'a fort attaquée. — Mais enfin la plus belle fille du monde... — Comme vous dites.

Après de longues cérémonies, on va au jardin de Rémond, et là Rémond nous montre, car je me trouvais avec eux, un bel arbrisseau dont les jeunes branches sont blanches ; les feuilles oblongues, grandes, gaufrées, d'un vert foncé par-dessus et blanches en dessous, n'abandonnent point l'arbre pendant l'hiver. A l'extrémité de chaque branche, s'étale un bouquet lâche de sept ou huit boules formées de petits alvéoles semblables à ceux des mouches à miel ; la boule entière est de la couleur orange la plus resplendissante, et répand une agréable odeur de safran ; quand la fleur commence à se passer, elle sent le miel; c'est le *buldeïa*.

— Eh bien ! dit Rémond triomphant.

Ollbruck était attéré, pâle, sans voix.

— Eh bien! que dites-vous de cela? répéta Rémond.

— C'est beau, c'est superbe, mais je connaissais la plante.

— Je ne vous dis pas que vous ne connaissiez pas la plante. Je connais les diamants de la couronne et je ne les ai pas pour cela. Respirez-moi cette odeur, et voyez cette couleur, les feuilles *persistantes*, mon pauvre Ollbruck. Un arbre qui ne se dépouille pas l'hiver, et quel feuillage vert en dessus, doublé d'argent en dessous. Je ne m'attendais pas à vous voir si accablé. Allons, allons, Ollbruck, vous prendrez votre revanche l'année prochaine. Allons voir votre prodige !

— Mon prodige! s'écia Ollbruck comme se réveillant tout à coup. Oui, allons le voir, et si vous n'êtes pas terrifié comme moi..

On part, on entre dans le jardin d'Ollbruck, et il nous montre... quoi !... précisément le *buldeïa*, le même arbrisseau que nous venions d'admirer chez Rémond.

Rémond est écrasé à son tour, car, pour lui comme pour Ollbruck, le *buldeïa* n'a plus de prix. Qu'importe son beau feuillage qui résiste à l'hiver; qu'importe l'éclat et le parfum de ses fleurs.

On cherche à s'expliquer cette bizarre coïncidence. Tous deux sont victimes de la fourberie d'un jardinier.

Le drôle connaissant leur manie était allé les trouver l'un après l'autre ; d'abord il s'était présenté chez Rémond.

— Monsieur Rémond, j'ai à vous faire voir une plante rare.

— Voyons ça. — C'est un *buldeïa*. — Je ne connais pas ce nom-là. — Je le crois bien ; et vous ne connaissez pas la plante non plus ; venez la voir chez moi.

Rémond va chez le jardinier et est émerveillé.

— Combien en voulez-vous? — Un louis. — Combien en avez-vous de pieds ? — Deux. Je compte offrir le second à M. Ollbruck. — Gardez-vous-en bien. Combien les deux ? — Trois louis. — Comment, au lieu de me faire une diminution... — Cela ne me rend aucun service que vous en preniez deux. Je suis bien sûr de placer le second chez M. Ollbruck. — Allons, mettons cela à deux louis. — Je ne peux pas, il faut bien que je trouve un avantage pour compenser le plaisir que je me prive de faire à M. Ollbruck qui est une bonne pratique, lui, qui ne prend pas ses dahlias chez Vaulin.— Écoutez, à propos, je vous retiens vingt-cinq dahlias, dont six à bouts blancs.— C'est bien, mais écoutez, M. Rémond, ne prenez qu'un *buldeïa*. Voyez-vous, je trouve aussi que trois louis c'est trop cher, et j'aime mieux manquer à gagner un louis sur les deux et satisfaire en même temps vous et M. Ollbruck. — Eh bien! va pour trois louis. — Non, vraiment, j'aime mieux que vous n'en preniez qu'un, M. Ollbruck se fâchera. —Le marché est fait, j'emporte les plantes et voici les trois louis.

M. Rémond plante un des deux *budleïa*, brise l'autre et le brûle.

A peine est-il sorti, que le jardinier remplace les deux *budleïa* enlevés par deux autres qu'il avait cachés, puis il va chez Ollbruck et lui joue la même scène, il réserve le second pied pour M. Rémond, etc.

Ollbruck agit entièrement comme Rémond, et chacun presse les jours pour avoir arriver celui où il humiliera son rival par l'aspect du fameux *budleïa*.

Le *budleïa*, à leurs yeux, n'est plus bon qu'à brûler. Ollbruck arrache le sien et l'écrase sous ses pieds. Je sauve celui de Rémond qui allait avoir le même sort et je le plante dans mon jardin, où il me fait pardonner les plantes vulgaires et communes, Dieu merci, auxquelles je donne asile.

Vale.

LETTRE XLIII.

Un dieu moderne. — *Histoire philosophique et théologique du* Chanvre et du lin, *leurs fortunes variées depuis leur naissance jusqu'à leur apothéose.*

Tout ce qu'on avait adoré jusqu'ici ayant été successivement détruit; toutes les choses auxquelles on obéissait ayant été progressivement abolies, les hommes ont songé à se créer de nouvelles croyances. « L'homme n'est pas, ainsi qu'on l'a trop dit en vers et en prose, un esclave qui aspire à briser ses fers ; ce n'est qu'un domestique capricieux qui aime à changer de maître. » Jamais en politique un tyran n'a été renversé qu'au profit d'un autre plus ou moins éloigné ; jamais en morale on n'a abandonné une religion que pour quelque superstition ou pour quelque croyance moins raisonnable.

On a renoncé à jamais à ces *dieux immortels,* on a imaginé un dieu que l'on fait tous les jours pour les besoins de la journée ; un dieu tout-puissant le matin, qui trouve déjà des incrédules à midi et des impies à trois heures.

Voici la manière de le faire :

Vers la fin de mars, on sème de la graine de lin en terre légère et de la graine de chanvre en terre bien amendée.

Au mois de juillet, le chanvre montre des fleurs verdâtres insignifiantes, et bientôt ses graines grises arrondies dont les oiseaux sont si avides et qu'ils viennent lui arracher ; c'est directement qu'on peut dire de lui :

<blockquote>Aux petits des oiseaux il donne la pâture.</blockquote>

Dès le mois de juin, les champs de lin se sont couverts de petites fleurs bleues sur des tiges grêles qui roulent sous le vent comme les vagues de la mer.

Quand tous deux jaunissent, on les arrache et on les met *rouir,* c'est-à-dire qu'on les plonge dans l'eau. Là, la puissance terrible qu'ils auront plus tard commence à se manifester ; les poissons qui habitent l'eau, où ils sont immergés, fuient ou meurent ; les hommes qui travaillent le chanvre et le lin, sont frappés d'une toux sèche et ne vivent guère au delà de cinquante ans.

Tous deux continueront leurs incarnations plus nombreuses que celles de Vitznou qui en a eu cependant un grand nombre.

Le chanvre et le lin sont métamorphosés en fil.

Le chanvre devient des cordages pour remorquer les bateaux dans les rivières, et de la ficelle pour les toupies et pour les cerfs-volants des enfants.

Mais quelle foule avide et curieuse se précipite par les rues? Un homme pâle et les yeux fixes se dirige, escorté par des soldats, vers la place publique, on le livre au bourreau qui lui passe au col une corde de chanvre et le lance dans l'éternité.

Et ici, comme de temps en temps, quelques croyants reconnaissent le Dieu. On sait avec quelle avidité les bonnes femmes se disputent les plus petits morceaux de la corde d'un pendu.

Sur la mer, de nombreux vaisseaux glissent comme de grands cygnes aux ailes étendues. Ces ailes blanches sont encore le chanvre devenu de la toile.

Pendant ce temps, le lin, de son côté, métamorphosé en toile plus fine et plus légère, remplace la feuille de figuier qui faisait le seul vêtement de nos premiers pères et qui a subi d'étranges vicissitudes. Toujours est-il, qu'aujourd'hui la feuille de figuier doit avoir dix aunes de long sur au moins une demi-aune de large.

A ce propos, je ne sais pourquoi tant de gens s'obstinent à vêtir et nos premiers pères, et les statues des jardins publics, d'une feuille de vigne, tandis qu'il est parfaitement établi que Noé ne planta la vigne qu'après le déluge, et que conséquemment, c'était de feuilles de figuier que s'étaient affublés Adam et Ève.

Le lin enveloppe, cache et préserve du contact de l'air et du contact plus brûlant des regards le corps de satin des femmes.

Mais tous deux vont bientôt cesser de jouer ces rôles charmants ; la tempête a déchiré les voiles de chanvre ; la mode a réformé les vêtements de lin.

Une fois sur la pente rapide de la décadence et du déshonneur, ils ne tardent pas à devenir de tristes lambeaux, de honteux chiffons jetés avec dédain aux coins des bornes et parmi les boues de la ville.

Mais cette humiliation est le chemin de ronces qui conduit à la toute-puissance, c'est le bûcher qui purifie Hercule et en fait un dieu.

En général, les demi-dieux, les grands hommes meurent de faim, et arrivent à l'immortalité un peu plus tôt qu'ils ne le voudraient, et alors leurs contemporains les déifient volontiers dans des fêtes touchantes auxquelles se mêle la joie d'être débarrassés d'eux.

Romulus ne passe dieu qu'après avoir été déchiré en morceaux. Claude arrive à l'immortalité par les champignons, le poison et la colique. Beaucoup, en des temps plus modernes, n'ont eu accès au Panthéon qu'après avoir été jetés un peu à la voirie.

>Et l'on ne devient dieu qu'à force d'avanies.

Aussi le chanvre et le lin ne se découragent pas, et attendent philosophiquement au coin des bornes les nouvelles humiliations qui, comme un chemin, les séparent, il est vrai, du pouvoir suprême, mais les y conduisent cependant.

La nuit, des hommes déguenillés, hâves, une lanterne à la main, viennent chercher ces lambeaux, qu'ils entassent dans des cuves, où bientôt le lin et le chanvre deviennent une sorte de boue infecte.

De cette boue on fait du papier.

Devenus papier, ils ne sont pas encore des dieux, on les vend à la rame et au cahier; mais cela ne va pas tarder.

Pendant ce temps, d'un autre côté, d'autres hommes concassent, broient, délaient des poisons, les mélangent et les tournent sur le feu jusqu'à ce qu'ils deviennent de la couleur du deuil, de la couleur de l'enfer...

Les prêtres du dieu que l'on va faire s'enferment alors avec le papier, et ils tracent dessus des caractères.

Ces caractères sont au nombre de vingt-quatre; mais, par leur position, ils changent de signe et de valeur.

S'ils mettent telle de ces figures avant telle autre, après celle-ci, entre ces deux-là,

Un homme à cent lieues de là relève la tête, se sent gonflé de joie et d'orgueil, et les autres le vénèrent et l'envient.

Si, au contraire, c'est une autre figure qui est après telle autre et avant telle autre, ce même homme s'abat sous la douleur et la honte, il n'ose plus sortir de chez lui, il évite les regards.

Tout le monde l'attaque, le raille, le bafoue.

On plie le dieu en quatre et on le glisse sous les portes.

Certes, on ne peut pas dire de lui ce que Virgile dit de la déesse de la beauté en un demi-vers charmant:

>Et vera incessu patuit dea.

« Sa démarche révèle une déesse. »

Il entre par-dessous les portes, c'est vrai ; mais, une fois entré, il est le maître de chaque maison ; il commence à rendre des oracles, puis des oracles aux miracles il n'y a qu'un pas ; d'un sot il fait un homme d'esprit, d'un homme d'esprit un crétin, d'un sordide ambitieux un citoyen vertueux et désintéressé ; il envoie un roi en exil et couronne qui lui plaît.

Alors les gens qui regrettent les vieilles croyances peuvent éprouver des jouissances bien douces. Il les voient toutes revivre ; mais considérablement augmentées.

Le dieu vous annonce des eaux miraculeuses qui empêchent les cheveux de blanchir, des cirages qui raccommodent les vieilles bottes, et l'on y croit.

Le dieu promet la réalisation de ce fameux chou qui ne pouvait être cuit que dans un pot grand comme une église, et l'on y croit.

Il vous promet des hommes en place incorruptibles et incorrupteurs, des citoyens désintéressés et dévoués à la chose publique, et l'on y croit.

Le dieu vous raconte, pour éprouver votre foi, les histoires les plus saugrenues, et vous y croyez.

Jamais dieu ne fut si ponctuellement obéi.

Mais, le jour est près de finir ; le jour finit, le dieu voit ses autels abandonnés. Le lendemain matin, il ne trouve plus dans ses plus fervents adorateurs que des iconoclastes dédaigneux ; il est exposé à plus d'insultes qu'il n'en avait essuyées dans toute la vie pleine de vicissitudes que nous avons racontée.

Jamais dieu ne fut ainsi traité, on le découpe en rond pour couvrir des pots de confiture.

En long pour allumer les pipes.

En carré pour faire aux enfants des poules, des bateaux et des salières.

Il n'est pas d'usage domestique honteux et immonde auquel le pauvre dieu d'hier ne soit exposé aujourd'hui.

Pendant ce temps un autre dieu, qui s'est également glissé sous la porte, vient rendre à son tour ses oracles ; il est écouté et obéi avec le même respect et le même aveuglement, jusqu'à ce que le lendemain il aille aux confitures et serve à allumer le feu.

Telle est l'histoire vraie et sans broderie, de la grandeur et de la décadence du chanvre et du lin.

Qui croirait cela du lin, surtout, qui a l'air si innocent, si pur, quand il ouvre au matin ses petites fleurs bleues si légères et si fragiles ! *Vale.*

LETTRE XLIV.

Voici une loi singulière que je n'ai jamais vu enfreindre :

Entre les plantes grimpantes, toutes ne forment pas dans le même sens les spirales dont elles embrassent l'arbre ou le treillage auquel elles s'accrochent.

Le *volubilis* qui ouvre le matin, un peu avant le jour, ses belles cloches de toutes couleurs, — le *haricot* qui élève jusqu'au sommet des arbres, après lesquels il grimpe, ses fleurs d'écarlate, — la *glycine* aux grappes bleues qui tapisse ma maison, — forment leurs spirales de gauche à droite.

Tandis que le *chèvrefeuille*, mon cher chèvrefeuille, de même que le *houblon*, tourne après les arbres de droite à gauche, et cela toujours sans exception.

Jamais un chèvrefeuille, jamais un houblon n'entortillera un arbre en tournant de gauche à droite.

Jamais un *volubilis*, jamais un *haricot*, jamais une *glycine* ne grimpera en faisant des spirales de droite à gauche.

Les autres plantes grimpantes ont des manières particulières de s'élever, la *vigne*, la *grenadille* qui a l'air d'une croix de Saint Louis, la *clématite* aux petites fleurs parfumées, le *pois de senteur* avec ses papillons odorants s'accrochent par des vrilles élastiques en forme de tire-bouchons.

Le *lierre* monte tout droit en poussant de petites racines dans les arbres ou dans les fentes du mur.

C'est ainsi qu'agit le *bignonia radicans* ; seulement, lui n'attache ainsi que son vieux bois, et laisse pendre les branches de l'année chargées de bouquets et de longues fleurs rouges en tuyaux.

Le *jasmin* aux étoiles d'argent appuie ses nouvelles pousses sur ses vieilles branches.

Ainsi fait la *morelle* qui laisse succéder à des bouquets de fleurs violettes, des girandoles magnifiques d'émeraudes ou de corail (je dis corail faute d'une pierre aussi éclatante que les baies de la *morelle*), selon le degré de maturité de son fruit.

La *ronce* et la *pervenche* grimpent par la seule force de la séve, retombent quand elles arrivent à une certaine hauteur, reprennent aussitôt racine par le point où elles touchent la terre, et s'élancent avec une vigueur toute nouvelle.

Dans une de mes lettres précédentes, mon ami, à propos des couleurs, je demandais s'il était un savant qui pût dire quelle était précisément la couleur de la pourpre des anciens.

Le hasard m'a fait tomber ce matin sur un passage de Pline, qui dit que la fleur de l'amaranthe est d'un plus beau pourpre que tout ce que peuvent faire les teinturiers.

Malheureusement l'amaranthe est une fleur qui *joue* beaucoup ; il y en a de tous les rouges carminés depuis le rose jusqu'au violet, il y en a de blanchâtres et de jaunes. Si Pline avait choisi pour terme de comparaison une fleur à couleur fixe, nous saurions à quoi nous en tenir.

Cela me rappelle que Virgile, au livre IV des Géorgiques, dit que le safran est rouge :

Crocumque rubentem.

Le safran est violet et a des étamines oranges. Je ne sais laquelle de ces deux couleurs s'appelle rouge en latin. Il est également à regretter que nous n'ayons plus la violette noire dont il est ailleurs question.

Et nigræ violæ sunt.

Un savant a calculé quelle est la marche des *orchidées*. Il faut d'abord dire comment les orchidées changent de place : l'orchidée est un épi de petites fleurs violettes, roses, blanches ou bigarrées qui sort de deux bulbes dont l'une est très-petite, vidée et comme amaigrie, l'autre est blanche et gonflée de suc.

Dieu sait les sottises que cela fait dire, et l'influence que la médecine a pendant longtemps accordée à ces bulbes : l'une supérieure au nénufar dans la propriété chimérique d'éloigner toute pensée contraire à la chasteté ; l'autre, au contraire, rendant la jeunesse et la vigueur aux centenaires.

La plus petite des deux bulbes, la bulbe ridée, est celle dont la fleur tire sa séve et sa nourriture, l'autre nourrira la fleur de l'année prochaine. Or, ces deux bulbes étant distantes de quelques lignes, quand la vieille se desséchera tout à fait et qu'une nouvelle bulbe aura crû à côté de l'autre, la plante se sera déplacée de l'espace qui est cette année entre les deux bulbes, c'est-à-dire d'à peu près six lignes, ce qui fait qu'il ne lui faut pas plus de douze mille ans pour faire une lieue.

Vale.

LETTRE XLV.

Il paraît qu'autrefois les arbres et les plantes avaient avec les hommes toutes sortes de bonnes relations qui ont été interrompues je ne sais trop pourquoi ni comment : il serait difficile de dire qui a eu les premiers torts.

Si un berger quittait un moment son pays, tout le rappelait, tout se plaignait de son absence.

Te Tityre pinus,
Ipsi te fontes, ipsa hæc arbusta vocabant.

Il naît un fils à Pollion.

Cela fait plaisir au seigle et au froment, ils prennent une part touchante au bonheur du lieutenant d'Auguste :

Flavescet campus aristà.

Les moutons ne se trouvant pas assez bien mis pour la circonstance, se font un devoir et un plaisir de se teindre eux-mêmes en rouge et en jaune.

Ipse sed in pratis aries jam suave rubenti
Murice, jam croceo mutabit vellera luto.

Gallus est en proie à un amour malheureux, les lauriers le

plaignent sincèrement, et les bruyères répandent quelques larmes sur son sort.

> Illum etiam lauri, illum etiam flevere myricæ.

Anacréon veut boire, les roses viennent d'elles-mêmes couronner ses cheveux blancs :

> Τὸ ῥόδον τὸ τῶν ἐρώτων
> Τὸ ῥόδον τὸ καλλίφυλλον.

Pour moi je suis, aujourd'hui, heureux autant qu'on peut l'être, je suis débarrassé d'un ennui. Edmond est parti, rien ne me prouvait qu'il ne resterait pas ici dix-huit ans.

> De malheurs évités, le bonheur se compose.

Je suis heureux et je cherche en vain dans mon jardin un peu de sympathie.

Certes je ne sais pas bon gré aux roses d'être en fleur, aux chèvrefeuilles de laisser tomber leurs odeurs du haut des arbres. Ce n'est ni pour moi ni pour s'associer à ma joie qu'ils agissent ainsi.

Mais il est quelques fleurs que je comptais mettre à l'épreuve; le *gorteria*, cette belle fleur au feuillage vert doublé de blanc, aux fleurs d'une belle couleur orange qui ne s'ouvre qu'au soleil, m'eût montré une attention délicate en étalant ses rayons aujourd'hui, quoique le temps soit sombre.

Les *tigridia*, ces belles coupes de pourpre et d'or qui ne durent que quelques heures, auraient pu prolonger leur épanouissement de quelques instants en signe de réjouissance.

L'*aristea* qui sur le feuillage en miniature d'un iris, étale de charmantes petites roses bleues qui se ferment à l'ombre, aurait pu garder ses fleurs ouvertes.

Les *bruyères* et les *lauriers* pourraient pleurer de joie comme ils ont pleuré de pitié pour Gallus.

Mes pigeons auraient pu devenir verts ou bleus.

Les roses, ce me semble, n'auraient pas été bien malheureuses de se tresser un peu en couronnes.

Le seigle et le froment... je n'ai pas à me plaindre d'eux ; je ne sais pas ce qu'ils auraient fait ni comment ils se seraient conduits, il n'y en a pas dans mon jardin.

Mais les autres...

Voici une rose... savez-vous ce qu'elle fait? Elle enveloppe de ses pétales une cétoine qui veut dormir.

Les *gorteria* ont replié leurs pétales en deux dans leur longueur ; les *aristea* ont roulé les leurs et dorment absolument comme si Edmond n'était pas parti.

Les pigeons... les pigeons ont bien autre chose à faire qu'à se teindre en vert et en bleu ; ils se trouvent, du reste, fort bien comme ils sont et paraissent fort occupés à se le dire les uns aux autres.

Les *tigridia*, chiffonnés comme des cornets de papier mal fermés, sont près de tomber sur la terre ; mais rien n'égale l'indifférence des bruyères et des lauriers.

Sérieusement, cette fiction, dont les poëtes bons ou mauvais ont tous abusé, de montrer les arbres et les fleurs, partageant notre tristesse et notre deuil, est pour moi une poésie moins élevée que la superbe indifférence de la nature.

Je ne sais d'ailleurs s'ils ont bien raison de faire ce mensonge pour augmenter la tristesse de leur récit.

La cloche de l'église tinte : les paysans disent : Ah ! on *sonne au mort.*

Pendant ce temps le soleil, qui a triomphé des nuages, donne à tout la couleur de la joie et de la vie, comme un regard d'amour et de bonté que Dieu laisse tomber sur la terre.

Les fleurs, épanouies comme une brillante illumination, semblent aspirer le soleil. Les insectes se cherchent sous les feuilles ; les abeilles bourdonnent ; les oiseaux chantent ; de douces odeurs s'exhalent de toutes parts.

Et la cloche funèbre continue à tinter, et l'on porte au cimetière cette belle fille qui aimait tant les fleurs, le soleil, les parfums, le bourdonnement des abeilles et le chant des oiseaux ; cette belle fille qui a soigné ces abeilles.

On la porte au cimetière, et au fond du trou qu'on va creuser dans la terre pour l'enterrer, un rayon de soleil descend et dore la fosse, et deux papillons se poursuivent au-dessus, et dans quelques mois l'herbe aura caché la tombe, l'oubli aura étouffé le souvenir; des fleurs s'épanouiront sur cette tombe, dans les corolles de ces fleurs se cacheront des amours d'insectes ; le sourire renaîtra sur les lèvres de celui qu'elle aimait, et un autre amour s'épanouira dans son cœur, et il en parlera à une autre femme ; sous ces mêmes arbres, le même rayon de soleil se jouera dans les cheveux de celle-ci, les mêmes parfums, les mêmes chants d'oiseaux rempliront l'air, et peut-être il lui donnera une rose d'un des rosiers que la morte a plantés.

Vale.

LETTRE XLVI.

Comme il est venu me voir un homme que j'ai beaucoup connu lorsque j'habitais la ville, nous parlâmes de nos goûts divers et des choses qui occupent notre vie.

Il ne tient, pour sa part, aucun compte des fleurs, ni des arbres, ni du ciel, ni de la lune, ni des hommes, ni des animaux ; tout cela n'a droit de l'intéresser qu'après que cela a été rapetissé, aplati, défiguré, et retracé sur une toile, au moyen de couleurs et d'un pinceau. Il achète à un haut prix les images des choses qui n'ont à ses yeux aucune valeur ; il a payé un tableau de *Van Huysum* 9,950 francs.

Ce tableau représente un vase de fleurs.

La bouquet réel, le bouquet vivant, avec son éclat et ses parfums, vaudrait bien 20 sous.

Le portrait du bouquet, c'est-à-dire une imitation plate, fausse de couleurs, sentant l'huile : il l'a payé 9,950 francs ! et il est fier et heureux d'avoir fait une si bonne affaire !

Je l'ai promené dans le jardin, il n'a presque rien regardé. Une branche de roses à cent feuilles, courbée sous le poids des fleurs, a cependant un moment attiré son attention ; il l'a regardée, puis il a dit : C'est absolument comme un bouquet de roses de *Van Daël* que j'ai chez moi.

Il était évident qu'il pensait que la nature avait cherché à imiter son tableau.

Le soir, comme après souper on avait apporté des pipes et du tabac d'Orient, nous causâmes de toutes choses; mais il trouvait moyen de rattacher toujours les sujets à quelqu'un de ses tableaux, par quelque fil imperceptible.

— Écoutez, lui dis-je : j'ai aussi des tableaux, mais je ne vous les montrerai qu'au jour, demain matin.

— Et quels tableaux avez-vous, me demanda-t-il avec un air plus qu'à moitié dédaigneux?

— Mais j'en ai un assez grand nombre.

— Sont-ce des tableaux de maîtres?

— Je le suppose ; car je n'en ai jamais vu de plus beaux, de plus grands dans leur ensemble, de plus finis dans leurs détails.

— Nous verrons cela.

— Oh! mon Dieu! je ne les cache à personne. Je ne suis pas de ces amateurs égoïstes qui trouvent moins de plaisir dans la possession de leurs tableaux que dans la conviction que les autres n'en ont pas ou n'ont pas les mêmes.

— Votre collection vous a-t-elle coûté cher?

— Je l'ai eue pour rien.

— Pour rien! On connaît cela. Les amateurs de tableaux se divisent en deux classes : ceux de la première ont dépensé des millions pour leur galerie ; ceux de la seconde, au contraire, les ont toujours eus pour rien. Leur prétention est de les avoir découverts à l'étalage de quelques marchands d'images, ou en trumeaux sur la cheminée de quelque auberge de village, ou en même temps qu'un lot de vieilles bouteilles. Vous êtes de la seconde classe.

— Croyez là-dessus ce que vous voudrez.

— Mais enfin de qui sont vos meilleurs tableaux?

— Oh! pour cela, il m'est impossible de vous le dire : je n'ai en aucune façon la mémoire des noms. Et, à vous parler franchement, cela m'est bien égal. J'aimerais mieux un beau tableau peint par mon portier, qu'une croûte ébauchée par Raphaël. Et ce qu'il y a de singulier, c'est que cette opinion, digne par sa naïveté d'être mise au rang des maximes et pensées de M. de La Palisse, passerait facilement pour une originalité et une bizarrerie. Je ne cherche dans la peinture que le vrai et le beau.

— Je suis bien impatient de voir les tableaux d'un homme qui a de pareilles idées. Ne vous en rappelez-vous pas quelques-uns?

— Si fait bien. Je me rappellerais facilement, du moins pour une grande partie, ce que mes tableaux représentent.

— Ah! ah!

— Certainement.

— Eh bien!...

— Eh bien, j'en ai un, au-dessus d'ici, c'est une vaste plaine, fermée de tous côtés par des arbres. Sur l'herbe verte, tachetée d'ombre et de lumière par le soleil qui se couche derrière les arbres, sont couchés des moutons. Cela a un charme de calme et de repos qui fait le plus grand plaisir.

— Je suis sûr que c'est de *Van der Doës*. Eh bien, cela n'a pas une grande valeur.

— Ce que je sais, c'est que c'est charmant, et je ne crois pas que ce soit de *Van der Doës*.

— Vous m'étonnez.

— Un autre est un chemin creux, ce qu'on appelle en Normandie *une cavée*. On marche plus bas que la racine des arbres qui se touchent par la cime et étendent sur le mur de terre qui forme les deux côtés du chemin, leurs grosses et longues racines semblables à des serpents noueux.

— Je serai bien étonné si ce n'est pas une copie, et ma raison, une raison que je crois bonne et sans réplique, c'est que je possède l'original, qui est de *J. Ruysdaël*.

— Je vous assure que ce n'est pas une copie.

— Nous verrons bien.

— Je crois en effet que le seul aspect du tableau vous fera changer d'idée. A côté on voit l'entrée d'un village; au milieu des arbres à cime arrondie, s'élance le clocher de l'église; le soleil qui lance ses rayons obliques remplit le feuillage des arbres d'étincelles; un paysan ramène une charrette.

— Si c'est, comme je le pense, de *J. Ostade*, c'est un tableau de prix.

— Je ne crois pas qu'aucun *Ostade* ait jamais fait quelque chose qui approche de cela.

— Mon bon ami, vous ne connaissez pas les *Ostade*.

— Je regardais hier un autre tableau qui m'a bien ravi : un enfant assis sur une fenêtre, faisait des bulles de savon. L'enfant était sérieux et attentif ; la bulle, captive encore, grossissait en se balançant à un soufle d'air imperceptible. Les plus éclatantes couleurs se succédaient sur sa frêle glace.

— Oh ! celui-ci est bien connu ; je l'ai vu chez un amateur auquel vous l'avez acheté ; il est de *J. Miéris*.

— Je ne l'ai pas acheté.

— Oui, on vous l'a donné, ou... vous l'avez trouvé. Comme je vous le disais, amateur de la seconde classe. Vous prétendez avoir eu pour rien un tableau qui vaut plus de 6,000 francs.

— Le fond d'un autre se compose de grands châtaigniers à large feuillage d'un vert doré, qui l'est encore plus par les rayons du soleil couchant ; une petite maison, couverte de vignes, est également colorée par les derniers rayons chauds de l'astre du jour ; plus près, sur le devant, un *olivier de Bohême* et un *sureau* beaucoup plus bas, de sorte que les rayons obliques du soleil passant par-dessus et dans l'ombre, laissent le feuillage blanchâtre du premier et la touffe d'un vert sombre de l'autre. Devant le sureau s'élève un rosier à fleurs pourpres ; ses fleurs basses sont dans l'ombre ; une seule, qui dépasse le sureau, est traversée par le rayon du soleil, et semble un magnifique rubis.

— Il n'y a pas de personnages ? — Non.

— Alors je ne sais de qui c'est.

— Je suis sûr que vous reconnaîtrez le maître en voyant le tableau.

— C'est possible, c'est même probable ; mais toujours est-il ue ma mémoire ne me rappelle rien qui ressemble à cela.

— J'en voyais encore un ce matin qui m'a fort intéressé.

— Qu'est-ce que c'était ?

— C'était une fort belle femme qui tenait un œillet à la main.

— Très-connu ; c'est de *Rubens*.

— Vous croyez?

— J'en suis sûr; mais vous me permettrez d'être moins sûr d'une chose.

— Volontiers : et quelle est la chose dont vous êtes moins sûr?

— C'est que ce tableau vous appartienne.

— Je ne dis pas précisément qu'il m'appartienne; mais ce que je dis, c'est que je l'ai vu chez moi ce matin.

— Tenez, mon cher ami, permettez-moi de vous parler franchement. Il y a une chose que je crains pour vous; c'est que vous soyez la dupe de quelque brocanteur, de quelque marchand de tableaux, qui se sera joué de vous et vous aura fait payer fort cher de mauvaises croûtes.

— Gardez pour d'autres ce touchant intérêt, mon ami; je vous assure que les tableaux dont je vous parle sont tout ce qu'il y a de plus beau, et je n'en ai vu, dans aucune galerie, qui puissent rivaliser avec les miens, ni pour la vérité, ni pour le dessin, ni pour la couleur.

— Je suis accoutumé à entendre chaque amateur, fût-il le maître de trois copies médiocres et de cinq ou six esquisses non signées, chercher à se faire croire à lui-même qu'il possède des miracles. Mais, on peut vous dire cela à vous, parce que non-seulement vous n'avez pas la prétention d'être riche, mais encore vous avez un peu la prétention de ne l'être pas. Eh bien, je connais la valeur des tableaux que vous m'avez désignés, et je vous déclare que, si vous les possédez réellement, si, comme vous me le dites, ce n'est là qu'une *faible partie* de votre collection, si vous ne vous êtes pas amusé à vous moquer de moi...

Combien avez-vous de tableaux?

— J'en ai trop pour les compter.

— Eh bien, votre galerie ne vous coûte pas moins de 200,000 francs.

— Laissez donc, cela ne me coûte rien.

— Vous êtes dans ce genre-là plus audacieux qu'aucun amateur que j'aie jamais rencontré : je voudrais être à demain.

Le lendemain arrive : je fais monter mon homme dans une

grande pièce meublée de quatre fenêtres, et je lui dis : Voici mes tableaux, et les fenêtres sont les cadres.

— Oh! c'était une plaisanterie?

— Nullement; regardez, quelques-uns de mes tableaux ont un peu changé depuis la dernière fois que je les ai regardés, mais ils n'en sont pas moins beaux pour cela. Voilà celui que vous pensiez être d'Ostade, et qui est, comme les autres, tout simplement du bon Dieu. Voici les arbres et le clocher; la charrette n'y est plus, mais elle est remplacée par une fille qui conduit ses vaches au pâturage.

Croyez-vous que J. Ostade ait jamais atteint cette vérité, ce dessin, ce coloris, cette lumière?

Par ici, à gauche, par l'autre fenêtre, est le chemin creux, qui n'est pas de J. Ruysdaël, dont vous prétendez posséder l'original; j'avais cependant bien raison de vous dire que le mien n'est pas une copie, il est évident qu'entre les deux tableaux, quelque original que soit votre tableau, c'est lui qui est la copie.

Tenez, voici encore la prairie sur laquelle se jouent l'ombre et le soleil; les grands arbres qui la ferment et les moutons qui se reposent sur l'herbe; c'est encore du bon Dieu, et non pas de Van der Doës.

— Allons, allons, c'est une plaisanterie.

— Non, certes; je ne plaisante pas, et je crois que c'est vous, au contraire, qui plaisantez ou qui me prenez pour un idiot, d'espérer me faire croire que vous attachez plus de valeur à ce petit arbre, barbouillé sur une toile, plat, sans ombre, sans fleurs, sans parfums, sans chants d'oiseaux, qu'à ce grand arbre vivant, qui nous couvre de son ombre fraîche, parfumée et harmonieuse.

Quoi! vous payez 200,000 fr. l'imitation imparfaite d'un arbre qui vaut cinq francs! voulez-vous parler de la difficulté vaincue?

Pourquoi donc payez-vous l'imitation des diamants et des rubis moins cher que des rubis et diamants véritables? Et cependant cette imitation est bien plus parfaite, elle arrive au point de tromper presque tous les yeux. Ces fausses pierreries, ainsi que les vraies, brillent et attirent, sur celles qui les portent, l'admiration, la haine et l'envie; tandis que personne ne se trompe sur la peinture ; les oiseaux qui, selon Pline, voulurent manger le raisin de Zeuxis, ne s'y laissent plus prendre aujourd'hui ; il n'y en a pas un seul qui s'avisera jamais d'essayer à faire son nid dans un arbre de peintre.

Eh quoi ! c'est pour payer si chèrement de pâles imitations de toutes les belles choses que l'on a pour rien, que l'on se ruine, que l'on remplit sa vie de chagrins et de soucis, et que l'on bourre son oreiller d'épines.

Non, non ; c'est vous qui plaisantez et qui vous moquez de moi ; ou alors je croirais que, vous et ceux qui vous ressemblent, vous êtes des vrais fous. *Vale.*

LETTRE XLVII.

Voici ce que me raconte un gros prunier qui s'étale au-dessus d'un coin de gazon ; c'est une histoire de ma jeunesse.

Comme j'avais fait des *brillantes études,* c'est-à-dire comme je savais le latin et un peu de grec, j'étais très-embarrassé de trouver un moyen honnête de *gagner* ma vie.

Lorsqu'un jour, je rencontrai dans la rue un homme qui m'aborda et me tendit la main. Je ne le reconnus pas d'abord, mais c'était en tout cas une marque de bienveillance et je lui donnai ma main qu'il secoua cordialement. Il avait été au collége où j'avais étudié, ce qu'on appelle *pion ou chien de cour,* c'est-à-dire surveillant des récréations positives ou négatives, c'est-à-dire des récréations où on jouait et des récréations que l'on passait à copier :

A peine nous sortions des portes de Trézène.

Ce qui m'empêchait de le reconnaître, c'est qu'il étalait sur sa personne une splendeur inusitée. Il était vêtu de noir et portait une montre avec une riche chaîne d'or ; il se nomma et m'expliqua le changement survenu dans sa position ; il avait quitté le collége pour entrer, au même titre, chez le maître d'une petite pension particulière. Ce maître de pension faisait d'assez mauvaises affaires ; pour se mettre à l'abri de ses créanciers, il imagina de placer, et sa pension et son mobilier, sous un nom étranger; il jeta les yeux sur Levasseur; il passa six mois à lui seriner, nuit et jour, ce qu'il fallait répondre aux examens pour recevoir un brevet de capacité; puis il lui fit une vente simulée de sa pension, de son mobilier, etc., en se faisant donner une contre-lettre.

Peu de temps après, il tomba subitement malade en un voyage, et mourut dans une chambre d'auberge. Levasseur déchira la contre-lettre que le mort avait laissée en partant dans la maison commune, et resta seul maître de l'établissement.

Il s'agissait en ce moment, pour lui, de trouver un sous-maître, d'abord parce qu'il était entièrement incapable, ensuite parce qu'il voulait se donner un peu de *bon temps*, comme il disait, et ne pas rester toujours à la chaîne.

Quand il me rencontra, il fut sans doute frappé de la modestie de mon costume autant que je fus surpris de la magnificence du sien, remarque à laquelle sans doute je dus qu'il me proposât de venir avec lui :

— Écoutez, me dit-il, nous serons comme deux frères, je partagerai tout avec vous ; je n'ai rien pour le moment, parce qu'il m'a fallu soutenir un procès contre les créanciers de mon prédécesseur, parce que tout était en si mauvais état... c'était un homme qui n'avait pas d'ordre, et qui m'a fait bien du tort. Les capitaux que j'ai mis dans cette affaire ont failli être perdus pour moi. Je me suis endetté, et pour le procès, et pour les réparations et les améliorations indispensables ; ainsi donc, je ne puis pas vous offrir d'argent pour le moment ; vous serez logé comme moi, nourri comme moi; et à mesure que nos efforts réunis produiront quelque succès, vous partagerez ma bonne fortune comme vous aurez partagé ma mauvaise. Cela vous va-t-il?

Le moment était admirablement choisi, tout m'allait ; d'ailleurs, je prenais ces mensonges pour de la franchise : j'acceptai en me reprochant de trouver à un si brave homme l'air faux et bête. Dès le lendemain, j'entrai chez lui.

Je ne tardai pas à m'apercevoir que s'il me traitait en frère, c'était en frère cadet, et qu'il conservait de la façon la plus rigoureuse les traditions même les plus oblitérées du droit d'aînesse.

Ma chambre était sous les toits, et meublée d'un lit de sangle et d'une chaise ; sur quatre carreaux appartenant à la lucarne qui donnait plus de froid que de jour à mon domicile, l'un était en papier. Pour la nourriture, je dînais avec lui et avec sa femme, une sorte de grisette engraissée. Le premier jour, on m'invita à boire après le dîner du café que je n'aimais guère alors et de la liqueur que je n'aimais pas du tout, et que je me proposais de refuser désormais. Le second jour, au moment du café, M. Levasseur prêta l'oreille et me dit :

— Monsieur Stéphen, je crois qu'ils font du bruit à la classe.

Je me levai et j'allai rétablir l'ordre qui, du reste, n'avait pas été troublé.

Le lendemain, précisément au moment où on allait apporter le café, M. Levasseur crut encore entendre du bruit à la classe. Cela me parut singulier. Je me levai et trouvai tout le monde parfaitement tranquille.

Le jour suivant, le même bruit frappa ses oreilles justement au même instant.

Je compris alors qu'on ne voulait pas me donner de café. Cela me délivra d'un ennui, à savoir de tenir table avec eux, et je pris l'habitude, aussitôt que j'avais mangé à peu près, de me lever de table et d'aller dans la classe, où je pouvais lire, ou penser, ou écrire une lettre que j'espérais glisser le vendredi suivant, et j'étais plus heureux comme cela que je ne l'avais été de ma vie.

Chaque jour on faisait de nouveaux empiètements sur nos conventions mutuelles.

D'abord, je devais être libre tous les soirs. Puis, un jour, il eut besoin de sortir et *me pria* de rester pour cette fois. Ce n'était pas un vendredi, cela m'était bien égal.

Quelques jours après, même prière et même succès. Le lendemain, c'est la femme qui vient me trouver et qui me dit que si j'étais *bien aimable,* je leur *permettrais* d'aller ce soir au spectacle. Je reste.

Le lendemain, ils sortent sans rien dire, et je reste.

Le jour suivant était *vendredi.*

Vous me demanderez, mon cher ami, ce qu'était pour moi le *vendredi*, je vais vous le dire :

C'était tout. C'était toute ma vie, tout mon courage.

Ce jour-là je voyais Magdeleine.

Je ne sais quels entrepreneurs avaient établi un théâtre aux portes de la ville, on avait demandé de l'argent à M. Muller qui en avait donné, et recevait pour une bonne partie des intérêts, le droit d'avoir une loge par semaine à ce théâtre. Cette loge, il la prenait d'ordinaire le vendredi.

Ce jour-là, Dieu sait comme j'étais occupé! je cirais une paire de bottes, que je réservais exclusivement pour ce grand jour ; je battais, brossais, rebattais et rebrossais ma redingote ; je passais de l'encre sur les coutures blanchies ; je rattachais quelque bouton ébranlé (pendant toute la semaine j'avais travaillé à m'assurer du linge blanc) ; j'avais une paire de gants que je raccommodais, que je nettoyais avec de la gomme élastique. Malgré ces travaux et la plus stricte économie, il y avait toujours quelque menue dépense à faire. M. Levasseur ne me donnait pas d'argent, j'y suppléais en copiant quelques écritures à mes moments de loisir ; ils étaient peu nombreux, et d'ailleurs, je voulais lire un peu, et puis il me fallait écrire un gros volume sous forme de lettres, que je réussissais quelquefois à glisser à Magdeleine le vendredi ; puis je faisais des vers ; enfin au moyen de mes écritures, je gagnais à peu près deux francs par semaine. L'entrée du théâtre me coûtait un franc, le reste passait à la blanchisseuse, et de temps en temps aux gants qui, pour être respectés et soignés, n'étaient cependant pas immortels.

Je m'arrangeais toujours de manière à avoir pour le vendredi mes vingt sous pour entrer au théâtre.

Là je voyais Magdeleine, là je m'enivrais de sa présence, mes regards rencontraient les siens et y puisaient de la force et du courage, de l'espérance et de la foi ; puis, comme on sortait, à la faveur de la foule, je réussissais le plus souvent à lui glisser une lettre que j'avais écrite pendant toute la semaine ; et quand elle me donnait en échange un petit papier, une lettre d'elle! mon Dieu ! quand je pense au bonheur que je ressentais, il me semble que j'offense le ciel, par les plaintes que j'ai quelquefois exhalées, quand il m'a accablé de sa colère.

Nous étions donc arrivés *au vendredi*. Cela me donnait par moments des frissons de bonheur ; mais je craignais qu'on ne voulût me faire rester ; je savais bien que je ne resterais pas ; je savais bien que je serais au théâtre ; mais je ne voulais pas me fâcher avec M. Levasseur, chez lequel j'avais trouvé mes seuls moyens d'existence.

Je ne voulais pas *refuser* de rester si on me le demandait ; je ne voulais pas les *empêcher* de sortir, si je les voyais s'apprêter comme la veille.

Je voulus, sans annoncer que je sortais moi-même, ce qui eût été presque faire abdication de mes droits, je voulus manifester mon intention avant que la leur ne se fût montrée, par un commencement d'exécution.

Je m'habillai d'avance, et vins dîner en grande tenue. M. Levasseur et sa femme échangèrent quelques regards ; madame Levasseur oublia deux fois de me servir ; puis M. Levasseur entendit trois ou quatre fois du bruit dans la classe ; puis, comme je demandai du pain à la servante, madame Levasseur fit tout haut la remarque qu'il n'y avait pas dans Paris une maison où l'on mangeât comme chez elle.

Je me sentis rougir ; j'étais au supplice. Le dîner fini, je les saluai, ils me rendirent à peine mon salut, et je partis. Ce jour-là Magdeleine ne vint pas au théâtre.

Pendant la semaine qui suivit, d'abord on fut froid à mon égard dans la maison Levasseur ; puis on essaya derechef les empiétements, et comme je ne m'y opposai point, les choses redevinrent comme devant ; ils se remirent à sortir chaque soir ; seulement j'étais bien résolu à ne pas m'exposer une seconde fois aux humiliations du vendredi. Je réservai pour ce jour-là quelques sous en surplus du prix de mon billet au théâtre.

J'avais envie de leur proposer de rester tous les jours, excepté le vendredi ; mais je tenais à mes soirées, parce que d'un moment à l'autre, le jour de spectacle de Magdeleine pouvait changer, et ensuite si j'avais dû rester *par convention*, on aurait exigé de moi des travaux qui m'eussent empêché d'écrire mes chères lettres ou de griffonner quelques-uns des soixante mille vers que j'ai faits pour Magdeleine, et dont elle n'a jamais vu un seul.

Je saisis un moment dans la journée où je rencontrai madame Levasseur dans le jardin, pour lui dire que je n'aurais pas ce jour-là *l'honneur de dîner avec elle.*

Elle ne me répondit pas, et appela M. Levasseur. Ils parlèrent bas assez longtemps ; pour moi j'étais dans une autre partie du jardin, occupé à surveiller la récréation ; d'ailleurs je devais voir Magdeleine le soir : après un vendredi perdu, la mauvaise humeur de Monsieur et de Madame Levasseur n'était rien en comparaison des armées ennemies, des feux infernaux, des monstres fabuleux, que j'aurais voulu traverser et dompter pour me rendre digne de mon bonheur.

L'heure arrivée, je partis, et rôdai autour du théâtre pour voir où je pourrais dîner pour mes quelques sous.

J'avais bon appétit à cet âge-là, mon ami, et de chaque porte de restaurant ou de gargote s'exhalaient de savoureuses odeurs de gibelotte ou de bœuf à la mode, qui m'attiraient involontairement ; puis je pensais à l'exiguïté de mes finances, et je cherchais des endroits plus modestes.

Enfin je me décidai pour une sorte de grande cour, plantée de pruniers, sous lesquels s'étendait un immense tapis de gazon ; les prunes étaient mûres : je demandai pour trois sous de pain bis et une vingtaine de prunes. Je fis un dîner délicieux, puis j'entrai au théâtre. Elle y était.

Je me reprochai même d'avoir pensé à dîner ; je me reprochai le fugitif petit chagrin que m'avait donné l'impuissance d'entrer manger de cette gibelotte, dont l'odeur provocante m'avait saisi au passage.

J'échangeai ma lettre avec Magdeleine ; puis comme, après le théâtre, ils se retiraient à pied, je les suivis de loin.

Comme j'aurais désiré qu'on les attaquât, pour les protéger, pour les défendre ! comme je me rappelais toutes les histoires de voleurs, comme je ne mettais pas un moment en doute la certitude de ma victoire, quel que fût le nombre des assaillants !

Le vendredi suivant, je fus moins heureux ; je ne possédais que mes vingt sous bien juste. J'étais décidé à ne quitter la maison Levasseur qu'après dîner. Mais, quoique j'eusse glissé le matin que je sortirais *le soir,* je m'aperçus que la servante, en mettant la table, négligeait de mettre mon couvert, conformément aux ordres qu'elle avait reçus. Je ne dînai pas ce jour-là, je n'avais pas d'argent pour aller recommencer mon excellent repas sous les pruniers. Le soir j'avais l'estomac vide ; mais je rentrai avec une lettre de Magdeleine.

Enfin il vint un vendredi où je fus très-inquiet. Madame Levasseur dès l'aube gourmandait sa servante, et l'envoyait voir chez la couturière si elle aurait *sa robe neuve.* M. Levasseur s'était fait raser, quoiqu'il se fût fait raser la veille, et qu'il n'eût l'habitude de se faire faire la barbe que de deux jours l'un.

Je prévis un orage, et je voulus aller au-devant en faisant une concession. J'abordai M. Levasseur, et lui offris de rester tous les soirs, excepté le vendredi.

Il me répondit, en hésitant, qu'il verrait cela ; puis il alla conférer avec sa femme ; puis il revint et me dit : vous sortirez vendredi prochain, mais aujourd'hui...

— Aujourd'hui, repris-je, il est indispensable que je sorte.

— Il faudra pourtant vous en dispenser, car on ne peut laisser la maison seule, et nous allons au spectacle.

— Mon cher monsieur Levasseur, lui dis-je, je ne voudrais pas vous fâcher ; mais il faut cependant que je vous rappelle que, d'après nos conventions, je dois sortir tous les soirs, et qu'en me réservant seulement le vendredi, je vous fais une concession que vous ne pouvez qu'accepter avec empressement.

— *Je n'entre pas dans ces raisons-là,* me dit-il, et je veux être maître chez moi ; je veux bien vous permettre de sortir le vendredi, mais pas aujourd'hui.

Je croyais avoir payé assez cher la rançon de mon cher vendredi, en abandonnant les autres jours de la semaine. Je répliquai que j'étais désolé, mais que je ne pouvais faire autrement que de sortir.

Il me quitta en me disant : vendredi prochain, si vous voulez, mais aujourd'hui, il n'y faut pas penser.

Resté seul, je m'indignai contre moi de ma lâcheté ; j'attendis l'heure convenable, je m'habillai et me préparai à sortir. Je trouvai sur le seuil de la porte M. et madame Levasseur en grande parure ; madame surtout était goudronnée, et sa robe tenait une place incroyable. Ils avaient espéré me prévenir, pensant qu'eux, une fois partis, je n'oserais pas laisser la maison à l'abandon et que je resterais. Je les saluai et passai devant eux. M. Levasseur m'appela ; je revins vers eux, en m'excusant sur ce que j'étais pressé.

— Monsieur, me dit M. Levasseur, violet de colère, je vous avais défendu de sortir.

— Monsieur, dis-je froidement, croyez-vous en avoir le droit ? Pensez-vous vous conduire avec moi loyalement et honnêtement ? Est-ce là ce dont nous sommes convenus ?

— *Je n'entre pas dans ces raisons-là*, me dit-il, je veux être le maître chez moi. Quand je vous défends de sortir, vous ne devez pas sortir.

— Monsieur, dis-je, je vous pardonne de me parler ainsi, parce que je l'ai mérité par ma lâcheté d'avoir trop souffert de vous ; je sors de votre maison, mais pour n'y plus rentrer.

— C'est bien comme je l'entends, me dit M. Levasseur.

Je les saluai et partis.

Je n'avais pas d'asile pour la nuit, pas de quoi manger le lendemain ; mais il s'agissait bien de cela. Le spectacle commençait de bonne heure ce jour-là, et je voulais avoir le temps de manger un morceau ; la dernière fois que j'avais été au théâtre sans avoir dîné, je m'étais aperçu dans une glace, je m'étais trouvé pâle, amaigri, laid. J'allai au verger où je dînai avec deux sous de pain et deux sous de fromage ; puis j'entrai au théâtre, où je passai une soirée ravissante. Par un hasard singulier, dans la pièce qu'on jouait ce soir-là, les deux amants s'appelaient de nos deux noms... et nos regards nous appliquaient à l'un et à l'autre ce qui se disait sur la scène.

On sortit et je les escortai jusqu'à la porte, après avoir donné une lettre et en avoir reçu une.

Alors seulement, comme j'allais machinalement reprendre le chemin de la maison Levasseur, je me rappelai ce qui s'était passé, et je songeai que je n'avais plus ni maison ni lit, et qu'il me fallait passer la nuit à la belle étoile.

Il y avait en face de la maison de M. Muller une petite prairie d'où l'on voyait la fenêtre de la chambre de Magdeleine. Je ne tardai pas à y voir une lumière ; puis je songeai qu'elle lisait ma lettre. Moi, je ne pouvais faute de lumière que couvrir la sienne de tendres caresses. Puis la lumière s'éteignit.

Je songeai alors à Magdeleine qui reposait ; je croyais voir ses longs cils abaissés sur ses joues. Je n'ose dire tous les riants tableaux qui me passèrent devant l'esprit ; je lui dis vingt fois bonsoir. Bonsoir Magdeleine, bonsoir mon amante chérie, bonsoir ma femme, ma femme adorée, bonsoir.

Je me couchai sur l'herbe et m'endormis, ne regrettant qu'une chose : de n'avoir pu lire sa chère lettre, que je gardai dans ma main.

Je fus réveillé quelque temps avant le jour par la fraîcheur du matin ; j'étais fatigué, meurtri ; je me secouai et me *détirai;* puis le jour vint, je lus sa lettre, une lettre pleine de tendres promesses, de paroles magiques : je me sentis reposé, frais et alerte.

Je quittai la petite prairie pour n'être pas aperçu, et je me mis à errer au hasard, en pensant à ma situation. J'allai au verger ; j'avais quelques sous, dont je fis un excellent déjeuner de pain et de fromage. Je causai avec le fermier, et je m'arrangeai avec lui ; puis je restai là tout le restant de la belle saison, couchant dans une grange sur de la paille, faisant des copies pour gagner de quoi vivre et surtout avoir vingt sous chaque vendredi : je payais chaque jour. Quand la copie manquait, je ne faisais qu'un seul repas, et feignais de faire l'autre chez quelque ami, pour ne pas entamer le prix de mon billet pour le vendredi suivant.

Aujourd'hui, ce verger est détruit ; les pruniers sont arrachés et probablement brûlés ; le fermier est mort, et des maisons, habitées par des inconnus, s'élèvent sur l'emplacement où j'ai fait de si bons dîners.

Vale.

LETTRE XLVIII.

Quel magnifique arbre que la vigne !

Vous me connaissez assez, mon ami, pour savoir qu'il n'entre dans mon admiration aucune espèce de sentiment bachique ; je bois peu de vin, et d'ailleurs les vignes que j'aime ne sont pas propres à en faire. J'aime ces immenses cordons de vigne qui s'étendent au loin en vertes guirlandes, qui deviennent à l'automne d'une splendide couleur de pourpre. Je n'aime guère le vin, et je n'aime pas du tout la poésie qu'il a fait faire, à commencer par celle d'Anacréon, qui est bien heureux d'avoir écrit en grec, c'est-à-dire dans une langue que ne comprennent pas même ceux qui l'ont apprise pendant six ans ; dans une langue que beaucoup font semblant d'admirer, pour faire semblant de la savoir.

Il existe en français, Voltaire l'a dit avec raison, cent cinquante chansons à boire, beaucoup meilleures que ce qu'on appelle les Odes d'Anacréon, relativement *à la vigne et à son jus divin.*

> Τὸ ῥόδον τὸ τῶν ἐρώτων
> Μίξωμεν Διονύσῳ.
> Τὸ ῥόδον τὸ καλλίφυλλον.

Mêlons à la liqueur de Bacchus, la rose aux belles feuilles, la rose des amours.

> Πίνωμεν... γελῶντες.

Buvons et rions.

Voilà sur quoi roulent tous les vers d'Anacréon.

Prenez une ode au hasard.

> Εἰς τὸ δεῖν πίνειν.

Sur la nécessité de boire.

> ἡ γῆ....

La terre boit l'eau, l'arbre boit la terre, la mer boit l'air, le soleil boit la mer, la lune boit le soleil ; pourquoi me quereller lorsque je veux boire?

LETTRE XLVIII.

Et la suivante où il veut *s'asseoir sous l'ombrage de Bathyle*, qu'il appelle *un bel arbre*.

Et l'autre :

Οταν πίω τὸν οἶνον....

Quand je bois du vin, mes chagrins s'endorment.

Ces idées répétées vingt fois, sans même le plus souvent changer d'expressions.

Οτ' ἐγὼ πίω τὸν οἶνον.

Quand je bois, etc., mes chagrins s'endorment.

Une seule chose distingue Anacréon et ses odes des autres buveurs et des autres chansons bachiques, c'est qu'il met de l'eau dans son vin et surtout qu'il ose le dire.

Δεῖ πίνειν μετρίως.

Il faut boire avec modération.

Τὰ μὲν δέκ' ἐγχέαις.
Ὕδατος, νὰ πέντε δ' οἴνου
Κυάθους....

Mêle dix mesures d'eau à cinq mesures de vin.

Non, quels que soient les chantres de Bacchus, il m'a toujours été impossible de voir de la poésie dans l'ivresse, ou plutôt dans l'abrutissement causé par le vin, qui change les hommes, comme Circé changea les compagnons d'Ulysse.

Pline va plus loin qu'Anacréon, sous le rapport de la sobriété, même dans l'accès d'eau rougie que nous avons cité : il parle d'un vin auquel on mêlait vingt parties d'eau.

Pétrone recommande l'abstinence à ceux qui veulent s'appliquer aux choses élevées.

> Artis severæ si quis amat effectu
> Mentemq. magnis applicat, etc.

J'aime la vigne surtout à cause de la richesse et de l'élégance de son feuillage et de ses belles grappes violettes et dorées.

Il y a un petit scarabée, un charançon qui vit sur la vigne ; son vêtement, quoique fort dur, et plutôt une cuirasse qu'un vêtement, est d'un vert clair, tournant au bleu chez le mâle, saupoudré d'or et d'argent, de telle sorte qu'il semble revêtu de magnifique velours vert-pomme. Il s'enroule dans les feuilles de la vigne, dont il fait un cornet qu'il tapisse d'une sorte de duvet, dans lequel il fait ses œufs ; de ces œufs sortent des vers blancs, qui passent l'hiver en terre. L'insecte parfait a la tête terminée par une pointe armée de scies, avec laquelle il fait beaucoup de tort au raisin.

Dans le fond de mon jardin, la vigne s'étend en longs portiques à travers les arcades desquels on voit des arbres de toutes sortes et des feuillages de toutes couleurs. De ce côté est un *azerolier*, qui se couvre à l'automne de petites pommes écarlates du plus riche effet. J'en ai donné plusieurs greffes : loin de placer mon plaisir dans la privation des autres, je m'efforce de répandre et de rendre communs et vulgaires les arbres et les plantes que je préfère ; c'est pour moi comme pour ceux qui aiment réellement les fleurs pour leur éclat, pour leur grâce, pour leur parfum, multiplier son plaisir et les chances de les voir. Ceux qui, au contraire, sont avares de leurs plantes et ne les estiment qu'autant qu'ils sont assurés que personne ne les possède, n'aiment pas les fleurs, et soyez sûr que c'est le hasard ou la pauvreté qui les ont jetés dans la collection de fleurs, au lieu de la collection de tableaux, ou de pierres gravées, ou de médailles, ou enfin de toute autre chose qui puisse servir de prétexte à toutes les joies de la possession, assaisonnées de ce que les autres ne possèdent pas.

J'ai poussé la vulgarisation des belles fleurs à un degré plus fort. Je vais autour de l'endroit que j'habite me promener dans les coins les plus sauvages et les plus abandonnés. Là, après avoir convenablement préparé quelques pouces de terre, je jette quelques graines de mes plantes les plus riches, qui se resèment d'elles-mêmes, se perpétuent et se multiplient. Déjà, tandis qu'aux alentours les champs n'ont que le coquelicot écarlate, les promeneurs doivent voir avec surprise dans certains coins sauvages de notre petit pays, les plus beaux coquelicots doubles, blancs, roses, rouges, bordés de blanc, etc.

Et les plus splendides pavots, violets, blancs, lilas, écarlates, blancs bordés d'écarlate, etc.

Au pied d'un arbre isolé, au lieu du liseron à fleurs blanches des champs, on trouve parfois les volubilis bleus, violets, roses, blancs rayés de rouge et de violet, etc.

Des pois de senteur attachent leurs vrilles aux buissons, et les couvrent de leurs papillons, blancs et rosés, ou blancs ou violets.

Dans une haie, c'est pour moi un plaisir ravissant de greffer sur l'églantier sauvage, à fleurs roses ou blanchâtres, tantôt des roses simples, d'un jaune d'or magnifique, puis des grandes roses de provins rouges ou panachées de rouge et de blanc.

Les ruisseaux qui nous environnent ne produisent pas sur leurs rives de ces *wergiss-mein nicht,* aux fleurs bleues, dont est couvert le ruisseau de mon jardin ; j'en ramasse les graines pour les semer dehors.

J'ai remarqué dans un bois voisin, de jeunes *coignassiers* sauvages sur lesquels je me propose de greffer l'année prochaine les meilleures espèces de poires.

Puis je jouis tout seul et d'avance, des plaisirs et de la surprise qu'éprouvera le rêveur solitaire qui rencontrera dans ses promenades ces belles fleurs ou ces fruits savoureux.

Cela fera quelque jour imprimer un système saugrenu à quelque savant botaniste, qui ira herboriser par là dans cent ans d'ici, longtemps après ma mort. Toutes ces belles fleurs seront devenues communes dans le pays, et lui donneront un aspect tout particulier, et peut-être le hasard et le vent jetteront quelques-unes de leurs graines au milieu de l'herbe qui couvrira ma tombe délaissée. *Vale.*

LETTRE XLIX.

L'HERBE AU CHANTRE, RACINE, BOILEAU, LES SORCIERS, PLINE, HOMÈRE ET L'AIL JAUNE.

Voici une plante qui a eu l'honneur d'être l'objet d'une correspondance entre Racine et Boileau. Les jardiniers l'appellent julienne jaune ; les horticulteurs, *velar de Sainte-Barbe ;* les savants, *erysimum barbarea ;* les bonnes femmes, herbe au chantre.

Elle élève, d'un bouquet de feuilles faites en forme de lyre, une tige surmontée d'un thyrse de fleurs jaunes.

On croyait autrefois, et encore sous Louis XIV, que cette herbe au chantre était, du moins dans une de ses variétés, souveraine contre les extinctions de voix.

On trouve dans la correspondance de Racine et de Boileau deux lettres, dans lesquelles Racine conseille le sirop d'erysimum à Boileau, qui est allé aux eaux de Bourbonne pour se faire guérir d'une extinction de voix. Boileau répond qu'il a de son côté reçu à l'endroit de l'erysimum les meilleurs renseignements, et qu'il compte en faire usage l'été suivant.

C'est une plante médiocrement agréable dans les jardins, et qui, relativement à la toux, la guérit comme n'importe quelle herbe, dont on boirait une infusion jusqu'à ce que la toux se passât d'elle-même.

Pendant bien longtemps on a attribué aux plantes des vertus merveilleuses exploitées par les médecins et les apothicaires durant plusieurs siècles, vertus fondées sur des analogies, des ressemblances ou des dissemblances.

On se servait de la scabieuse pour les maux d'yeux, parce que la scabieuse a un peu la forme d'un œil ; de telle autre plante pour le foie ; de telle autre pour le cœur, à cause de la figure de leur feuillage.

Puis quelques plantes tigrées ont été employées pour cette seule raison, contre le venin des serpents.

Puis on avait donné à d'autres plantes des noms empruntés aux écrits des anciens ; avec les noms on leur a transmis les vertus, le plus souvent fictives, que les anciens attribuaient à la plante désignée par eux. Mais ces vertus eussent été réelles, que la plante des modernes, quoique sous le même nom, étant fréquemment une plante différente, n'aurait participé en rien aux miracles annoncés.

Entre les vertus attribuées aux plantes, il faut compter celle de détruire les enchantements et de vaincre les efforts et les conjurations des sorciers. Le *sorbier*, ce bel arbre qui remplace ses ombelles de fleurs blanches par des bouquets de fruits, d'abord verts, puis jaunes, puis oranges, puis écarlates, jouit encore en Écosse d'une grande réputation de ce genre. Chaque année, les bergers font passer leurs moutons, l'un après l'autre, à travers un cercle fait de branches de sorbier. Dieu, dans l'origine, en créant le sorbier, n'y avait pas entendu tant de malice; il n'avait songé à faire qu'un très-bel arbre, couvert de très-beaux fruits, qui offrait l'hiver aux merles et aux grives une nourriture somptueuse et abondante.

Entre les dieux-oignons, j'ai oublié de citer un petit dieu de ce genre, que je retrouve en ce moment presque sous mes pieds, qu'Homère appelle *moly*, et les modernes ail jaune, *allium aureum*. Beaucoup de personnes en ont dans leur jardin, seulement pour voir les étoiles jaunes dont il se couvre, et sont accablées de toutes les joies de la terre, et préservées de tous maléfices, sans en ressentir la moindre gratitude à l'endroit de l'ail, qui en est pourtant la seule et unique cause ; préférant, sans doute, attribuer leurs succès en toutes choses, à leur mérite, à leur sagesse, à leur prudence ; et considérant l'ail jaune comme un simple bouquet.

L'ail jaune n'est pas ce qu'il paraît être ; l'ail jaune préserve des enchantements, des sorts, des maléfices, des mauvais présages.

Une corneille peut se montrer à gauche, n'en ayez nulle crainte si vous avez de l'ail jaune dans votre jardin.

Vous rencontrez une araignée le matin, n'en concevez nul souci ; vous renversez du sel à table ; vous rencontrez un *jettatore*, cela ne vous regarde pas ; l'ail jaune est là qui veille sur vous ; l'ail jaune, qui affecte de fleurir simplement comme tout autre ail, qui a l'air de ne prendre garde à rien, qui sent même assez mauvais, l'ail jaune ne permettra pas qu'aucun de ces fâcheux présages tombe sur vous.

Vous vous trouvez à table vous treizième ; vous savez, dans ce cas, un des convives meurt dans l'année. — C'est aux autres à s'inquiéter, à ceux qui n'ont pas d'ail jaune.

C'est aujourd'hui vendredi.

Être treize à table est surtout une chose malheureuse quand il n'y a à manger que pour douze.

Eh bien ?

Mais c'est que le vendredi est un mauvais jour.

Qu'est-ce que cela vous fait ; il n'y a pas de mauvais jour pour l'heureux possessseur de l'ail jaune.

Pline ainsi qu'Homère savaient à quoi s'en tenir au sujet de l'ail jaune. Pline dit que c'est une des plantes les plus précieuses pour l'homme. Homère raconte que c'est à la vertu de l'ail jaune qu'Ulysse dut de n'être pas changé en pourceau par Circé, ainsi que ses compagnons, qu'il délivra de cette désagréable transformation.

Après cela, peut-être les savants se trompent-ils quand ils nous disent que l'ail jaune est précisément ce qu'Homère et Pline appellent *moly*. Quoi qu'il en soit, je suis tout disposé à reconnaître aux deux plantes d'égales et mêmes vertus.

Vale.

LETTRE L.

Il existe un ouvrage en assez mauvais vers latins, écrits autrefois par un docteur nommé Johannes de Mediolano, de l'académie de Salerne, et attribué à l'école de Salerne *tout entière*.

Anglorum regi scribit *tota* schola Salerni.

Ce livre, qui contient toutes sortes de préceptes de médecine et d'hygiène, dont quelques-uns fort bizarres, me revient parfois à la mémoire pendant le cours du voyage que je fais dans mon jardin, à cause des vertus singulières attribuées à certaines plantes par ladite école de Salerne.

La *rue*, par exemple, dont je vous ai déjà parlé, est une plante qui mérite toute sorte de considération, selon le savant docteur. En effet, par un prodige peu commun, elle apaise chez l'homme les ardeurs de l'amour, et les allume au contraire chez la femme*.

Cette plante, gardienne de la chasteté de l'homme, éclaircit la vue, et augmente la finesse de l'intelligence lorsqu'elle est *crue*.

Mais *cuite* elle détruit les puces**.

Ainsi vous êtes bien averti, vous savez accommoder la *rue* selon vos besoins : si vous êtes tourmenté de l'incontinence, vous la mangez crue; si vous êtes tourmenté des puces, vous la faites cuire.

Cet aphorisme débité le plus sérieusement du monde, cité et respecté par toute l'ancienne médecine (j'ignore les sentiments des médecins d'aujourd'hui à l'égard de l'école de Salerne), cet aphorisme ne semble-t-il pas avoir été simplement traduit dans un discours qu'un écrivain de ce temps-ci prête à un charlatan :

> Achetez mon spécifique;
> Pris en liquide il réveille,
> Pris en poudre il fait dormir.

Mais la *rue* n'est rien encore auprès de la *sauge*. La *sauge* sauve le genre humain***, et l'école de Salerne *tout entière*, après une énumération assez longue des vertus de la sauge, se demande à elle-même comment il arrive qu'un homme qui a de la sauge dans son jardin finit cependant par mourir****.

Elle se répond que c'est une preuve de la nécessité de la mort, que rien ne peut faire éviter.

J'ai dans mon jardin des sauges de bien des sortes : l'une est remarquable par son feuillage bigarré; tantôt une de ses feuilles gaufrées est peinte, par la moitié, de rose et de vert, ou de rose et de blanc, ou de vert et de blanc. Quelques feuilles sont entièrement roses, ou vertes, ou blanches.

Une autre sauge fait éclater à l'extrémité de ses rameaux des fleurs et des involucres du rouge le plus ardent (*salvia fulgens*);

---

* Ruta viris minuit venerem, mulieribus addit.
** *Cruda* comesta...
Ruta facit castum, dat lumen et ingerit astum,
Cocta et ruta facit de pulicibus loca tuta.
*** Salvia salvatrix naturæ conciliatrix.
**** Cur moriatur homo cui salvia crescit in horto.

une autre colore d'un rouge plus calme ses fleurs revêtues d'un duvet de pourpre (*cardinalis*); celle-ci (*salvia patens*) étale ses grandes fleurs d'un bleu clair si pur que toute étoffe de soie ayant la prétention d'être bleue, prend, auprès d'elle, une couleur différente, et semble verdâtre ou jaunâtre, etc.

Je ne sais si aux yeux des partisans de l'école de Salerne, ce n'est pas afficher un amour immodéré de la vie, et une prétention à devenir centenaire, que d'avoir tant de sauges diverses autour de soi, tandis que je puis affirmer avec vérité que je n'ai été entraîné à leur culture que par la splendeur de leur coloris.

La *sauge* et la *rue*, unissant leur pouvoir, vous permettent de boire autant que vous voudrez sans crainte pour votre cerveau*.

Permettez-moi, mon bon ami, de vous citer encore, pendant que je suis en train, quelques préceptes de l'école de Salerne.

Je ne sais ce qu'ont pu faire les noix aux savants docteurs, mais il est impossible de parler plus désavantageusement d'un pauvre fruit.

La première noix est bonne, disent-ils, la seconde fait du mal, la troisième tue**.

Vous souvient-il du temps où nous ne nous amusions pas à les compter, lorsque nous faisions avec des pierres le siège du grand noyer qui couvrait une partie de la cour de la maison où nous avons été élevés; comme les projectiles sifflaient en coupant les feuilles et les fruits! comme nous ramassions et comme nous mangions les vaincus!

Peut-être en est-il de manger des noix en sens inverse, comme à certains jeux, arrivé à un certain nombre de points on gagne; mais, si on dépasse ce nombre, on a perdu; la troisième noix ne tue sans doute que lorsqu'on n'en mange pas une quatrième; ou peut-être cette vertu dangereuse cesse-t-elle d'exister chez les noix volées?

Et tous ces jeux, où les noix remplaçaient les billes si avantageusement, encouragés que nous étions dans ces divertissements

---

* Salvia cum ruta faciunt tibi pocula tuta.
** Unica nux prodest, nocet altera, tertia mors est

par l'exemple des plus fameux Romains, héros de nos thèmes, qui avaient, comme nous, joué aux noix dans leur enfance.

Une des recommandations sur lesquelles appuient le plus les docteurs dont nous parlons :

Est de ne pas manger d'oie le premier jour de mai.

>   Prima dies maii. . . . .
>   . . . . . . non carnibus anseris ulti.

Mais voici un aphorisme plein d'esprit, il a pour but de persuader aux gens de se laver souvent les mains.

« Lavez-vous souvent les mains, dit le docteur Johannes, lavez-vous souvent les mains, si vous voulez vivre en bonne santé *.

« Lavez-vous les mains après le repas, ajoute-t-il, cela éclaircit la vue, et puis, aussi, dit-il, non-seulement cela fait se bien porter et éclaircit la vue, de se laver les mains, mais aussi il est incontestable que cela les nettoye **. »   *Vale.*

LETTRE LI.

Le maître des tulipes mit un doigt sur sa bouche, — comme eût fait Harpocrate, le dieu du silence, — puis il dit : Voyez quelle magnificence de coloris, — quelle forme, — quels onglets, — quelle tenue, — quelle pureté de dessin, — quelle netteté dans les stries, — comme c'est découpé, — comme c'est proportionné ! — C'est une tulipe sans défauts.

— Et vous l'appelez ?

— Chut... C'est une tulipe qui à elle seule vaut tout le reste de ma collection. — Il n'y en a que deux au monde, Messieurs.

— Mais son nom ?

— Chut !... son nom... je ne puis le prononcer sans forfaire à l'honneur... — je serais bien fier et bien heureux de dire son nom, de le dire à haute voix, — de l'écrire en lettres d'or au-dessus

---

* Si fore vis sanus, ablue sæpe manus.
** Lotio, post mensam, tibi confort munera bina :
   Mundificat palmas et lumina reddit acuta.

de sa magnifique corolle ; — c'est un nom connu et respecté...

— Pardon, monsieur, je n'insiste pas. — Cela me paraît tenir à la politique, — peut-être est-ce le nom de quelque fameux proscrit, — je ne veux pas me compromettre... D'ailleurs, nous ne partageons pas peut-être les mêmes opinions...

— Nullement, Monsieur, ce nom n'a rien de politique, mais j'ai juré sur l'honneur de ne pas la faire voir sous *son vrai nom*; — elle est ici *incognito* sous l'incognito le plus sévère ; peut-être même en ai-je trop dit... Mais avec tout le monde, — avec les gens pour qui je n'ai pas l'estime que vous m'inspirez, — je ne vais pas aussi loin, — je n'avoue même pas que c'est une tulipe, la reine des tulipes ; je passe devant avec indifférence, — une indifférence jouée, — comprenez bien, — je la désigne sous le nom de *Rebecca*, — mais ce n'est pas son nom...

Les amateurs partirent et moi avec eux, mais je retournai le lendemain, et je lui dis :

— Mais, enfin, c'est donc un mystère bien terrible ?

— Vous allez en juger : Cette tulipe... que nous continuerons à appeler Rebecca, était en la possession d'un homme qui l'avait payée fort cher, — surtout parce que, sachant qu'il y en avait une autre en Hollande, il était allé l'acheter et l'avait écrasée sous les pieds pour rendre la sienne unique. — Tous les ans, elle excitait l'envie des nombreux amateurs qui vont voir sa collection ; tous les ans, il avait soin de détruire les cayeux qui se formaient autour de l'oignon et qui auraient pu la reproduire. — Pour moi, monsieur, je n'ose pas vous dire tout ce que je lui avais offert pour un de ces cayeux qu'il pile tous les ans dans un mortier... ; j'aurais engagé mon bien, compromis l'avenir de mes enfants.

Je ne regardais plus ma collection ; — mes plus belles tulipes ne pouvaient me consoler de ne pas avoir celle... celle que je ne dois pas nommer. En vain, — mon ami, — dois-je appeler ainsi un homme qui me laissait dépérir sans pitié ; — en vain mon ami me disait : Venez la voir tant que vous voudrez. — J'y allais, je m'asseyais devant des heures entières ; on ne me laissait jamais seul avec elle, — on eût craint sans doute ma passion.

En effet, je l'aurais peut-être volée, je l'aurais peut-être arrosée d'une substance délétère pour la faire périr; — au moins elle n'aurait plus existé, et je n'aurais pas eu de remords. Quand Gygès tua Candaule pour avoir sa femme, — tout le monde donna tort au roi Candaule — qui avait voulu la faire voir à Gygès toute nue, sortant du bain. — On n'a qu'à ne pas montrer la tulipe. — J'arrivai à un tel point de désespoir, — qu'une année je ne plantai pas mes tulipes, — mes chères tulipes. — Mon jardinier eut pitié d'elles et peut-être de moi, — et le rustre, — je le lui pardonne, — car il les a sauvées, — les planta au hasard, — dans une terre vulgaire.

— Mais enfin, comment avez-vous eu cette tulipe?

— Voilà la chose... Je n'ai pas tout à fait imité Gygès, quoique mon ami ne se fût pas montré plus délicat que Candaule, — mais cependant j'ai fait un crime... J'ai fait voler un cayeux. — Candaule a un neveu... — Ce neveu, qui attend tout de son oncle, lequel est fort riche, l'aide à planter et à déplanter ses tulipes, et affecte pour ses plantes une admiration qu'il n'a pas, le malheureux! mais sans laquelle son oncle ne supporterait pas même sa présence.—L'oncle est riche, mais il n'est pas d'avis que les jeunes gens aient beaucoup d'argent... Le neveu avait contracté une dette qui le tourmentait beaucoup... Son créancier le menaçait de faire sa réclamation à son oncle. — Il s'adressa à moi, et me supplia de le tirer d'embarras. Je fus cruel, monsieur : je refusai net. — Je me plus à lui exagérer la colère où serait son oncle quand il aurait appris l'incartade. Je le désespérai bien, — puis je lui dis : « Cependant, si tu veux, je te donnerai l'argent dont tu as besoin. »

— Oh! s'écria-t-il, — vous me sauvez la vie.

— Oui, mais à une condition.

— A mille, si vous voulez.

— Non, une seule. — Tu me donneras un cayeu de... la tulipe en question.

Il recula d'horreur à cette proposition. — Mon oncle me chassera, — s'écria-t-il, — me chassera et me déshéritera.

— Oui, mais il ne le saura pas, — tandis qu'il saura certainement que tu as fait des dettes.

— Mais s'il le savait jamais !
— A moins que tu ne le lui dises.
— Mais vous...

Enfin, je pressai, j'effrayai le malheureux jeune homme ; il promit de me donner un cayeu quand on déplanterait les tulipes, — mais il exigea mon serment sur l'honneur de ne jamais nommer... celle que j'appelle Rebecca, à personne, — et de lui donner un autre nom — jusqu'à la mort de son oncle.

En échange de sa promesse, je lui donnai l'argent dont il avait besoin. Depuis, nous avons tenu tous deux nos serments ; j'ai eu la tulipe et je ne l'ai nommée à personne ; — la première fois qu'elle a fleuri ici, — chez moi, — étant à moi, — l'oncle est venu voir mes tulipes. — C'est une politesse qu'on échange comme vous savez entre amateurs ; — il l'a regardée et il a pâli. — Comment appelez-vous ceci ? m'a-t-il dit d'une voix altérée.

Ah ! monsieur, je pouvais lui rendre tout ce qu'il m'avait fait souffrir ! — Je pouvais lui dire... le nom que vous ne savez pas... Je me suis rappelé ma promesse, ma promesse sur l'honneur, et le neveu était là, il me regardait avec angoisse, — et j'ai dit Rebecca.

Cependant il trouvait bien quelques ressemblances avec sa tulipe ; — aussi il est resté préoccupé, — il a beaucoup loué le reste de ma collection, et n'a rien dit de celle qui est la perle et le diamant de ma collection. — Il est revenu le lendemain, — puis le surlendemain, — puis tous les jours tant qu'elle a été en fleur, — puis il a réussi à se tromper lui-même ; — il a cru voir entre Rebecca et... l'autre... des différences imaginaires. Alors seulement il a dit : Elle ressemble un peu à..... vous savez.

Eh bien ! Monsieur, — j'ai aujourd'hui la tulipe que j'ai tant désirée, — et je ne suis pas heureux. — A quoi cela me sert-il, puisque je ne puis le dire à personne ! — Quelques amateurs, — forts, — la reconnaissent à peu près ; — mais je suis forcé de nier, — et je n'en rencontre pas un assez sûr de lui pour me dire : — Vous êtes un menteur. — Je souffre tous les jours d'affreux tourments ; — j'entends ici faire l'éloge de la tulipe que j'ai comme lui. — Quand je suis seul, je m'en régale, je l'appelle de son vrai nom, auquel je joins les épithètes les plus tendres et les plus magnifiques. — L'autre jour j'ai eu un peu de plaisir ; — je l'ai prononcé ce nom, — ce nom mystérieux, — tout haut à un homme. — Mais je n'ai pas manqué à mon serment ; — cet homme est sourd à ne pas entendre le canon.

Eh bien, cela m'a un peu soulagé, — mais c'est incomplet. — On ne sait pas que je l'ai — elle... tenez... ayez pitié de moi, — mon serment me pèse, — jurez-moi sur l'honneur, à votre tour, de ne pas répéter ce que je vais vous dire... Je vous dirai alors son vrai nom, — le vrai nom de Rebecca, de cette reine déguisée en grisette. — Votre serment à vous ne sera pas difficile à tenir ; — vous n'aurez pas à lutter contre moi. — Monsieur, c'est affreux, mais je désire que cet homme, que ce Candaule soit mort, — pour dire tout haut que j'ai... Tenez, faites-moi le serment que je vous demande. — J'eus pitié de lui et je lui promis solennellement de ne pas répéter le nom de la fameuse tulipe.

Alors avec une expression d'orgueil intraduisible, — il toucha la plante de sa baguette, et me dit : Voici...

Mais, à mon tour, je suis engagé par un serment, — je ne puis dire le nom qu'il fut si heureux de prononcer. *Vale.*

LETTRE LII.

Si j'ai quelquefois l'air de préférer aux hommes les arbres et les plantes, je ne vous en donnerai pas seulement pour raison que je dois aux arbres et aux fleurs des plaisirs sans cesse renaissants, et que les hommes, à bien peu d'exceptions près, m'ont toujours été des obstacles ou des ennemis ; mais vous connaissez trop le cœur humain pour trouver cette raison bonne, et personne autant que moi n'aurait mauvaise grâce à prétendre et surtout à vous, que nos affections et nos antipathies sont en raison directe du bien ou du mal que nous avons reçu des personnes ou des objets qui les font naître : moi qui ai donné toute ma vie à quelqu'un qui m'a fait tant de mal ; vous qui aimez tant le melon, qui n'a jamais manqué de vous donner d'horribles crampes d'estomac.

J'aime les arbres et les plantes surtout parce que les uns et les autres se montrent sans cesse ce qu'ils sont, de près ou de loin, l'été ou l'hiver. J'aperçois de loin un arbre chargé de fleurs d'un blanc mat, je sais que c'est un cerisier ; je sais ce que j'ai à attendre de lui ; je sais que son riche panache s'effeuillera sous les pluies tièdes, et sous les haleines du vent, après quoi il se couvrira de belles feuilles luisantes, entre lesquelles grossiront des fruits d'abord verts, puis rouges, que me disputeront les oiseaux, puis ces feuilles deviendront vermeilles et tomberont.

Si l'arbre a des fleurs roses, je sais qu'il me donnera des pêches veloutées au mois de septembre, je sais que ses feuilles sont amères.

Mais voici une plante qui grimpe après un treillage, l'été elle a de petites fleurs violettes, en étoile, auxquelles succèdent des girandoles de fruits d'abord de la couleur de l'émeraude, puis ensuite de la couleur du corail ; je sais que je n'en dois rien attendre de plus qu'un plaisir pour les yeux et que ses baies si éclatantes sont empoisonnées.

Si je plante dans la terre un oignon de jacinthe, je sais quelle couleur et quel parfum j'en dois attendre ; de même si je sème des graines, elles me donneront les couleurs et les odeurs qu'elles me promettent.

Pour ce qui est des hommes, c'est bien différent.

On trouve dans les livres deux ou trois types de caractères, dans lesquels les romanciers se sont plu à rassembler toutes les perfections même les plus contradictoires et les plus exclusives les unes des autres.

Si on s'en rapporte à la première vue on ne rencontre dans la vie que des gens formés sur deux ou trois types, tous les hommes sont, sans exception, modestes, désintéressés, braves, généreux, dévoués, sensibles, etc.

C'est une comédie peu variée dans laquelle tout le monde veut jouer avec le même masque, toutes ces vertus sont les fleurs, attendez les fruits ! les fruits !

C'est absolument comme si tous les arbres et toutes les plantes se paraient au printemps de fleurs roses de pêcher, et ensuite donnaient à l'automne les capsules mortelles du *datura*, ou de la *digitale* ou de la *jusquiame*.

LETTRE LII.

Non pas que je fasse ici le procès à ces plantes, je les aime au contraire à cause de leur beauté, et d'ailleurs la médecine ne tire-t-elle pas même de leur poison des médicaments d'une grande puissance.

Je ne me plaindrais d'elles que si, après avoir promis par des fleurs de pêcher ou de cerisier, des fruits savoureux, elles nous donnaient ensuite leurs baies ou leurs capsules, et nous invitaient à les manger.

Voyez en effet dans le monde, tous sont calqués sur le même modèle ou à peu près.

Il y a deux ou trois types pour cent mille jeunes filles toutes différentes ; elles ont toutes les mêmes inclinations, et les mêmes formes ; il n'y a qu'un type pour les jeunes gens de dix-huit à vingt ans ; ils ont tous les mêmes goûts, les mêmes prétentions, et la même frisure ; toutes les mères ne font qu'une seule et même représentation ; c'est la poule vigilante qui ne vit que pour ses poussins.

Il y a quelque chose de pis que de ne pas avoir certaines qualités, c'est de les feindre ; certes si je n'avais dans mon jardin de la place que pour un seul arbre, et qu'il me fallût choisir entre un pêcher et un datura, j'opterais pour le pêcher ; mais quel est le jardin où il n'y ait pas de la place pour deux arbres, le cœur où il n'y ait pas de place pour deux affections? et puis il y a tant de jardins et tant de cœurs différents.

Donnez-moi la plus petite parcelle d'une plante, la moitié d'une feuille, une pétale déchirée, un fragment de branche, une graine, je sais tout de suite à quoi m'en tenir ; cette plante me promet telle forme, telle couleur, tel parfum ; si j'aime son parfum, sa couleur et sa forme, elle me les donnera en la saison promise, sinon je puis demander à un autre ce que j'aime ; celle-ci ne tardera pas à trouver quelqu'un qui lui demande et qui aime ce qu'elle a à donner.

Voici un salon plein de jeunes filles, examinons-les un moment.

Celle-ci est blonde, elle a la nuque large et plantée de petits cheveux qui échappent au peigne et frisent d'eux-mêmes ; ses yeux bleu sombre sont perçants ; son nez, vigoureusement dessiné, a au milieu une petite proéminence; sa bouche est terminée aux deux coins par un trait bien arrêté, la lèvre supérieure est mince et serrée, l'inférieure est courte mais épaisse : toutes deux sont rouges comme des cerises ; elle a le caractère ferme, décidé, hardi, elle aime les hasards et les dangers.

Mais comme elle est *blonde,* on l'habille de blanc ; elle tient les yeux baissés, elle jette des cris perçants à la vue d'une araignée, elle fait semblant d'aimer passionnément la campagne, la solitude, le lait et les fruits.

Celle-ci a le profil du visage droit et doux comme une statue grecque, les formes du corps sveltes, élancées et presque grêles, ses cheveux sont bruns, ses yeux, vert de mer, ne lancent sous de longs cils que de douces lueurs ; elle est douce, timide ; elle aime réellement le repos, l'ombre des saules au bord d'une eau murmurante, l'amour profond, éternel, craintif et caché.

C'est un grand hasard si, en sa qualité de *brune,* on ne lui a pas appris à être vive, sémillante, enjouée ; mais le moins qui puisse arriver, si toutes deux ne jouent pas un rôle contraire à celui que la nature leur avait assigné, le moins qui puisse arriver, c'est que toutes deux seront pareilles : la première prendra un masque semblable à la figure de la seconde.

La seconde exagérera ses formes et imitera celles de la première.

Toutes deux sont charmantes, telles que Dieu les a mises sur la terre, toutes deux se déguisent et mentent.

Prenez vingt jeunes gens et faites-les causer, tous ont les mêmes goûts, tous portent leur canne de la même manière, tous traitent légèrement l'amour et les femmes, tous n'aiment que les querelles, les combats, les chevaux indomptés, les liqueurs fortes, le tabac violent, etc.

Ce n'est qu'au bout de longtemps que vous découvrirez que l'un de ces jeunes gens est un garçon d'une douce sensibilité, qui a mis deux ans à se décider à glisser à la fille qu'il aime des vers dans lesquels il a atténué autant qu'il a pu les sentiments qui remplissent son cœur.

Cet autre aime le calme et la méditation, et son âme s'épanchera en beaux vers ou en douces mélodies.

Celui-là rêve la paix et la fraternité universelles ; il prêchera et persuadera la concorde.

Croyez-vous que chacun séparément ne vaille pas le type commun sur lequel tous prétendent se modeler?

Je ne crois pas beaucoup aux méchants ; je ne demande pas qu'ils soient exterminés, pas plus que je n'arrache mes belles digitales et mes splendides datura ; seulement je ne veux pas qu'ils fassent semblant d'être des cerisiers, ni qu'ils se déguisent en groseilles.

Si la pomme de terre se déguise, on essaiera de manger son fruit, ou on mordra dans ses tubercules crus, et on les rejettera avec dégoût.

Chacun a le droit d'être ce qu'il est, chacun est bien ainsi, chacun porte avec soi des affinités attendues dans la vie, par des affinités analogues, des facettes préparées pour d'autres facettes égales, des aspérités qui s'emboîteront dans certains rentrants. J'aimerais volontiers toutes les personnes, je ne puis aimer aucun masque.

Il en est de même des animaux et des insectes. L'araignée ne fait pas semblant d'aimer les roses, la cétoine ne proclame pas un goût spécial pour les mouches.

Tout dans la nature est franchement ce qu'il est ; l'homme seul, à force de vanité, arrive par un cercle singulier à la plus étonnante marque d'humilité.

Chacun, s'il examine bien, se croit supérieur à tous les autres, et fait tout pour faire accepter cette opinion qu'il a de lui-même, par le plus grand nombre possible.

Il ne songe pas que ce qu'il cherche à acquérir, c'est tout simplement des droits incontestables à la haine de ceux qu'il persuadera, à la moquerie de ceux qu'il ne persuadera pas.

Chacun se croit supérieur aux autres, et cependant personne ne se montre tel qu'il est. Comment expliquer cette contradiction?

Cette femme se croit la plus charmante des femmes ; c'est avec dédain qu'elle parle des autres, et pourtant elle ne mettra pas le pied dehors sans être entièrement déguisée, sans montrer des formes différentes de ses formes réelles, sans étudier une démarche qui n'est pas sa démarche naturelle.

De quoi donc est-elle fière? De sa beauté? Elle n'y croit pas, puisqu'elle s'en fait une autre. Quelle vanité et quelle humilité!

Cet homme, demandez-lui dans la peau duquel de ses contemporains il voudrait entrer. Mais j'entends dans la vraie peau, non pas dans une peau de richesses, de dignités, etc., demandez-lui s'il voudrait être monsieur qui vous voudrez, avec non pas seulement sa fortune, ou son grade, ou sa réputation; mais s'il voudrait changer avec lui d'esprit, de nez, de dents, de noms ; s'il vous dit la vérité, il y aura toujours quelque chose qu'il veut se réserver, quelque chose en quoi il se sent supérieur à tout autre ; faites-le causer un peu plus, et il arrivera à vous laisser voir que les choses sur lesquelles il se reconnaît inférieur sont des choses dont il fait un cas plus que médiocre : que les qualités et les perfections réelles, celles qui valent la peine qu'on les désire, celles qui méritent véritablement l'admiration, sont précisément celles par lesquelles il croit l'emporter.

Je vous dirais bien de vous demander cela à vous-même; mais il y a quelque chance de faire dire la vérité à un autre si l'on est plus fin ou plus adroit que lui ;

Mais je ne sais s'il y en a de se la faire dire à soi-même.

Eh bien, cet homme si heureux, si fier d'être précisément lui-même, il ne se montrera pas tel qu'il est cependant ni au physique, ni au moral; il se vantera de talents qu'il n'a pas et cachera des qualités qu'il possède. Prenez-le sur tous les points, et, avec un peu d'adresse, vous lui ferez, par fractions, se renier trois fois tout entier.

Je le demande encore, comment peut-on être à la fois si fier et si humble, et des mêmes choses.

Que de vanité et que d'humilité!

Chaque homme possède trois caractères : Celui qu'il montre, celui qu'il a, celui qu'il croit avoir. »

Vale.

LETTRE LIII.

L'homme se prétend lui-même le roi de la nature. Quand je regarde les choses de près, ce monarque, si vain de sa puissance, me semble singulièrement ressembler à certains évêques, dits *in partibus infidelium*, c'est-à-dire dont les évêchés, au pouvoir des infidèles, sont situés de telle façon que si le hasard les faisait s'y présenter, ils ne pourraient éviter d'être ou grillés, ou pendus, ou écartelés, ou empalés.

Je ne parlerai pas ici des animaux qui, si l'homme se risque trop près de leur tanière, n'ont rien de plus pressé que de se régaler d'un monarque au naturel ou dans son jus.

Je veux parler de prétendants innocents qui partagent avec l'homme l'empire des choses de la terre, et généralement ne lui laissent que leurs restes.

Nous voici par hasard revenus à ma pelouse de violettes. Vous, mon bon ami, roi de la nature, comme tout le monde, vous pensez sans doute que la violette n'a été créée que pour récréer vos yeux par son feuillage vert, par ses fleurs couleur d'améthyste; que pour enivrer votre cerveau de son parfum. Permettez-moi ici de vous détromper. La violette sert d'asile et de nourriture à des insectes sans nombre; ils sont moins gros que vous, il est vrai, mais si vous vous targuez de cet avantage, il vous faudra vous humilier devant les bœufs et les éléphants, et aussi devant votre jardinier et devant votre boucher qui sont bien plus gros que vous.

Je ne vais pas vous fatiguer d'une longue nomenclature des insectes qui hantent la violette, pour lesquels elle est un ombrage, une retraite et une table somptueusement servie.

Voici, rongeant à belles dents les feuilles de la fleur d'Io, une chenille grise avec des épines blanches et rougeâtres; elle doit devenir un papillon, dont le dessus des ailes supérieures est d'un jaune souci, et le dessous des inférieures est orné de quatorze taches argentées. Je ne sais pas son nom.

Voici une autre chenille; en général, on ne donne pas de nom aux chenilles, sans doute par dédain, le papillon que deviendra celle-ci s'appelle *Euphrosine* ; le dessus de ses ailes sera fauve, le dessous des ailes inférieures sera tacheté d'argent comme l'autre, mais elles ne porteront que neuf de ces taches brillantes. La chenille est noire, avec deux rangs de taches jaunes.

Cette autre chenille brune, avec des taches jaunâtres, deviendra un papillon appelé *tabac d'Espagne*, dont le nom indique la couleur, et qui s'envolera au mois de juillet.

Aglaé voltigera dès le mois de juin ; pour le moment, c'est encore une chenille noire, avec des bandes blanches ; papillon, elle sera fauve et jaune.

Et cette chenille olivâtre, avec une bande blanche bordée de points noirs, qui sera un papillon fauve, taché de noir, avec quelques yeux argentés, appelé *Adippe*.

Ce sont des hôtes, des habitants, des maîtres de la violette.

En vain les Athéniens se l'étaient consacrée à eux-mêmes et en ornaient toujours dans les tableaux le front de la ville d'Athènes.

En vain, suivant Aristophane, les orateurs flattaient le peuple en l'appelant *Athéniens couronnés de violettes*, Ἀθηναῖοι ἰοστέφανοι, épithète que je ne puis m'empêcher de comparer à celle dont Homère affublait tous les Grecs, qu'il appelle vingt fois au moins dans l'Iliade εὐκνήμιδες Ἀχαιοί, Grecs bien bottés.

En vain dans quelques villes de l'Allemagne encore, cette fleur est consacrée au cercueil des vierges, les insectes que nous venons de voir sont les maîtres de la violette avant les hommes, et ne leur en laissent que ce qu'ils ne veulent pas.

Vale.

LETTRE LIV.

Et le chèvrefeuille !

Le chèvrefeuille que j'ai tant respiré, le chèvrefeuille qui m'enivre, qui me rapporte tous les ans tant de si douces et de si mélancoliques pensées, tellement que j'ai fini par me persuader que le chèvrefeuille est à moi partout où je le trouve. Eh bien, il appartient au sphinx *fuciformis*, un papillon dont le corps est vert, les ailes transparentes au centre et brunes autour, et dont la chenille est verte avec une corne d'un brun rouge.

Il appartient au papillon *sibilla*, chenille verte d'abord, avec la tête et des épines rougeâtres; puis papillon brun, blanc et bleu cendré.

Il appartient au *silvain azuré*, qui est d'un bleu noir avec une bande blanche, et à je ne sais combien de mouches à scie, et à une espèce particulière de pucerons, etc., etc.

Croyez-vous que l'aune, ce bel arbre qui s'élève au bord de l'eau, ne soit fait que pour vous couvrir de son ombre pendant les heures ardentes de la journée?

   Fluminibus. . . . . . alni
   Nascuntur.

croyez-vous qu'il n'ait pas autre chose à faire que de devenir pour vous des échelles, des sabots, des pilotis? Non, non, l'aune nourrit plusieurs insectes, entre autres celui appelé *phalène de l'aune*, tout l'aune lui appartient. Cette phalène, dont les ailes sont jaunes, saupoudrées de brun, a été auparavant une chenille singulière : sa forme, sa couleur, tout est en elle exactement semblable à une petite branche d'aune de l'année précédente, déjà un peu sèche.

Pensez-vous que le cresson n'ait pas d'autre destination que d'entourer des poulets rôtis sur votre table? Non, dans le cresson se cache, se nourrit et se métamorphose une chenille verte, ornée de trois lignes blanches, qui devient un charmant papillon dont les ailes blanches sont enrichies de deux taches orange.

Voici à nos pieds la *scabieuse*. Cette fleur sombre, que nous avons déjà rencontrée, n'a-t-elle pas ses papillons? *Maturne*. d'abord chenille noire avec trois lignes jaunes, puis papillon brun, jaune et noir.

Artemise, chenille noire avec des points blancs; puis papillon brun, jaune et rouge.

Et le *sphinx bombiciformis*, dont le corps est peint d'une bande noire et d'une bande de pourpre.

L'*épilobe*, qui pousse près des eaux, au pied des aunes, ne nourrit-il pas la chenille brune, parée de deux taches d'un blanc violacé et de six raies grises, avec une corne noire à pointe blanche, qui se transformera en *sphinx de vigne*, ce charmant papillon vert et rose.

Le *colchique*, à l'automne, émaille les prairies de ses petits lis de couleur lilas. Les fleurs sortent de terre sans être accompagnées de feuilles, sans être soutenues par des tiges. La petite nymphe qui habite cette fleur, l'ovaire, si vous l'aimez mieux, l'organe femelle, reste dans la terre. Les étamines qui sont dehors laissent tomber sur lui leur poussière fécondante. La fleur disparaît sous la neige, et ce n'est qu'au printemps suivant qu'on voit sortir de terre une touffe de grandes et larges feuilles d'un beau vert, du milieu desquelles s'élèvent alors les grains qui ont mûri sous la terre. Les feuilles se dessèchent et disparaissent longtemps avant que de nouvelles fleurs ne paraissent.

Toutes les parties du *colchique* sont vénéneuses, mais sa bulbe est mortelle.

Sa saveur, d'abord fade, devient brûlante et âcre ; peu après qu'on en a mangé, de violents vomissements et des sueurs froides ne précèdent la mort que de quelques heures.

L'homme, quelquefois arrêté dans ses singulières idées relativement à la royauté qu'il s'attribue sur la nature, se demande à quoi servent certaines plantes qu'il ne peut pas manger, ou certains animaux qui le mangent ; et dans sa soumission hypocrite aux décrets de la Providence, il pense que ces animaux ou ces plantes sont pour lui d'une utilité cachée qu'il découvrira quelque jour, et qu'il cherche obstinément.

Il éviterait de se fatiguer la cervelle à ce sujet, s'il voulait renoncer au sot orgueil qui lui fait croire qu'il est le centre et le but de tout ce qui est.

Les bulbes du colchique, mortelles à l'homme et aux bestiaux, sont recherchées avec empressement par les taupes, ces voyageurs souterrains, qui les considèrent comme la meilleure et la plus saine nourriture pour leurs petits.

Voici cependant, car il faut dire vrai dans un voyage comme le mien, voici une plante qu'aucun animal, qu'aucun insecte n'attaque : c'est la *pâquerette*, cette parure des prairies, faite d'un disque d'or et de rayons d'argent, et étalée à nos pieds, rien n'est si humble, rien n'est si respecté.

Il est d'autres *marguerites*, fleurs calmes de l'automne, et que l'on appelle *reines-marguerites*. Autour de leur disque jaune elles étalent des rayons de toutes les nuances du violet et du rose, quelquefois blancs ou blancs et violets, ou blancs et roses ; c'est une fleur riche et sérieuse.

C'est sans contredit la plus belle des *astères*, famille qui, avec les *chrysanthèmes*, ferme la riche couronne de l'année.

La reine-marguerite nous est arrivée de la Chine, il y a un peu plus de cent ans. *Vale.*

LETTRE LV.

Il est évident que le *seneçon* a été créé pour les oiseaux des champs ; l'homme décidé, comme je vous le disais hier, à tout rapporter à lui-même, a imaginé pour le seneçon l'usage que voici :

Vous avez mal aux dents.

Le seneçon a été créé exprès pour guérir votre mal de dents.

Vous arrachez un pied de seneçon, vous coupez la racine avec un rasoir ou un canif bien tranchant, vous replantez le seneçon, et vous conservez seulement la partie de la racine que vous avez coupée et que vous appliquez par trois fois sur votre dent malade ; il est probable que vous serez guéri, dit Pline ; mais cela dépend d'une condition : il faut que le pied de seneçon que vous avez replanté après lui avoir retranché un bout de racine, continue à végéter et à se bien porter.

S'il meurt, votre dent vous fera plus de mal que jamais.

Inclinons-nous, voici le *laurier des poëtes*, voici le laurier des triomphateurs.

Hélas ! aussi le laurier des jambons.

Mais il est un autre laurier plus humble, qui servait aussi à couronner les triomphateurs, et qui a échappé à cette infamie d'être employé dans les sauces et de décorer les membres enfumés d'un animal immonde ; c'est le *laurier alexandrin,* qui ne croît qu'à l'ombre des arbres et dont on retrouve l'image sur des médailles et des monuments anciens.

Le laurier, autrefois à ce qu'il paraît, préservait de la foudre : sous ce rapport, il me semble avoir été remplacé avantageusement par le paratonnerre ; il n'a jamais préservé de l'envie ni de la haine qu'il semble au contraire attirer avec une invincible puissance ; la véritable couronne du génie, a toujours été une couronne d'épines, mais de cette belle épine parfumée qui fleurit au printemps et qui cache ses aiguillons ensanglantés sous ses bouquets blancs.

Une autre réputation qu'avait le laurier, était de procurer des songes agréables lorsqu'on en plaçait quelques feuilles sous son oreiller, c'est ce que je compte essayer quelqu'un de ces soirs.

Aujourd'hui on a renversé toutes les grandeurs, toutes les puissances, sous prétexte d'égalité. L'égalité est une absurdité, mais elle serait possible et désirable, qu'il faudrait rechercher pour y arriver, plutôt les moyens de grandir les petits qu'un moyen d'abaisser les grands comme l'on fait, d'élever les fragons et les coudriers à la hauteur des chênes, au lieu de couper la tête des chênes à la hauteur des coudriers et des fragons. Mais l'homme n'est pas aussi ennemi de la servitude qu'il s'en veut bien donner l'air.

« L'homme n'est pas un esclave révolté qui veut briser ses fers, mais un domestique capricieux qui aime à changer de maître. »

Jamais on n'a renversé une idole qu'au bénéfice d'une autre idole.

On a jeté les rois et les grands génies à la voirie, mais on adore les sauteuses et les baladines, non pas même seulement celles qui sont belles, ce qui est après tout une grande supériorité, une grande puissance et une royauté légitime, naturelle et incontestable, mais aussi les plus maigres, les plus laides, les plus jaunes d'entre elles, et simplement parce qu'elles sont sauteuses et baladines.

Autrefois on leur donnait de l'argent et des diamants, aujourd'hui on leur jette des fleurs, on traîne leurs voitures par les chemins.

Tout est pour elles, même la considération. Aujourd'hui on rirait bien si je disais, ce qui est incontestable, que la plus pauvre, la plus humble des femmes d'ouvriers est mille fois au-dessus de la plus belle, la plus habile, la plus riche de ces filles, au-dessous desquelles je ne vois que les imbéciles qui les adorent et qui leur donnent des fleurs et de l'amour.

J'ai vu deux révolutions politiques à l'âge de quarante ans que j'ai aujourd'hui. J'en verrai au moins encore une, et il est probable que je dirai après la troisième ce que j'ai dû dire après les deux autres : « On n'attaque pas les abus pour les ren- » verser, mais pour les conquérir. Plus ça change, plus c'est la » même chose. » *Vale.*

LETTRE LVI.

Oh! mon ami, comme je reviens d'un beau pays, comment ferai-je pour me rappeler toutes les merveilles que j'y ai vues.

D'abord les arbres y portaient des fruits qui exhalaient des parfums inconnus, quelques-uns avaient des fleurs de feu, dans ces fleurs se roulaient des abeilles d'or dont le bourdonnement était une musique enchanteresse.

A peine entré dans ces régions bienheureuses, j'ai ressenti l'influence du climat, j'étais allègre et léger, je ne marchais plus, je voltigeais, je perchais sur la cime des arbres.

Là, j'ai trouvé tous ceux que je croyais avoir perdus par la mort ou par l'oubli, je les ai retrouvés tous vivants, tous heureux, et tous m'aimant avec une charmante tendresse; ils étaient tous jeunes et beaux; là, je voyais toutes les choses que j'avais rêvées ou désirées, et que j'avais rejetées de ma pensée et de mon cœur comme des folies et des songes d'un cerveau malade; je les voyais réalisées, et ordinaires et communes; personne ne s'en étonnait, et moi pas plus que les autres. A ma voix, les tigres et les lions venaient se frotter contre moi et s'offraient à me servir de monture; mais qu'en avais-je besoin, puisque je volais comme un aigle moi-même.

Là j'ai retrouvé Magdeleine, Magdeleine qui m'aimait et m'expliquait qu'elle ne m'a jamais été infidèle; mais, ô bonheur indicible! je ne sais ce qu'elle me disait, ni de quels arguments elle se servait, mais tout ce que je sais, c'est que je la croyais.

Et M. Muller, comme il me serrait la main, comme il était heureux de notre bonheur. — Et mon père, mon père, que j'ai pleuré, il n'était pas mort, il était allé m'attendre dans ce pays fortuné où s'étaient réunis tous ceux que j'ai aimés; il avait encore sa physionomie riante et ouverte, et de ses doigts s'échappaient encore des flots d'harmonie.

Il me semblait que ma vie, jusqu'à ce moment, n'avait été qu'un rêve et un cauchemar, ou qu'après des épreuves difficiles et une initiation, on faisait s'évanouir autour de moi les fantômes qui m'avaient épouvanté.

J'étais riche, et je prodiguais à Magdeleine tout ce qu'aiment les femmes, tout ce qu'on aime tant à leur donner; sur quelles magnifiques pierreries, sur quelles belles étoffes, sur quels tapis et sur quelles fleurs elle marchait; que de perles tressées dans la crinière des chevaux qui la traînaient à la promenade, comme elle était belle! comme elle était parée de toutes ces richesses et comme j'étais paré d'elle; les pierreries, les diamants l'entouraient ou étincelaient sous ses pieds; mais ni diamants ni pierreries n'étaient jugés dignes de briller sur elle; je lui avais donné des étoiles pour mettre dans ses cheveux; *Mars*, cette étoile rouge, et *Vénus*, cette étoile bleue que j'avais vu si longtemps briller au ciel, n'étaient pas, comme on le dit ailleurs, de grosses planètes, non, c'étaient comme des fleurs de feu qui lui allaient à ravir. Puis, comme je l'examinais davantage, je découvris qu'elle était à la fois toutes les femmes que j'ai, dans le cours de ma vie, désirées ou aimées, puis nos regards s'attachant l'un sur l'autre, la flamme qui en sortait se confondit, et nous nous confondîmes ainsi tous les deux; j'étais elle, elle était moi, je sentais son sang dans mes veines.

Je compris alors ce que c'est que l'amour: une flamme séparée en deux qui veut se réunir.

Oh! le beau pays, mon ami; personne ne s'occupait de nous;

personne n'enviait notre bonheur, nous ne pensions à personne.

Et de quel bleu était le ciel !

Ce pays, mon ami, vous pouvez le visiter comme moi, où vous êtes, comme si vous étiez ici ce soir même, si cela vous convient ; tâchez seulement qu'un imbécile ne vienne pas trop matin frapper à votre porte et vous réveiller, ainsi qu'on m'a fait ce matin.

Parce que s'il est une chute lourde, c'est celle qu'on fait pour redescendre des riantes régions des songes, dans cet aride pays qu'on appelle la vie.

A bien considérer, cependant, qui sait si, après ce qu'on appelle la mort, nous n'apprendrons pas que ce qui était vraiment un songe c'était ce que nous appelions la vie, tandis que ce que nous prenions pour des songes étaient des excursions que faisait notre âme, pendant que notre corps, cette prison de chair, était resté au pays de la vie réelle. *Vale.*

LETTRE LVII.

J'ai vu ce matin un homme qui a voyagé dans le nord du Pérou, et qui en paraît extrêmement fier ; — il m'a fait de longs récits en témoignage du plaisir qu'il a trouvé dans ses voyages. — Il parlait vite, et je n'ai presque rien retenu de ce qu'il m'a raconté. — Cependant je me souviens que dans les pays qu'il a parcourus, — « les bancs de sable s'appellent *playa*. » Je comprends en effet qu'on fasse tant de chemin pour voir, il est vrai, les mêmes choses, mais sous des noms tout à fait différents ; — de plus on mange habituellement du singe bouilli ; — je comprends encore qu'on s'expose à tant de dangers pour manger quelque chose plus mauvais que tout ce qu'on mange chez soi, — mais qui n'est pas la même chose.

Que m'a-t-il dit encore ?

Ah ! — en descendant le fleuve des Amazones, il a vu des sauvages vêtus d'une coquille, — comme les premiers hommes d'une feuille de figuier et les statues des jardins publics d'une feuille de vigne. — C'est fort curieux. — Une chose qui n'est pas moins curieuse, — c'est que, dans le même endroit, il est assez difficile de ne pas être mangé par les tigres. — Il me revient encore une autre circonstance de son voyage.

« En quittant Casara, — dit-il, — et nous dirigeant vers la rivière Teffe, nous reçûmes l'hospitalité d'une bourgade ou plutôt d'une famille très-nombreuse. — Rien ne peut être comparé aux soins et aux attentions de ce peuple excellent ; — seulement, une chose nous empêcha d'en profiter longuement ; — ils nous servirent une sorte de potage dans lequel un de nous trouva un pouce d'homme. »

Au bout de quelque temps, — comme il y avait chez moi d'autres personnes qui paraissaient ne pas prendre plaisir aux récits de ce voyageur intrépide, — je cherchai à détourner la conversation. — Vous comprenez que je ne me vantais pas du voyage que je suis en ce moment occupé à faire autour de mon jardin, — quoiqu'il me soit facile de prouver aux autres comme à vous que j'y rencontre autant de choses extraordinaires et intéressantes que vous en pouvez rencontrer dans les contrées éloignées ; je n'aime pas, avec les indifférents, à parler d'autres choses que de sujets superficiels et ne m'étant pas d'un grand intérêt.

Je fis donc tomber la conversation sur les choses du moment, — puis je la laissai suivre son cours ; on parla politique, — on parla littérature, etc., etc. Sur toutes choses mon homme prononça en dernier ressort, — ne répondant plus, et n'écoutant surtout plus, quand il avait dit son opinion, — ayant soin, quand on avait l'air de ne pas se rendre tout de suite, de rappeler qu'il avait fait le tour du monde, — se croyant sans doute aussi sage que le sage Ulysse — qui « avait vu les villes et les mœurs de beaucoup de peuples. »

Il entremêlait le dialogue de questions pareilles à celle-ci :

— Monsieur est-il allé au Brésil ?

— Non Monsieur.

— Si Monsieur était allé au Brésil, Monsieur saurait, etc.

— Monsieur, entre Manchaco et Truxillo, au Pérou, j'ai vu un exemple de ce que je vous dis.

— Monsieur n'a pas voyagé?

Une des personnes qui se trouvaient là, finit par s'impatienter, et comme loin au-dessus de notre tête il passait une troupe d'oies sauvages, — elle la montra du doigt à notre homme — en lui disant : Tenez, Monsieur, personne n'a jamais autant voyagé que ces oiseaux.

La coquille dont je vous parlais tout à l'heure me remet en mémoire un autre voyageur. — C'était un jeune prince qui revenait de longs voyages. — Comme on lui faisait beaucoup de questions sur ce qu'il avait vu et notamment sur les femmes, si elles étaient jolies, — si elles s'habillaient bien et comment, — une parente du prince lui reprocha de n'avoir pas apporté quelques costumes — qu'on aurait pu voir et même un peu essayer. — Votre reproche est injuste, répondit le prince ; — j'en ai rapporté au contraire un — et le plus riche que j'aie vu, — un qui, j'en suis sûr, vous siérait mieux qu'à qui que ce soit au monde, — c'est le costume complet d'une reine sauvage.

— Voyons ! — voyons !

— Je vous l'apporterai tantôt.

En effet, le soir, — il arrive avec une boîte de laquelle il tire un collier à la fois très-joli et très-bizarre, — on le passe de mains en mains, on l'admire, — la princesse l'essaie; — tout le monde trouve qu'il lui va à ravir.

— Elle se tourne vers le voyageur et lui dit : — Eh bien.—

— Quoi?

— Après...

— Comment, après ?

— Oui, après, — où est le reste du costume ?

— Mais il n'y a rien de plus, — c'est là le costume tout entier, — et la reine en question ne portait pas autre chose. —

La princesse se hâta de détacher le collier en rougissant.

Vale.

LETTRE LVIII.

En jetant une poignée d'orge à mes pigeons,—j'ai gardé quelques grains dans ma main, et, sans trop d'intention, je me suis mis à les examiner;—il y en avait quelques-uns qui étaient percés d'un petit trou vers une des extrémités.—C'est par là qu'est sorti un petit papillon dont les ailes supérieures sont d'une couleur canelle très-pâle — et les inférieures d'un gris blanc argenté. — Ces petits papillons pondent leurs œufs sur la petite rainure qui sépare en deux les grains d'orge; — de ces œufs sortent de petites chenilles dont une seule entre dans le grain par le défaut de sa cuirasse, c'est-à-dire par la partie d'où sortirait le germe, si le grain était confié à la terre; — les autres meurent ou vont chercher fortune ailleurs. Cette chenille trouve dans ce grain d'orge de la farine pour toute sa vie; une fois installée, sans souci pour l'avenir, — elle se met à manger et à croître; — cette chenille est blanche, — sa tête seule est un peu brune.

Il vient un moment où il ne reste plus que l'écorce du grain. —Alors la chenille se file une coque de soie blanche, — puis comme elle a des dents, comme chenille — et que, une fois papillon, elle n'en aura plus, elle se prépare une issue pour sortir du grain d'orge quand elle sera transformée, — sans cependant se mettre à découvert,—elle découpe une petite pièce ronde sans la détacher tout à fait, mais qui soit prête à céder au moindre effort : — papillon, elle n'a plus qu'à pousser.

Mais les choses sont ainsi faites — qu'il n'est pas un coin de terre que les hommes ne se disputent,—les conquérants en l'arrosant de leur sang et surtout du sang d'autrui,—les particuliers en chicanant et en se faisant des procès. Il n'est de même pas un brin d'herbe sur lequel ou sous lequel il ne se passe des combats pour le conquérir; — un grain d'orge est bien petit,—vous êtes déjà étonné qu'un animal puisse y vivre, y croître, s'y transformer.

Eh bien, quelque petite propriété que soit un grain d'orge,— il n'est pas facile d'en jouir sans trouble et sans guerre, — un grain d'orge est fort envié, — la petite chenille qui y demeure est fort exposée, — d'abord elle peut être mangée, elle et sa maison, par un de mes pigeons, — mais ce n'est pas simplement d'animaux plus gros qu'elle — qu'elle a des dangers à redouter.

Il y a une petite mouche qui trouve moyen de placer ses œufs de telle façon que les vers qui en sortent vivent dans le corps de la petite chenille, et, quand elle a tout préparé pour eux, quand elle a percé le grain d'orge pour en sortir papillon, — ces vers achèvent de la manger, se transforment en mouches semblables à celle qui les a pondus et sortent du grain d'orge en place du papillon qui en était le légitime propriétaire, et au nombre de quinze à vingt.

Je voudrais savoir — si, aux yeux du souverain créateur de toutes choses, — il y a quelque différence — entre ces deux insectes se disputant un grain d'orge — et deux armées richement équipées, conduites par de *grands généraux* et se battant avec acharnement, je ne le crois pas; vues du sommet d'une montagne, les vagues furieuses de la mer s'aplanissent et ne paraissent que des rides de l'eau.

Aux jeux d'Eleusis célébrés tous les ans en l'honneur de Cybèle et de Proserpine, on donnait une mesure d'orge pour récompense aux athlètes vainqueurs. — C'était peu magnifique, — cependant, comme on ne dit pas précisément, je crois, quelle était cette mesure, — nous ne nous hâterons pas trop d'accuser les Grecs de parcimonie. Il n'est rien dont on ne puisse finir par donner pour cent mille francs. — Seulement, il y a des choses desquelles il faudrait beaucoup.

Je viens de trouver par hasard le *delphinium* sur lequel les savants lisent le nom *d'Ajax;* il faut, en effet, être fort savant pour cela. Cependant comme j'ai un peu exagéré dans le sens contraire, — quand je vous en ai parlé, — voici exactement la figure des taches qui ont donné lieu à cette assertion des savants.

Vale.

LETTRE LIX.

Je vous ai parlé déjà plusieurs fois des amours des fleurs, — mais je suis loin de vous avoir tout dit, — à chaque pas de nouvelles circonstances frappent mes yeux et étonnent mon esprit.

On trouve facilement dans les plantes toutes les sortes d'amours qui ont été tour à tour à la mode dans la vie et dans les romans.

Le *Tigridia pavonia*. — Cette belle coupe d'or et de corail s'élève très-haut au-dessus de sa fleur, — l'organe femelle entouré de trois mâles plus petits, — la nymphe, — grande coquette s'il en fut, ne paraît nullement embarrassée de ses trois prétendants ; — divisée à son sommet en trois parties, — dont chacune se subdivise en deux, — elle abaisse une des trois divisions vers chacun de ses amants, — qui également amoureux sont payés d'un égal retour.

La nymphe qui habite le pavot, qui n'a pas moins de vingt époux — et en a souvent cinquante ou soixante, — est au contraire plus petite qu'eux, — et reçoit à la fois toutes leurs caresses confuses et mêlées.

J'ai dans mon jardin, — auprès d'un ruisseau, le plus bel *hortensia* que j'aie jamais vu, — Il a six pieds de haut au sommet, et forme un bouquet dont les dernières fleurs touchent le gazon. — Ce bouquet est plus gros que la tête d'un pommier. C'est sans doute, au voisinage du ruisseau qu'il doit ses proportions gigantesques, plus de deux cent cinquante ombelles du rose le plus frais, se mêlent au beau vert de son feuillage.

Le premier hortensia a été apporté du Japon en Europe, en 1790.

Au premier abord — la fleur de l'hortensia paraît devoir être stérile ; — son centre, asile chez les autres fleurs — de la nymphe et de ses amants, — est fermé par une sorte de bouton ; — la fleur d'abord verte passe graduellement par toutes les nuances du rose. — C'est une maison fermée, — maison sans doute pleine d'amours cachées et de bonheur timide.

Il est prudent d'être heureux tout bas.

En effet, ce n'est que lorsque la fleur commence à perdre de son éclat, — lorsque les fleurs roses blanchissent par les bords, que ce bouton éclate et se partage en quatre parties, — alors paraît la nymphe entourée de ses dix amants, — alors seulement se voilent leurs amours et leur bonheur, jusque-là si soigneusement cachés, — alors seulement les abeilles indiscrètes peuvent venir demander du miel et de la cire — ces deux trésors composés des baisers des fleurs.

Cependant chaque corymbe de fleurs, composé de près de deux cents fleurs, ne porte pas tous des fleurs; aussi prudentes, aussi réservées, quelques-unes venues sous les autres ont avorté faute d'air et de soleil. — La nymphe alors et ses amants trouvent la maison indigne d'eux et s'entraînent tranquillement à l'ombre des tentes de leurs frères et de leurs sœurs.

Chez les autres, c'est-à-dire chez presque toutes, il se fait une singulière transformation, — tant qu'elles sont renfermées avec leurs amants; — ceux-ci sont roses comme elles, — mais une fois au grand jour, ces messieurs sont tous couverts d'une poussière d'un gris verdâtre qui leur donne fort bon air.

Ou plutôt tout porte à croire que dans cette retraite si bien fermée, il n'y a que des tendresses innocentes, — l'amitié et l'amour fraternel animent seuls les habitants, — et finissent par faire un de ces amours qui renferment tous les amours de la vie, — ou de ces amours fruits exquis dont l'amitié a été la douce fleur.

C'est ainsi que je sus pour la première fois que j'étais amoureux.

Je voyais Magdeleine tous les jours, — je ne désirais rien près d'elle, loin d'elle je ne désirais que de la revoir, — je crois que toute ma vie se serait passée à ses côtés, pure, innocente et sans désirs.

Mais un soir, — je la vis au bal, — je la vis entourée d'autres hommes, — je la vis admirée, — je la vis belle d'une autre beauté que je ne lui connaissais pas, et une fièvre brûlante alluma mon sang dans mes veines, — et depuis ce temps je tremblai auprès d'elle; — et un jour que nous nous baissions tous deux pour ramasser quelque chose qu'elle avait laissé tomber, nos cheveux se touchèrent, — je frissonnai — et je sentis au cœur une pointe froide et pénétrante comme l'acier.

Revenons aux fleurs et à leurs amours.

Sous toutes ces fleurs pleines d'amants et de maîtresses si bien cachés, — d'autres tendresses se sont abritées, — un oiseau que je ne connais pas a construit un nid dont je n'ose approcher.

Le *fuchsia* qui laisse pendre ses fleurs rouges, — comme des sonnettes, porte au dedans de ses pétales une couronne du violet bleu le plus magnifique, — de cette couronne sort la nymphe entourée de ses sept époux.

Comme la nymphe du *Tigridia*, elle est plus grande qu'eux, — mais elle n'est pas comme celle-là divisée en trois bras, qu'elle puisse abaisser; — la fleur du *fuchsia* est renversée de telle sorte que les amants, tout petits qu'ils sont, se trouvent néanmoins au-dessus de la nymphe et n'ont qu'à laisser tomber sur elle leurs caresses empressées.

Parmi les fleurs, quelques-unes restent longtemps épanouies comme la rose, le pavot, — l'hortensia, — la nymphe qui les habite peut faire languir ses amants et exiger d'eux de longs romans bien complets, — elle peut se permettre les caprices, les hésitations et les refus, — elle peut faire la dédaigneuse et laisser le temps aux vents et aux abeilles d'enlever les baisers de ses amants, et de les porter à d'autres fleurs.

Mais il est d'autres fleurs dont la durée est si courte, que leurs habitantes courraient grand risque à faire les prudes et les difficiles.

Si la beauté qui se cache dans les riches cloches des volubilis se montrait sévère pour ses cinq amants, — ou si ces amants étaient timides, — et commençaient à faire leur cour trop loin du but, — leurs amours n'auraient consisté qu'en soupirs inutiles, lorsque serait flétrie la fleur qui s'ouvre à une heure du matin et se ferme pour ne plus se rouvrir aussitôt que le soleil l'a touchée.

Que les huit époux de l'Œnothère qui fleurit vers dix heures du soir pour mourir au point du jour, — lui permettent de les faire passer par tous les détails de la *Carte du Tendre* de Mlle de Scuderi, — ils ne seront qu'aux préludes lorsque le vent emportera l'amante, les amants et la fleur d'or qui leur sert d'asile.

Mais il n'y a pas de danger, — la nymphe de l'Œnothère sait que la vie est courte, — *elle se met en quatre* pour répondre aux tendresses de ses huit amants.

Et tout à l'heure, quand j'ai accusé celle qui, loin de se cacher, — trône sur le Tigridia pavonia, d'être coquette et de faire, — disons le mot, des avances à ses courtisans, — il faut l'avouer, j'ai jugé trop vite, et j'ai été injuste.

Le Tigridia ouvre ses pétales au lever du soleil, vers cinq heures et demie du matin, — à midi, il est flétri.

Pensez que ces pauvres beautés n'ont qu'un amour dans leur vie, pensez à la brièveté de leur existence, — rappelez-vous, — et jugez, — que celle qui est sans péché, jette la première fleur à l'habitante de Tigridia ; — pensez, Madame, que le temps que vous espérez consacrer aux amours est de quinze ans à quarante ans, et cela encore, parce que vous croyez que quarante ans est un âge qui n'arrive que pour les autres ; — pensez qu'un amant rebuté ou découragé — ne tire pas à conséquence, — comme on dit vulgairement, un de perdu, dix de retrouvés.

Comptez, — et je vous sais, Madame, la plus platonique, la plus ennemie qui soit au monde des choses réelles de l'amour, — je vous sais la plus sévère, — la plus cruelle, — la plus inhumaine qu'on puisse voir ; — comptez combien de temps vous avez laissé *soupirer un amant à vos pieds,* sans prendre pitié *de son martyre.* — Un an ?

— Fi donc, dites-vous.

— Mettons un an et demi, — mettons deux ans, — mettons trois ans, — mettons cinq ans.

C'est cinq ans de rigueur sur vingt-cinq ans que vous avez pour vous en repentir et réparer. — Mettez-vous à la place de cette pauvre et belle reine des Tigridia, — dans une si courte existence où trouveriez-vous de la place pour vos rigueurs ?

Supposons un instant qu'une femme n'ait que trois heures de sa vie à donner à l'amour ; — combien pensez-vous qu'elle donnerait de temps à la cruauté ?

J'ai voulu vous édifier sur ce point, madame, avant d'arriver à cette belle passiflore — qui grimpe et retombe en pampres touffus d'un vert sombre, et qui étale ses grandes étoiles blanches au centre desquelles brille une couronne d'un violet pâle.

Si je vous avais laissé appeler coquette la nymphe du Tigridia pavonia, — de quels vilains mots, bon Dieu, auriez-vous été obligée de vous servir pour celle de la passiflore, qui ne dure qu'un jour ! Divisée en trois, comme celle du tigridia, — et très-élevée comme elle au-dessus de ses amants — il faut qu'elle s'abaisse également vers eux ; — mais la nymphe du Tigridia voit ses amants enflammés, elle cède à leurs prières et à leurs empressements, tandis que l'hôtesse de la passiflore n'a pas la même excuse. — Ses cinq amants lui tournent positivement le dos. — Il ne suffit pas qu'elle descende à eux, — il faut qu'elle descende au-dessous d'eux pour obtenir leur attention et solliciter humblement leur amour. — Voilà qui est humiliant.

Mais il ne faut pas ainsi laisser accuser les amants des fleurs d'indifférence, de rusticité, — d'aveuglement, de froideur, — quand je sais des paroles qui doivent les justifier.

Entre vous et entre nous, — madame, — c'est bien différent : vous êtes le beau sexe, — nous sommes l'autre ; — c'est donc à nous à demander, — à prier, à implorer.

Mais dans les fleurs l'amant et la maîtresse ont la même beauté, — sont renfermés dans la même corolle, — dans la même pourpre et dans le même azur, — et exhalent les mêmes parfums. — L'amante n'a pas un charme qui ne soit commun à l'amant. *Vale.*

LETTRE LX.

La Fontaine a parlé d'une grenouille qui veut se faire aussi grosse que le bœuf.—En voici une qui a une ambition aussi singulière, elle essaye d'être un oiseau, elle monte sur les arbres et elle chante. C'est la raine,—une petite grenouille verte à gorge blanche, dont le mâle a la gorge brune ; — elle est verte, mais verte du plus beau vert qui se puisse voir, avec des yeux d'or. Vers la fin d'avril, mâles et femelles descendent des arbres — et gagnent la mare, — car c'est sous l'eau que la femelle pudique cache l'aveu d'une flamme partagée ; — c'est sous l'eau également qu'elles pondent leurs œufs d'où sortent des têtards.

LETTRE LX.

Les têtards sont des boules rondes ornées d'une queue. — Ces animaux se nourrissent d'herbes aquatiques, — un jour il leur pousse une patte, — quelque temps après une seconde ; — quand ils en ont quatre, la queue leur tombe, — ils trouvent alors qu'ils ont fait suffisamment le métier de poissons, — ils abandonnent l'eau et ses herbes fades ; ils montent sur les arbres et font la chasse aux insectes.

Il est une autre grenouille qui ne quitte guère l'eau, elle a été également un têtard.

D'autres grenouilles restent au contraire sur terre — et ne s'enfoncent sous l'eau que de temps en temps.

En voici une qui a le dessous du corps tigré d'un jaune magnifique et d'un gris bleuâtre.

Toutes ont commencé par être ce poisson à queue — auquel il vient successivement quatre pattes.

Ou plutôt, quand on observe le frai de grenouilles, la première partie qui devient apparente est la queue, à laquelle viennent s'attacher successivement une tête et des pattes.

Les lentilles d'eau dont nous venons de parler, — que recherchent les grenouilles tant qu'elles sont têtards, et qu'elles méprisent ensuite, — sont une plante charmante qui couvre les mares — et qui sont loin de mériter le dégoût que beaucoup de personnes affectent pour elles — en voyant une grande étendue d'eau qui paraît verte — et qui n'est que tapissée d'une pelouse de lentilles d'eau ; — les carpes en sont friandes ainsi que les canards, — il y a même un papillon sans éclat dont la larve vit sur le gazon flottant.

Mais si je voulais rester au bord de la mare où le hasard nous a ramenés, — si je restais à examiner tout ce qui s'y passe, — et toutes les plantes — et tous les insectes qui y vivent — vous feriez trois fois le tour du monde, que, au retour vous me trouveriez à la même place, — toujours examinant, toujours admirant, — toujours étonné, — mais je n'étudie rien, — je regarde — et je suis tantôt une mouche — tantôt un papillon — tantôt je cherche l'ombre ou le soleil — je voyage au hasard — et j'ai dû faire bien du chemin déjà dans mon jardin — passant et repassant souvent par les mêmes allées.

J'ai connu un homme qui faisait chaque jour sept ou huit lieues autour d'un billard, — auquel il consacrait une grande partie de ses journées, — ce qui faisait près de deux mille neuf cents lieues par an. — Cet homme qui ne sortait jamais de chez lui, s'il avait fait en ligne droite le chemin que pendant sa vie il a fait autour de son billard, n'aurait pas fait moins de sept ou huit fois le tour du monde; — eh bien — il n'a jamais eu le temps de voir, — d'observer, ni de connaître les mites qui mangeaient le drap de son billard, — ni les mouches qui bourdonnaient autour de lui, — ni les araignées qui, dans les angles, tendaient leurs fils aux mouches. — Il est mort sans connaître l'homme qui avait joué au billard avec lui pendant vingt ans, — il est mort, croyant mourir faute de ne pas avoir fait assez d'exercice, — et je vous l'ai dit, il avait fait huit fois le tour du monde. *Vale.*

LETTRE LXI.

Mon homme aux voyages est revenu — je l'ai laissé causer, parce que par ses récits je puis juger de ceux que vous me ferez, et je me plais à comparer avec eux ceux que j'ai à vous faire.

Aujourd'hui il m'a parlé de la parure des femmes des divers pays qu'il a visités.

Les Groënlandaises se teignent le visage de blanc et de jaune.

Les femmes de la Nouvelle-Zemble se font des raies bleues au front et au menton.

Les Mingreliennes se teignent le nez et les joues.

Les Japonaises se colorent de bleu les lèvres et les sourcils.

Les femmes de Sombréo se couvrent le visage de vert et de jaune. — Celles de Tripoli se font sur la face toutes sortes de dessins rouges. — Quelques Américaines s'embellissent de l'image d'un crapaud ou d'un lézard découpé sur la peau, etc., etc.

Très-bien, mon ami. — Quand vous serez revenu — outre votre tante dont je vous ai déjà parlé — et qui se peint le tour des yeux de noir — les joues de rouge — les mains de blanc, etc., — je vous montrerai M. *** qui teint en noir ses moustaches rousses.

M. ***, qui porte des cheveux qu'il ôte le soir comme un vêtement — et qu'il envoie friser au bout de la rue chez le coiffeur.

Mme ***, qui porte des cheveux de soie.

M. ***, qui se fait raser une partie des cheveux pour se faire un grand front.

Dix mille autres — qui en coupant certaines parties de la barbe, et en laissant croître certaines autres, se font au bas de la tête toutes sortes de dessins singuliers auxquels nous ne faisons pas attention, par l'habitude, tandis que nous trouvons si drôle un Chinois qui fait sur le sommet de sa tête et à l'égard de ses cheveux ce que nous faisons au bas de la nôtre relativement à notre barbe.

N'y a-t-il pas eu un temps sous Henri III où il était du bon ton pour les hommes d'avoir un gros ventre, — les femmes européennes ne déplacent-elles pas et n'exagèrent-elles pas leurs formes selon le caprice de la mode, — ne leur voit-on pas tour à tour — le dos rond ou plat, — la poitrine large ou rétrécie, — les hanches hautes ou basses. Croyez-vous que les sauvages aient rien à nous montrer de si étonnant pour nous — que pour eux nos lunettes?

Et le temps où on se mettait de la farine dans les cheveux! et le moment où chacun des bras d'une femme était plus gros que son corps, et celui où toutes les femmes portaient des perruques blondes! et ces cilices qu'elles appellent des corsets! — et ces instruments de torture qu'elles appellent des souliers!...

Allons, — allons, — vous pouvez revenir quand vous voudrez, je n'ai pas besoin d'aller chercher loin un équivalent aux parures bizarres des femmes du nouveau monde.

Rien que le sable des allées du jardin pourrait nous occuper pendant un an.

D'abord les savants n'ont jamais pu décider d'une manière bien positive — si les grains de sable sont des débris de plus grosses pierres — ou les premiers matériaux de la formation de ces pierres, et que de pierres différentes — ils renferment, —

et ces petites coquilles qui toutes ont servi d'asile à des animaux qui ont vécu.

La pelouse qui occupe à peu près le milieu du jardin est composée d'à peu près soixante espèces de plantes — et de je ne sais combien de variétés de ces espèces;—chacune a sa forme, sa couleur,—sa fleur,—sa graine particulière,—chacune a ses insectes.

La vie entière d'un homme se passerait en vain dans un petit jardin comme le mien, — il lèguerait à ceux qui continueraient après lui son voyage à peine commencé, et ses observations sur ce qu'il aurait vu seraient hérissées encore de doutes, d'erreurs — d'aperçus incertains.

Certes, — si ce voyage autour de mon jardin était une chose sérieuse, — si j'étais un savant — et, comme tel, obligé de tout voir, de tout savoir, de tout expliquer, — je n'oserais pas le continuer, et je n'aurais pas osé l'entreprendre, même encouragé par l'audace avec laquelle vous et tant d'autres vous quittez, non pas votre jardin, mais votre ville, mais votre pays, — mais l'Europe, — mais un monde pour aller en visiter un autre, — pour voir des choses nouvelles, — blasé que vous êtes sur celles qui vous entourent.

Pour moi je suis très-effrayé vraiment de voir qu'on ne peut faire un pas sans mettre le pied sur quelque chose d'étrange, d'inconnu, de merveilleux; — voilà bien des lettres que je vous écris, — et si j'avais tout vu et tout dit — je serais encore à ma vieille maison et aux glycines qui la couvrent de leur feuillage et de leurs grappes parfumées. *Vale.*

LETTRE LXII.

Voici un arbre épineux, à feuilles étroites, d'un gris bleuâtre, qu'on appelle je ne sais pourquoi *hippophaé*.

J.-J. Rousseau raconte qu'un jour qu'il herborisait sur les bords de l'Isère, il mangea quelques-uns des fruits jaunes de cet arbre. Un avocat de Grenoble qui l'accompagnait n'osa pas prendre la liberté de l'avertir que ces fruits passaient pour vénéneux. Heureusement qu'il n'en est rien.

Presque tous les arbres, presque toutes les plantes veulent absolument leur part de soleil; toutes exigent de l'air.

Le *fragon* presque seul est plus modeste : ce n'est que sous les arbres qu'il croît avec vigueur en buissons touffus. Le fragon, de loin, a l'air d'un myrte ; mais chacune de ses feuilles est terminée par une pointe acérée. Au printemps, ses fleurs, petites, vertes et violettes, s'épanouissent non pas comme celles des autres arbrisseaux, à l'extrémité d'un pédoncule, mais sur les feuilles mêmes. A ces fleurs succèdent de petits fruits verts arrondis. Quand l'hiver arrive, le fragon, qui reste vert sous les arbres dépouillés, est en outre tout couvert de boules rouges, grosses comme de petites cerises, mais d'un rouge de corail.

Le laurier alexandrin, dont je vous ai parlé, et qui partageait avec le laurier sauce la gloire de couronner les triomphateurs, est une espèce de fragon.

Le *serpolet*, comme le fragon, se charge d'embellir les parties de la terre que dédaignent les autres plantes. S'il est un sol aride, pierreux, desséché, brûlé par le soleil, c'est là que le serpolet étend de charmants gazons verts, parfumés, serrés, épais, élastiques, parsemés de petites boules de fleurs roses d'une fraîcheur ravissante.

Le serpolet et le fragon m'ont bien des fois inspiré de vifs sentiments de reconnaissance. Ce sont deux beaux présents du ciel. Quand on admire d'autres plantes, on peut penser que si le hasard ne les avait pas jetées où elles sont, leur place serait occupée par d'autres, tandis que là où le fragon montre son feuillage toujours vert et ses grains de corail, il n'y aurait que la terre nue. Là où le serpolet étale ses pelouses vertes et roses, il n'y aurait que de l'argile.

Du reste, la *mélisse*, le *thym*, la *sarriette*, la *lavande*, le *romarin*, croissent de préférence sur les terres les plus sèches, sur les rochers les plus brûlés. Le serpolet a son papillon, appelé *phalène du thym*. La mélisse est chérie des abeilles. Les Grecs l'appelaient feuille de miel. Un insecte en forme de petite tortue verte, une *casside*, habite les feuilles de la mélisse.

Puisque nous voici aux plantes aromatiques, nous ne pouvons nous empêcher de chercher la *menthe*. Mais, outre qu'il y a plusieurs espèces de menthe, il nous faut quitter la partie sèche du jardin, et revenir sur le bord du ruisseau et de la mare, où nous trouverons les *menthes-baumes,* dont l'une est aquatique, toutes deux ayant des bouquets de fleurs du gris de l'héliotrope, l'aquatique des corymbes arrondies, l'autre des épis.

Mais la vraie menthe est la *menthe poivrée,* celle dont la saveur, chaude et piquante, est suivie d'un froid agréable. Du reste, elle ressemble aux précédentes ; seulement elle n'a point comme elles une sorte de duvet sous les feuilles.

La menthe a une histoire.

On sait que Pluton, monarque des enfers, avait enlevé Proserpine. Cérès se mit en quête de sa fille, et se plaignit à Jupiter. Jupiter prononça que Proserpine serait rendue à sa mère, si elle n'avait encore rien mangé depuis son entrée dans le royaume sombre.

Un nommé Ascalaphe dénonça qu'il l'avait vue portant à sa bouche trois grains de grenade. Proserpine demeura reine des enfers, mais Ascalaphe fut changé en hibou.

Il faut croire que Pluton finit par s'accoutumer aux attraits d'une épouse si disputée ; toujours est-il qu'il ne fut pas insensible à ceux d'une jeune vierge appelée Menthe, fille du vieux fleuve Cocyte.

Plusieurs filles de fleuves furent aimées par des dieux, mais, en général, leurs pères avaient l'attention de les changer en quelque chose d'insensible au moment dangereux. Syrinx, poursuivie par le dieu Pan, fut changée en roseau ; Daphné, près d'être atteinte par Apollon, fut métamorphosée en laurier. Apollon se couronna de laurier ; Pan se fit une flûte de roseau.

Le vieux Cocyte fut moins prudent. Pluton triompha de la résistance que lui opposa peut-être la nymphe, mais Proserpine surprit les deux amants, et changea la nymphe en la plante qui porte son nom ; pour Pluton, elle le changea en autre chose, dit la fable, lors de la descente de Thésée aux enfers avec son ami Pirithoüs.

Deux *cassides* et une *chrysomèle*, sorte de scarabée bleu, ont fixé leur séjour sur la menthe aquatique.

Je suis fort embarrassé lorsqu'il me faut donner une idée d'un insecte ou d'une plante, à vous, par exemple, mon ami, qui ne vous êtes jamais occupé scientifiquement ni de botanique, ni d'entomologie. Si je vous explique un mot qui vous est inconnu par un autre mot que vous ne connaissez pas davantage, vous ne serez pas beaucoup plus avancé; si je tâche au contraire de trouver une similitude entre ce que je veux vous faire comprendre et quelque chose que vous connaissez déjà, je cours le danger d'irriter les savants à cause de l'impropriété de certains termes.

Que je vous dise que la chrysomèle est un *coléoptère*, dont les *antennes* sont à *articles* globuleux, le corps ovale, le *corselet* large et bordé sur les côtés, les *élytres* le plus souvent parés de couleurs brillantes.

Vous ne serez pas plus savant, à moins que je ne vous dise qu'on entend par *coléoptères* les insectes qui ont des *élytres* durs; par *élytres*, les étuis des ailes; par *articles*, les divisions des *antennes;* par *antennes*, les sortes de cornes mobiles que l'insecte porte sur le devant de la tête.

Cela sera bon pour une fois; mais si, à chaque insecte que nous rencontrons, il faut que je vous fasse subir une phrase en langue étrangère, puis une traduction et des fragments de dictionnaire, vous cesserez bientôt de m'écouter; d'ailleurs tous ces mots, quelque peine qu'on se donne pour les expliquer, ne signifient rien pour ceux qui n'ont pas vu les objets.

Si, au contraire, je fais rentrer, par un sens un peu forcé, les idées particulières que je veux vous faire comprendre dans le cadre des idées un peu trop générales que vous pouvez avoir; si j'appelle, pour vous, tout insecte à quatre ailes couvertes d'une poussière colorée un papillon, quand c'est peut-être une noctuelle, une phalène, un sphynx, etc.

Si je vous désigne tout insecte ayant les ailes recouvertes de deux étuis durs par la dénomination vague de scarabée, je me fais comprendre suffisamment par vous, qui ne me demandez pas de la science.

Mais j'indispose les savants, et mon langage leur paraît aussi ridicule que celui d'un étranger qui écrirait : « Vous avez eu toujours pour moi des boyaux de père. » Au lieu de dire : « Des entrailles de père. »

Je dois cependant dire aux savants que, grâce à leur austérité et à leur dignité, les gens même instruits trouvent trop élevé le premier échelon d'une science spéciale, se découragent et n'essayent pas de s'y élever.

Tandis qu'un ignorant, comme moi, qui a vu des savants et qui a gardé précieusement tout le peu de miettes qu'ils ont bien voulu laisser tomber devant lui, va chercher les gens dans leur ignorance, dont il sait et ne dédaigne pas trop le langage, et les amène au pied de votre échelle ; le reste vous regarde.

Ce voyage autour de mon jardin, si je le publiais, ferait plus pour la vulgarisation de l'entomologie et de la botanique que les plus gros et les meilleurs livres compilés par les érudits.

La science est une île escarpée, hérissée d'un peu plus de rochers qu'il n'est nécessaire, et auxquels chaque savant se fait un plaisir et un devoir d'ajouter quelques aspérités. Je passe les gens dans une légère nacelle ; je les transporte de l'autre rive aux bords de votre île, c'est à vous ensuite à leur tendre la main, s'il est vrai que vous teniez à peupler votre île, ce dont il m'arrive quelquefois de douter, quand je regarde de quelle manière vous en rendez chaque jour les abords plus difficiles.

Vale.

LETTRE LXIII.

Voici un rosier jaune qui me rappelle une histoire :

J'allai un soir, il y a deux ans, passer quelques heures chez une vieille femme, aimable, spirituelle et indulgente, qui demeure près de chez moi ; elle aime passionnément les fleurs, et vous ne sauriez croire quelle coquetterie je mets à lui faire de beaux bouquets, comme je suis heureux de son étonnement lorsque je lui porte une fleur qu'elle ne connaît pas, ou seulement qui n'est pas connue dans le pays.

Hier, comme j'arrivais, je la trouvai avec un vieillard, qui depuis un an est venu prendre possession d'une grande propriété que lui a laissée un parent éloigné, à condition qu'il en prendrait le nom, et qu'en conséquence on appelle M. Descoudraies.

Il s'est fait présenter chez ma vieille amie, et j'ai lieu d'être jaloux de ses assiduités ; ils se sont pris en amitié et passent à peu près toutes leurs soirées ensemble à jouer au trictrac.

Je saluai en silence pour ne pas interrompre la partie, puis, quand elle fut finie, j'offris à madame Lorgerel un bouquet de *roses jaunes* que j'avais apporté.

Mes roses étaient fort belles, et de plus les pluies de cette année sont cause que les roses jaunes ont mal fleuri ; les miennes, abritées par l'avance d'un toit, sont peut-être les seules qui se soient bien épanouies. Madame Lorgerel se récria sur le beau bouquet.

M. Descoudraies n'avait rien dit, mais il paraissait préoccupé. Je le regardai avec étonnement, sans pouvoir comprendre l'influence mystérieuse de mes roses jaunes, mais bientôt madame Lorgerel parla d'autre chose et je crus m'être trompé.

Pour M. Descoudraies, il se mit à rire, et nous dit : Croiriez-vous que ce bouquet vient d'évoquer, comme par une opération magique, une époque tout entière de ma jeunesse.

Pendant cinq minutes j'ai eu vingt ans, pendant cinq minutes je suis redevenu amoureux d'une femme qui doit bien avoir soixante ans, si toutefois elle vit encore : il faut que je vous raconte cette histoire, c'est une circonstance qui a eu sur toute ma vie une grande influence, et dont le souvenir, aujourd'hui même où mon sang n'a plus de chaleur que bien juste ce qu'il m'en faut pour vivre et pour jouer au trictrac, ne laisse pas de m'émouvoir encore d'une manière extraordinaire.

J'avais vingt ans, il y a de cela un peu plus de quarante ans, je ne faisais que sortir du collége où on tenait alors les jeunes gens un peu plus longtemps qu'aujourd'hui ; après avoir mûrement pesé pour moi, et sans moi, le choix d'un état, mon père m'annonça un matin qu'il avait obtenu pour moi une lieutenance dans le régiment de ***, en garnison dans une ville d'Auvergne, et m'enjoignit de me tenir prêt à partir le troisième jour.

Je fus un peu interdit pour plusieurs raisons, d'abord je n'aimais point l'état militaire, mais ç'aurait été là une objection facilement combattue ; la vue d'un riche uniforme, quelques phrases ambitieuses, un peu de musique, eussent fait de moi facilement et au choix un Achille ou un César.

Mais j'étais amoureux.

Pour rien au monde je ne me serais avisé d'en dire un mot à mon père ; sa seule réponse à cette confidence eût été l'ordre de partir le soir même. Mais j'avais un oncle. Quel oncle !

C'était un homme qui avait alors l'âge que j'ai aujourd'hui ; mais il était resté jeune, non pas pour lui, car jamais vieillard ne renonça de meilleure grâce à Satan, à ses pompes et à ses œuvres, mais pour les autres. Il aimait les jeunes gens, il les comprenait, sans être jaloux d'eux. Il ne croyait pas que ses infirmités fussent un progrès, ni la vieillesse nécessairement la sagesse. A force de bonté et de raison, il vivait du bonheur des autres. On le trouvait mêlé à toutes ces généreuses folies, à toutes ces nobles sottises de la jeunesse ; il était confident et protecteur de toutes les amours, de toutes les dettes, de toutes les espérances. J'allai le trouver et je lui dis : — Mon oncle, je suis bien malheureux.

— Je parie vingt louis que non, me dit-il.

— Ah ! mon oncle, ne plaisantez pas. D'ailleurs vous perdriez.

— Si je perds je payerai ; cela servira peut-être à te consoler.

— Non, mon oncle ; l'argent n'est pour rien dans mon chagrin.

— Raconte-moi cela.

— Mon père vient de m'annoncer que j'étais lieutenant dans le régiment de ***.

— Beau malheur ! un uniforme des plus galants, des officiers tous gentilshommes.

— Mon oncle, c'est que je ne veux pas être soldat.

— Comment, tu ne veux pas être soldat ? Est-ce que tu ne serais pas brave, par hasard ?

— Je ne sais pas encore, mon oncle ; cependant il n'y a qu'à vous que je permette de me faire une pareille question.

— Eh bien, Cid, mon bon ami, pourquoi ne veux-tu pas être soldat ?

— Mon oncle, parce que je veux me marier.
— Ouf !
— Il n'y a pas de *ouf*, mon oncle, je suis amoureux.
— Tudieu ! tu appelles cela un malheur, ingrat ? Je voudrais bien l'être, moi, amoureux. Et quel est l'objet d'une flamme si belle ?
— Ah ! mon oncle, c'est un ange.
— Je sais bien, c'est toujours un ange. Plus tard, tu aimeras mieux une femme. Mais enfin, à quel nom humain cet ange répond-il ?
— Mon oncle, on l'appelle Noémi.
— Ce n'est pas ce que je te demande. Noémi, c'est tout pour toi. D'ailleurs c'est un joli nom. Mais pour moi qui veux savoir qui est l'ange, et à quelle famille il appartient, il me faut le nom de famille.
— C'est mademoiselle Amelot, mon oncle.
— Diable ! c'est mieux qu'un ange : une brune, grande et svelte, avec des yeux de velours noir. Je ne désapprouve pas l'objet.
— Ah ! mon oncle, si vous connaissiez son âme !
— Je sais, je connais... Et tu es payé de retour ? comme on disait autrefois. Est-ce ainsi que vous dites encore, vous autres ?
— Mon oncle, je ne sais pas.
— Comment, tu ne sais pas, neveu indigne de moi ! Tu es tous les jours fourré dans la maison, et tu ne sais pas encore si tu es aimé.
— Elle ne sait pas seulement que je l'aime, mon oncle.
— Oh ! pour cela, tu te trompes, mon beau neveu, et tu n'y entends rien. Elle le savait au moins un quart d'heure avant que tu ne le susses toi-même.
— Mon oncle, tout ce que je sais, c'est que je me tuerai si elle n'est pas à moi.
— Oh ! oh ! Eh bien, mon beau neveu, il y a beaucoup de chances pour qu'elle ne soit pas à toi : ton père est beaucoup plus riche que le sien, et il ne lui donnera pas son fils.
— Alors, mon oncle, je sais ce qui me reste à faire.
— Ah ça, voyons, ne va pas faire des sottises, au moins. Écoute un peu.
— Oui, mon oncle.

— Eh bien, d'abord tu ne peux pas te marier à vingt ans.

— Pourquoi cela, mon oncle?

— Parce que je ne le veux pas, et que sans moi ce mariage ne peut pas se faire.

— Oh! mon bon petit oncle...

— Si la fille t'aime, si elle te promet de t'attendre trois ans...

— Trois ans, mon oncle.

— Ne raisonne pas, ou j'en mets quatre. Si elle te promet de t'attendre trois ans, tu iras au régiment.

— Ah! mon oncle.

— Mais pas à Clermont; je te ferai entrer dans un régiment à quelques lieues de Paris, où tu viendras une fois tous les trois mois, jusqu'au moment désiré.

— Eh bien, mon oncle, comment savoir si elle m'aime?

— Comment, savoir! parbleu, en le lui demandant.

— Ah! mon oncle, je n'oserai jamais.

— Alors, obéis à ton père et fais ton paquet.

— Mais, mon oncle, vous ne savez pas comment est cette fille-là; j'ai voulu cent fois lui dire que je l'aimais; je me suis injurié de ma timidité; je me suis monté la tête de toutes les manières; j'ai préparé, appris par cœur des discours; j'ai écrit des lettres, mais bast, au moment de parler, je sentais le premier mot qui m'étranglait, et je parlais d'autre chose. Elle a le regard si doux et à la fois si sévère! il me semblait qu'elle n'aimerait jamais un homme, et alors je parlais d'autre chose.

Pour les lettres c'était bien pis; au moment de les donner, je les trouvais si bêtes que je ne croyais pas pouvoir les déchirer en assez petits morceaux.

— Enfin, il faut te décider, mon garçon, et voici pourquoi; ton père ne t'a pas tout dit: s'il t'envoie à Clermont, c'est parce que le colonel du régiment est de ses amis, et a une fille; parce que cette fille t'est destinée, c'est un riche et un beau mariage. Mais... ne me dis rien, je sais que tout cela n'est rien quand on aime. C'est une grosse bêtise, mais c'est une bêtise que je serais bien fâché de ne pas avoir faite; il n'y a que les cuistres qui n'en font pas de pareilles. Je sais bien que les vieux appel-

LETTRE LXIII.

lent cela des illusions, mais qui sait si ce ne sont pas eux qui en ont, des illusions. La lunette qui rapetisse les objets n'est pas plus vraie que celle qui les grossit.

Si elle t'aime, tu dois tout sacrifier pour elle ; c'est bête, mais c'est bien, et il faut le faire ; mais il faut savoir si elle t'aime, et l'occasion est excellente pour cela. On veut la marier, mon neveu ; tu deviens pâle à cette idée, tu voudrais tenir à longueur d'épée ton odieux rival, est-ce comme cela aussi que vous dites à présent ? Eh bien, tâche de garder un peu tout ce grand courage en face de ta belle Noémi. On veut la marier, tu es plus riche qu'elle, mais celui qu'on veut lui donner est plus riche que toi ; d'ailleurs il est titré, et puis c'est un mari tout prêt, et la corbeille est prête ; tandis que toi, il faut attendre. Va trouver Noémi, et dis-lui que tu l'aimes, elle le sait, mais cela se dit toujours ; demande-lui si elle répond à ta tendresse, et dis-lui, car elle doit t'aimer, morbleu, tu es jeune et beau, et spirituel, dis-lui qu'elle te jure de t'attendre trois ans, mais qu'elle me l'écrive à moi dans un lettre que je garderai ; alors, je romps le mariage de là-bas ; je te fais entrer dans un autre régiment, et dans trois ans, malgré ton père, malgré le diable, malgré tout, je vous marie.

— Mon oncle, une idée.

— Voyons.

— Je vais lui écrire.

— Comme tu voudras.

Je quittai mon oncle, et j'allai faire mon épître ; ce n'était pas le plus difficile, je lui avais déjà écrit cent cinquante fois, mais c'était de donner la lettre qui m'embarrassait. Cependant, comme il n'y avait pas à hésiter, je pris mon parti : j'achetai un bouquet de roses jaunes, et, dans le milieu du bouquet, je glissai mon billet.

Tenez, c'est peut-être bien fou, mais je me le rappelle encore. Après l'aveu de mon amour, je la suppliais de m'aimer et de se laisser être heureuse, et de m'attendre trois ans ; je la priais, si elle y consentait, de porter le soir à sa ceinture une de mes roses jaunes ; alors, disais-je, j'oserai vous parler et je vous dirai ce que vous avez à faire pour assurer mon bonheur, je n'ose dire notre bonheur.

18

— Ah ! vous mîtes le billet dans le bouquet ? dit ici madame Lorgerel.

— Oui, madame.

— Et puis ?

— Et puis, le soir, Noémi n'avait pas de rose à sa ceinture ; je voulus me tuer, mon oncle m'emmena malgré moi à Clermont, il y resta deux mois, se mêla aux jeunes officiers, finit par me distraire, me démontra que Noémi ne m'avait jamais aimé.

— Mais, mon oncle, lui disais-je, elle était, elle paraissait si contente quand j'arrivais, elle me faisait de si doux reproches quand je venais tard.

— Les femmes aiment l'amour de tout le monde, mais il y a des personnes qu'elles n'aiment pas.

Enfin, je finis par l'oublier à peu près, puis j'épousai la fille du colonel, que j'ai perdue après huit ans de mariage, et me voilà tout seul ; car mon oncle est mort depuis longtemps. Eh bien, croiriez-vous que je pense parfois à Noémi, et ce qu'il y a de plus curieux, c'est que je la vois toujours jeune fille de dix-sept ans, avec ses cheveux bruns, et, comme disait mon oncle, ses yeux de velours noir, tandis que ce doit être aujourd'hui quelque vieille bonne femme.

— Vous ne savez pas ce qu'elle est devenue ?

— Non.

— Ah ça, mais vous ne vous appelez donc pas Descoudraies ?

— Non, c'est le nom de la terre de mon oncle ; moi, je m'appelle Edmond d'Altheim.

— C'est vrai.

— Comment, c'est vrai ?

— Je vais vous dire, moi, ce qu'est devenue Noémi.

— Comment ?

— Oui, elle vous aimait.

— Mais la rose jaune ?

— Elle n'avait pas vu le billet, votre départ subit l'a fait pleurer, puis elle a épousé M. de Lorgerel.

— M. de Lorgerel !

— Oui, M. de Lorgerel, dont je suis veuve aujourd'hui.

— Quoi, vous... Quoi, c'est vous, Noémi Amelot?

— Hélas! oui; comme vous êtes, ou comme vous n'êtes plus guère Edmond d'Altheim.

— Mon Dieu! qui aurait cru que nous aurions pu un jour ne pas nous reconnaître!

— Oui, n'est-ce pas; et ne nous réunir plus tard que pour jouer au trictrac!

— Mais le bouquet!

— Le bouquet, le voici. Je l'ai toujours gardé.

Et madame de Lorgerel alla chercher dans une armoire une boîte d'ébène qu'elle ouvrit.

Elle en tira un bouquet fané. Elle tremblait.

— Déliez-le, déliez-le, dit M. Descoudraies.

Elle délia le bouquet, et trouva le billet qui était là depuis quarante-deux ans.

Tous deux restèrent silencieux; je voulus m'en aller. M. Descoudraies se leva.

Madame de Lorgerel lui prit la main et lui dit:

— Vous avez raison. Il ne faut pas que cet accès de jeunesse de nos cœurs se passe en face de deux vieilles figures comme les nôtres. Évitons ce ridicule à un sentiment noble qui nous donnera peut-être du bonheur pour le reste de notre vie. Ne revenez que dans quelques jours.

Depuis ce temps, le vieux Descoudraies et la vieille de Lorgerel ne se quittent plus; il existe entre eux un sentiment auquel je n'ai jamais rien vu de semblable. Ils repassent ensemble tous les petits détails de cet amour qui ne s'était pas expliqué; ils ont mille choses à se raconter, ils s'aiment rétrospectivement; ils voudraient bien être mariés, mais ils n'osent pas se marier.

Vale.

LETTRE LXIV.

Voici dans une caisse — un arbuste dont la fleur est une sorte de houppe ou de goupillon du plus beau carmin foncé, on l'appelle *metrosideros*, je ne sais pourquoi.

Mais ce que je me rappelle — c'est un homme qui voulait faire le savant, et qui sans hésiter appelait *métrosideros* toutes les plantes qui lui étaient inconnues. Cet expédient était du meilleur effet et trompait presque tout le monde — je vous le recommande.

Il est bon de varier le nom de métrosideros, qui est grec — ce qui est toujours beau — d'une épithète latine ou grecque et de dire métrosideros microphylla, ou angustifolia — ce qui, le premier mot en grec, le second en latin, veut dire *à petites feuilles.* — Mais de quoi a-t-on l'air en parlant une langue que tout le monde comprend ?

Parlez-moi des vrais savants, — voilà des gens réellement admirables à entendre : — que de choses ils trouvent dans une plante ! — bien plus que ce poëte n'en trouvait dans un sonnet, — que de choses surtout ils disent et contredisent au sujet du moindre brin d'herbe !

On est aujourd'hui — à peu près d'accord sur la belle de nuit.

Mais cela a été long rien que pour fixer sa famille et son genre.

Pour Césalpin — c'était un gelseminum, — un solanum pour Bauhin, — un jalopa pour Tournefort, un *viola* pour je ne sais quel autre, etc.

Pendant tout le temps que ces discussions ont duré elle n'a pas heureusement cessé — de fermer le jour et d'ouvrir le soir pour les papillons de nuit ses belles coupes rouges, jaunes blanches et panachées.

Sans attendre qu'on lui eût enfin accordé — une famille et un nom.

L'homme a l'habitude ingénieuse de placer son bonheur dans des choses impossibles et son malheur dans des choses inévitables.

Mais cependant

Il est une philosophie simple, facile, sans grandes phrases sans mots ambitieux dont je me trouve fort bien.

Voici quelques jours que je m'épuise en vains efforts contre une colonie de fourmis qui s'est établie obstinément dans mon gazon et qui m'y cause de grands dégâts.

De là elle s'introduit dans la maison et se mêle à toutes sortes de choses, — notamment au sucre, — ce qui fait que je viens de prendre du café désagréablement parfumé de fourmis.

C'est un mal — incontestablement.

Je me console en pensant à un mal plus grand qui pouvait m'arriver, — et tout doucement le chagrin de ce qui m'arrive se métamorphose en joie de ce qui ne m'arrive pas.

Après tout, — dis-je, — ce n'est que désagréable, — cela vaut beaucoup mieux que s'il s'était mêlé à mon sucre ou à mon café quelque substance vénéneuse.

L'ancienne médecine distillait l'acide formique dans de l'esprit de vin et en faisait une *eau de magnanimité* qui, disait-on, fortifiait le corps et réparait les forces abattues. — Cet extrait de fourmis augmentait également et la mémoire et les dispositions à l'amour, — il empêchait la paralysie et guérissait les bourdonnements d'oreilles, etc.

Plaignez-vous donc d'avoir mangé un peu de fourmi! D'ailleurs, — quel mal nous font vos fourmis, — elles ont rongé, pour faire leur palais souterrain, quelques racines de gazon ;— mais que diriez-vous — si vous aviez ici les fourmis des Antilles dont la piqûre est si douloureuse ;

La fourmi du Mexique, qui oblige les Mexicains à suspendre leurs lits entre des pieux ;

Ou les fourmis blanches du Sénégal ;

Ou les fourmis voyageuses de Guinée, — qui arrivent en bataillons — *nigrum agmen*,—et ravagent les habitations ;

Ou les fourmis d'Amérique, qui percent les planchers, etc. ?

Et si vous aviez ici des vipères — au lieu d'y avoir des fourmis? — Quel bonheur!

Je trouvai un jour une femme bien triste ; on avait donné à elle et à sa sœur — une perle assez belle ; — mais celle de sa sœur était un peu plus grosse.

Comme après quelques hésitations elle m'avouait ce chagrin, la sœur entra ;—j'amenai la conversation sur les bijoux et sur les perles.—En 1579,—dis-je, — on présenta au roi Philippe II une perle trouvée à Panama ; — elle était de la grosseur d'un œuf de pigeon.

Tavernier, le célèbre voyageur, en 1633, en a vu une beaucoup plus grosse, entre les mains de l'empereur de Perse.

Pline évalue la perle de Cléopâtre à 2 millions de notre monnaie.

Et cet empereur Rodolphe, qui en possédait une grosse comme une poire !

Un roi d'Espagne a donné à une madone, — à une statue de la Vierge, un habillement rouge, vert et blanc ; — le rouge est composé de rubis, le vert d'émeraudes et le blanc est de perles.

Devant toutes ces grosses perles, — celle de la sœur la mieux partagée devint si petite aux yeux de l'autre sœur, qu'elle ne put plus en être jalouse.

Il semblerait, à entendre l'homme se plaindre et jeter les hauts cris — au moindre petit accident qui lui arrive, — qu'il existe quelque part une promesse faite à lui par son Créateur non pas seulement de satisfaire tous ses besoins réels, mais aussi tous ceux qu'il lui plaît d'imaginer chaque jour.

C'est sans doute pour cela que, le matin, — pendant la procession de la Fête-Dieu, — un fermier esprit fort — gardait son chapeau sur la tête.

Ce matin — les cloches de l'église ont annoncé une grande fête, — la fête de Dieu.

Les filles du pays — sont venues me demander des fleurs — j'ai effeuillé mes plus belles roses pour remplir leurs corbeilles — j'ai prêté pour le reposoir mes grands vases de la Chine et du Japon tout pleins de fleurs, — puis j'ai moi-même répandu devant mon jardin des feuilles et des fleurs sur le chemin de la procession.

Bientôt on a entendu des chants et la procession a passé, — toutes ces fleurs, tous ces chants, toutes ces filles vêtues de blanc, — ces coups de fusil tirés par les garçons, — tout cela a je ne sais quoi qui serre doucement le cœur et donne envie de pleurer.

Malheureusement on a joint à cette solennité des mascarades de mauvais goût.

De petits saint Jean — vêtus d'un maillot de coton trop large, qui les fait paraître nus et écarlates — conduisant en laisse des petits moutons ; — des Magdeleine de cinq ans repentantes, mais auxquelles il sera beaucoup pardonné, parce qu'elles aimeront peut-être beaucoup, — jouant une comédie ridicule ; — des ermites — retirés du monde à l'âge de trois ans et demi — et revenus de leurs erreurs, — des religieuses hautes de deux pieds sept pouces — complètent une sorte de cortége plus convenable autour du bœuf gras — que devant le dais de l'église.

Néanmoins ce spectacle m'a ému.

D'autant que beaucoup de gens ont voulu s'opposer à cette cérémonie.— Des gens qui ont soin de fêter avec grande pompe la Saint-Fiacre ou la Saint-Pacôme qui est leur fête et qui viennent chicaner sur celle de Dieu. *Vale.*

LETTRE LXV.

On sait l'horreur qu'éprouvait Catherine de Médicis pour les roses.—A leur odeur, le chevalier de Guise tombait en défaillance.

On raconte à l'égard des roses deux anecdotes intéressantes.

Clotilde — femme de Clovis — portait en cachette des vivres à de pauvres prisonniers chrétiens, — malgré les défenses expresses et les menaces redoutables de son mari, qui n'avait pas encore embrassé le christianisme.

Un jour, le roi la surprend au moment où, dans les plis relevés de son manteau,— elle portait ses secours ordinaires à la prison.

Il entre en fureur, — l'interroge d'une voix terrible.

Où allez-vous — et que cachez-vous ainsi ?

Clotilde ne répond pas. — Le roi hors de lui-même arrache le manteau. — Mais Clotilde est aussi surprise que lui, lorsque, par un miracle du ciel, en place de pain qu'elle portait elle ne voit tomber que des roses.

Sainte Dorothée avait conçu une affection fort naturelle pour un jeune poëte ; — en vain elle lui promettait dans le ciel de la part de Dieu, — un bonheur que celui-ci s'obstinait à lui demander à elle-même sur la terre.

Enfin — un jour — il promet ironiquement de renoncer à ses désirs, et de les remplacer par de saintes espérances ; — en un mot de consacrer sa vie à Dieu, — s'il daignait faire un miracle en sa faveur qui lui fît comprendre sa volonté. — C'était au milieu d'un hiver âpre et rigoureux. — Dorothée se mit en prières et les rosiers du jardin se couvrirent de roses.

Comme je regardais au jardin les graines déjà mûres de plusieurs plantes ; comme je voyais la graine ailée des scorsonères s'envoler et celle de la balsamine lancée au loin par le ressort de la capsule qui la contient, je fus saisi d'une idée qui montre encore que l'homme qui s'intitule lui-même si promptement le roi de la création, est traité par la nature, non pas seulement à l'égal des plus petits insectes et du moindre brin d'herbe, mais souvent même avec une apparence d'indifférence qui semble le mettre infiniment au-dessous et du brin d'herbe et de l'insecte.

En effet, la nature n'a pas laissé au choix de cette balsamine de multiplier ou non son espèce. — Nécessairement elle livrera à la terre des graines qui la reproduiront.

L'homme, au contraire, sous ce rapport, est complétement livré à sa propre volonté, — il oublie que la nature se soucie peu que le genre humain augmente ou diminue, — existe ou disparaisse de la surface de la terre.

L'homme échappe, quand il le veut, à la loi générale de la reproduction. — Il se fait à son choix moine ou ténor soprano, — il n'a ni époque ni saison pour venir à graine, comme les plantes et comme les autres animaux. C'est quand cela lui plaît, et si cela lui plaît. — Quand il n'y en aura plus, il n'y en aura plus.

Ecoutez l'homme parler de lui-même.

« L'homme est le chef-d'œuvre de la nature, — le dernier et le plus parfait des ouvrages de Dieu, — le centre où l'univers entier se réfléchit, — il est fait à l'image de Dieu, etc. »

Eh bien chacun en disant cela de tous les hommes, — ne le dit et ne le pense au fond et véritablement que de lui-même. — Faites parler les gens et vous verrez.

Vous venez de voir ce qu'est l'*homme*.

Demandez ce qu'est le *nègre*.

« Le nègre est une espèce inférieure, — une sorte de brute née pour être esclave des blancs. »

Très-bien, — alors le chef-d'œuvre, le roi, — le centre en

question, — dont nous parlions tout à l'heure ne doit plus s'entendre que des blancs.

Très-bien. — Ecoutez maintenant parler un français.

« Le Français est le peuple le plus spirituel, le plus élégant, le plus brave du monde. »

Mais encore, — écoutez toujours.

« Le Champenois est un peu bête, — le Picard n'est qu'entêté, — le Parisien est badaud, etc. »

Chaque province, chaque ville dont on n'est pas, a quelque mauvaise réputation proverbiale.

Le chef-d'œuvre, le centre, le roi est donc l'homme de la ville que vous habitez, — de Paris, je suppose. Faites parler un Parisien.

« Monsieur un tel, — c'est un homme gourmé et roide, — il est du faubourg Saint-Germain. »

« Madame une telle est coquette et plus que coquette. »

« M. *** abuse de la permission d'être bête. »

« Celui-ci est un voleur — et celui-là un lâche. »

Ah diable, — peut-être faut-il chercher dans votre famille, car quand il est question de toute autre vous trouverez tous quelque chose à redire, — mais non : — Ce cousin est un avare sordide, cet oncle a ruiné sa famille, etc.

Et votre ami ?

Oh ! mon ami est un excellent garçon, — il a bien quelques défauts, mais qui n'en a pas ?

Et alors vous vous parez de votre ami et de votre amitié, surtout si on a l'air de trouver que cela vous va bien.

Vous faites dudit ami un éloge pompeux, non que vous teniez beaucoup à ce qu'on croie aux bonnes et brillantes qualités que vous lui prêtez, mais pour qu'on admire comme vous dites du bien de votre ami.

Puis si l'on semble prendre le change, — si l'attention semble vous quitter pour l'ami en question, — vous ajoutez — ou — Ce pauvre garçon, il a quatre dents de moins, cela me fait beaucoup de peine ;

Ou — C'est un excellent cœur, mais une si mauvaise tête. — si je n'étais pas là.

En un mot, vous ne quittez pas la conversation sur votre ami, — sans l'avoir placé immédiatement au-dessous de vous.

Vous savez, mon ami, quand je médis des amis et de l'amitié, — qui j'excepte de mes attaques.

J'en voulais venir à ceci :

Que lorsqu'un homme vous dit que l'homme est le chef-d'œuvre de la nature, le roi de la création, le centre de l'univers, etc., c'est précisément de lui-même, de son individu qu'il prétend parler. Car vous n'avez qu'à prendre tous les autres hommes, un à un, — vous verrez qu'il ne les trouve ni faits à l'image de Dieu, — ni rois, — ni chefs-d'œuvre, — ni rien de toutes ces belles choses.

L'homme est le chef-d'œuvre de la nature comme la noix est un excellent fruit.

Celui qui parle est l'amande, — les autres hommes sont le brou âpre, la coque dure, la pellicule amère qu'il faut retrancher. *Vale.*

LETTRE LXVI.

Beaucoup de controverses ont eu lieu à l'égard de l'*héliotrope*, cette fleur dont les ombelles, d'un bleu grisâtre, exhalent une si douce odeur de vanille.

On a raconté que la nymphe Clytie, fille de l'Océan, fut abandonnée par Apollon, qu'elle avait aimé. Elle en conçut une telle douleur, qu'elle cessa de boire et de manger, et mourut les yeux fixés sur le soleil. Elle fut changée en une fleur appelée héliotrope.

Or, héliotrope veut dire : *Je me tourne vers le soleil.*

Quelques savants ont établi que ce n'était pas de notre héliotrope à odeur de vanille, qu'il fallait entendre parler quand on fait allusion à la métamorphose de Clytie, mais bien du grand soleil des jardins (*helianthus*, fleur du soleil), qu'on appelle tournesol, ce qui veut dire la même chose qu'héliotrope.

Il y a à cela un inconvénient, c'est que la fleur du soleil nous vient du Pérou, et que du temps d'Ovide on ne connaissait pas le Pérou.

Si l'on veut chercher une autre fleur pour lui attribuer l'histoire de Clytie, c'est bien un autre embarras, avec l'indication que vous avez, que c'est une fleur qui se tourne vers le soleil.

Dites-moi une fleur qui ne se tourne pas vers le soleil.

Mettez toutes celles que vous voudrez dans une chambre qui n'ait qu'une ouverture, et vous verrez, non pas seulement leurs fleurs, mais leurs feuilles, mais leurs tiges, chercher l'air, le jour et le soleil.

L'*héliotrope* sauvage, qui ressemble à l'héliotrope cultivé, sauf l'odeur, est souvent vendu sous prétexte qu'il guérit les verrues, ce qui n'est pas vrai.

Cette fois je ne l'oublierai pas, je saurai à quoi m'en tenir sur le phénomène que l'on raconte de la *fraxinelle*. Aussitôt que le jour sera disparu, j'allumerai l'air inflammable qui l'entoure. En attendant, nous voici sous des marronniers d'Inde. Les uns ont des épis de fleurs blanches, les autres des épis de fleurs roses. Le marronnier d'Inde est originaire de Constantinople, d'où il a été envoyé en Autriche en 1591, et apporté à Paris en 1613 par un M. Bachelier, le même qui a également apporté les anémones, ainsi que je vous l'ai raconté.

Les hommes qui en général rendent un grand culte à la beauté sont, je ne sais pourquoi, honteux de ce culte, et inventent pour ce qu'ils trouvent beau toutes sortes de qualités morales ou utiles assez souvent apocryphes. D'autre part, il n'est rien à propos de quoi une partie des hommes ne cherche à tromper les autres.

C'est pour ces deux causes réunies sans doute qu'on a voulu, avec les fruits du marronnier d'Inde, faire et surtout vendre du savon. Puis on a prétendu en nourrir les bestiaux. Ceux-ci finissent par en manger, mais avec un grand dégoût, et après de longues et amaigrissantes hésitations, ils le préfèrent à la mort de faim, mais de bien peu.

Le millepertuis a longtemps passé pour chasser les démons; il se contente aujourd'hui d'étaler d'assez jolis corymbes de fleurs jaunes, et d'offrir le singulier aspect de ses feuilles criblées d'une infinité de petits trous.

Ici éclate le géranium rouge; sa couleur splendide éblouit les yeux; il semble que ce soit le *souverain rouge*. Prenez-en une fleur, et apportez-la auprès de la petite verveine de Miquelon, qui rampe entre les magniola, ces arbres qui portent des lis, sur la terre de bruyère, et la diaprent de petites ombelles étincelantes. Mettez auprès d'une de ces ombelles la fleur de géranium, et par une singulière métamorphose, la fleur du géranium n'est plus rouge, elle devient orange, et son rouge est vaincu et écrasé par le rouge de la verveine. La verveine, à son tour, pâlira devant la cardinale.

Ce qui prouve qu'on n'est rouge, comme on n'est grand, qu'à côté de ce qui est moins rouge ou de ce qui est moins grand.

La grandeur des grands hommes est faite plus d'à moitié de la petitesse des autres.

A côté du souci des jardins, cette belle anémone orange si éclatante, s'ouvre à certaines heures le souci pluvial, une sorte de marguerite à disque violet et à rayons blancs en dessus, violets et verts en dessous, qui se ferme un peu avant la pluie.

Mais voici le jour qui commence à baisser; les moineaux se chamaillent dans les arbres; les chauves-souris voltigent autour de ma tête, les belles de jour sont fermées, les belles de nuit et les onagres déplissent et ouvrent leur corolle.

Varaï, apporte-moi une bougie. . . . .
. . . .

Voilà où j'en étais de mon voyage, mon bon ami, lorsqu'un bruit inusité est venu interrompre le silence ordinaire de ma retraite. C'était une voiture et des chevaux au galop, et le claquement du fouet d'un postillon.

C'était vous qui reveniez de votre long voyage, quand je ne suis pas encore à la moitié du mien.

Mais vous ne pouviez me donner quelques instants; vous êtes reparti pour Paris deux heures après votre arrivée; des affaires réclamaient impérieusement votre présence.

J'ai mis mes lettres en ordre, et je vous les envoie. — Quand vous viendrez me voir, nous continuerons ensemble mon voyage.

Vale.

STEPHEN.

TABLE DES MATIERES.

Pages.

Lettre
- I. — Départ, Aspect du ciel 1
- II. — Sur les Araignées................ 5
- III. — Tapis de Gazon. Temps d'Hiver......... 9
- IV. — Le Roitelet. — Marie-Antoinette. — Danton... 15
- V. — Sur un Rosier. — Les Pucerons......... 21
- VI. — Les Savants.................. 34
- VII. — Noisetiers. — Propriété............. 39
- VIII. — Lis Ichneumons. — Arbustes et Fleurs d'Automne................... 48
- IX. — La Nuit, l'Aurore............... 58
- X. — Le Bonheur.................. 65
- XI. — Sur le Dos................... 68
- XII. — Des Couleurs................ 75
- XIII. — Sur le Ventre. — Mousses. — Fougères..... 82
- XIV. — La Violette................. 90
- XV. — Histoire des Tulipes d'Arnold......... 102
- XVI. — Quasi-Maritime.............. 117
- XVII. — Mon Ruisseau............... 122
- XVIII. — Les Anthropophages............ 124
- XIX. — Phryganes. — Le Duc de Clarence....... 129
- XX. — Cyprès. — Liserons. — Passeroses...... 139
- XXI. — Aulnes. — Roseaux. — Nenuphar....... 141
- XXII. — Plantes grimpantes et funéraires........ 148
- XXIII. — Le Roitelet. — Les Anémones......... 150
- XXIV. — Voyages. — Lille. — Lausanne........ 155
- XXV. — Des Torts qu'une Oreille d'ours peut avoir à l'égard d'un Homme.............. 161
- XXVI. — Un vieux Mur................ 165
- XXVII. — Histoire de M. et Madame Roncin........ 169
- XXVIII. — Plantes Vénéneuses ; — Tabac ,....... 175
- XXIX. — Abeilles. — Instruction universitaire...... 178
- XXX. — Sur les Abeilles............... 184
- XXXI. — Sur le Pied d'Alouette............ 193

		Pages.
Lettre XXXII.	— Sur les Oignons.	196
XXXIII.	— Insectes. — Gallinsectes.	200
XXXIV.	— Nigelle. — Rue. — Œillets	204
XXXV.	— Le Bucheron.	208
XXXVI.	— Histoire d'Edmond.	209
XXXVII.	— Suite	216
XXXVIII.	— Les Chinois	218
XXXIX.	— Fleurs des Champs.	221
XL.	— Après la Pluie.	225
XLI.	— Teignes. — Le Saucissonnier.	228
XLII.	— Le Budleïa.	234
XLIII.	— Un Dieu moderne. Histoire philosophique et théologique du Chanvre et du Lin ; — Leurs fortunes variées depuis leur naissance jusqu'à leur apothéose.	239
XLIV.	— Plantes grimpantes.	244
XLV.	— Sur diverses Fleurs.	246
XLVI.	— Tableaux.	249
XLVII.	— Histoire de M. et Madame Le Vasseur	255
XLVIII.	— La Vigne.	264
XLIX.	— L'Herbe au Chantre. — Racine. — Boileau. — Les Sorciers. — Pline. — Homère et l'Ail jaune.	267
L.	— L'école de Salerne	270
LI.	— Les Tulipes.	273
LII.	— Les Arbres. — Les Plantes. — Les Hommes.	277
LIII.	— La Violette	283
LIV.	— Le Chèvrefeuille.	284
LV.	— Le Seneçon. — Le Laurier	287
LVI.	— Rêve.	289
LVII.	—	291
LVIII.	—	294
LIX.	—	296
LX.	—	300
LXI.	—	302
LXII.	— Plantes odoriférantes. — Coléoptères.	
LXIII.	— Histoire de M. Descoudraies et de Madame de Lorgerel	308
LXIV.	—	315
LXV.	—	319
LXVI.	— L'Héliotrope. — La Fraxinelle. — Conclusion.	322

www.ingramcontent.com/pod-product-compliance
Lightning Source LLC
Chambersburg PA
CBHW060406170426
43199CB00013B/2023